喜歡的
相視無
女人的精米不一定要伴侶的存在

享受單身

恩茜，姚娟　著

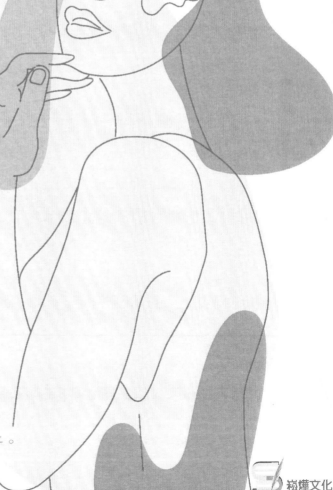

這是個單身的時代

在酒吧夜夜笙歌的背後，
在單身俱樂部客滿為患的背後，
在情人節被炒作得淋漓盡致的背後⋯
單身女子們究竟有多神祕呢？

單身只是一個現階段的生活狀態，
並不代表妳是獨身主義者。
單身只是一種生活方式，
只要妳願意，妳就可以過單身日子。

崧燁文化

目錄

目錄

目錄

前言

在鋼筋水泥和燈紅酒綠的都市裡，居住著這樣一個族群：她們拿著不菲的薪水，住著自己的花園寓所，她們有龐大的社交圈，但她們獨自一人生活，她們就是所謂的「單身貴族」。

這似乎是個單身的時代，歷史上沒有哪一個時期的單身潮流像如今這麼洶湧。

在酒吧夜夜笙歌的背後，在單身公寓火爆銷售的背後，在情人節被炒作得淋漓盡致的背後，在單身俱樂部客滿為患的背後，在高學歷成為流行性感冒的背後……這些單身女子們究竟有多神祕呢？

單身只是一個女人現階段的生活狀態，並不代表妳是一個獨身主義者。單身只是一種生活方式，只要妳願意，妳就可以過單身的日子。

因為單身，所以擁有了比別人更多的自由和輕鬆，妳有絕對自由的空間和時間，妳可以毫無顧忌的打發自己的時間而不用去擔心別人的感受和心情；妳可以隨意的做妳想做的事，而不用惦念任何人的陰晴冷暖。

因為單身，所以可以盡情的去放飛自己，而不必時刻想著自

己的肩膀上還扛著一個沉重的家庭重擔。

因為單身，所以才可以淋漓盡致的去享受一個人的興趣和愛好，可以與人海闊天空的胡侃，讓自己的朋友遍及天下。

總之，單身貴族有的是時間和精力去做自己想做的事情。妳可以有更多的時間呵護自己，品味生活，努力的去享有自己想要的工作，甚至可以有自己為之奮鬥的事業，因為沒有生活瑣碎，妳的思想將吸引著妳不斷的面對新的事物；因為妳還想接受新奇和挑戰，妳會努力嘗試新的東西，讓自己永遠和時代同步；也會讓自己的心保持依然的年輕和活力。妳不會任肉體在逐漸的鬆懈和臃腫中而置之不理，妳知道那是惰性的滋生，單身的女人愛護自己的身體，像她們對待美好的生活一樣不離不棄。

因為單身，所以妳面對的永遠是希望，單身的日子裡永遠有夢在延續……

單身的女人，絕不會在《很愛很愛妳》的動人旋律裡顯示自己抽身而退的溫柔，也不會在《單身情歌》的呼聲吶喊中，自甘墮落。她們在一個人的生活裡，甘苦自知，冷暖自知；她們光鮮亮麗，痛並快樂著。

美麗又堅強的單身女子，一路順風！

第一章
單身，尋找幸福的過程

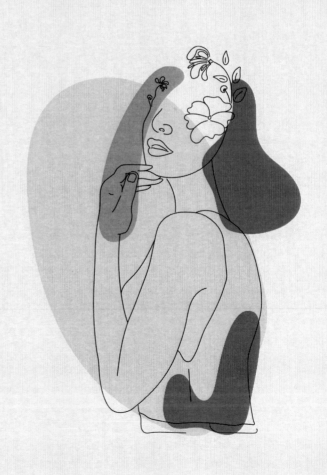

與寂寞相安無事

　　每個人或多或少都有某種孤獨感。當然，每個人所體驗的孤獨在性質上、時間長短上以及表現形態（如驟然爆發、持續性、週期性等）上、深度和廣度上，是因人而異，各不相同的。

　　對於人類的創造性工作，孤獨感從來都不是一件壞事，尤其對單身的女子而言。義大利電影明星蘇菲亞‧羅蘭在千百萬觀眾與崇拜者的包圍中仍感到孤獨，但她喜歡孤獨，更喜歡孤獨時的寂寞。她說：「在寂寞中，我正視自己的真實感情，正視真實的自己。我品嘗新思想改正舊錯誤。我在寂寞中猶如置身在裝有不失真的鏡子的房屋裡。」這位藝術家把孤獨作為她靈魂的篩檢程序，使自己不斷的重複青春，滋補內心世界的營養。

　　耐不住寂寞，就不可能會有真正的幸福。單身的妳是不是還在為妳的寂寞、孤獨而煩惱，甚至發牢騷？沒有必要，其實寂寞是一種美麗，一種享受，是一股推妳上進、走向成功的東風。

　　聰明的妳，何不享受一下獨處的時刻呢？

懂得寂寞

　　西方有位哲人在總結自己的一生時說過這樣的話：「在我整整 75 年的生命中，我沒有過四個星期真正的安寧。這一生只是一塊必須時常推上去又不斷滾下來的崖石。」追求寧靜，或者說追求寂寞對許多人來說都成了一個夢想，寂寞並不是每個人都能享受的。

　　寂寞是心靈的避難所，會給妳足夠的時間去舔舐傷口，讓妳重新以明朗的笑容直面人生。懂得了寂寞，便能從容的面對陽光，將自己化作一杯清

茗，在輕啜深酌中漸漸明白，不是所有的生長都能成熟，不是所有的歡歌都是幸福，不是所有的故事都會真實，有時，平淡是穿越燦爛而抵達美麗的一種高度，一種境界。

在人生的某一刻，單身的妳總會感到疲於奔命，於是妳不再追趕快樂，不再搜尋記憶，妳想撈獲些別的有趣的東西。像一隻蜘蛛，在昏曉中織起捕蟲的網，妳也織網了。妳用感情的黏絲，織成了一個友誼的網，用來撈捉一點人世的溫存，想不到妳撈住的卻是意外的冷落。無由的風雨又吹破了妳的經營，讓妳無從補綴。像風雨中的蜘蛛，妳蜷伏在灰心的簷下，望著被毀的一番心機，體味到一種悲涼，這又是徒勞了，妳和妳的網！

「在妳的徒勞之後，請接受我的安慰吧。」於是寂寞向妳發出了邀請。

歲月使妳的年齡和責任同時長大，妳四方奔走，為了尋找黃金和幸福？不，妳是尋找自由和職業。妳離開溫暖的屋子，奔波在旅途上，妳在路上度過許多寒暑。妳孤單的踏上旅途，孤單的行路，孤單的棲息，沒有一個人做伴。世上，有的是行人，同路的卻這般稀少！夏之晨，冬之夕，妳受等待和企盼的煎熬。妳希望能有人陪伴妳，和妳促膝長談，把妳的勞神和辛苦告訴他，把妳的希望和志願告訴他，讓自己聽取他的意見、他的批評……但是無人陪伴妳，於是，寂寞又來接近獨身的妳，說：

「請接受我的陪伴。」

如同歡迎一個老友，妳伸手給它，妳終於開始和寂寞相伴了。

就這樣，妳和寂寞相安了。沉浮的人世中，也許妳有時也會疏離寂寞，但寂寞卻永遠陪伴著妳，守護著妳，只是妳不自知。人，就是一條河，河裡的水，流到哪裡都還是水，這是無異議的。但是，河有狹、有寬、有平靜、

有洶湧、有清澈、有混濁、有冰冷、有溫暖；人也一樣，心情是易變的，世事是難料的，這些東西猶如水面的小波紋，一漾即滅，又如鏡裡的花影，待妳伸手去撿拾，它的影子便被遮擋消失，而妳只有一隻空手接觸在冰冷的玻璃面上。只有寂寞沉在水底，永遠忠貞不渝的聆聽妳的心聲。

單身的妳，要耐得住寂寞

「所有人類的不幸，都起始於無法一個人安靜的坐在房間裡。」

許多單身女人抱怨生活的壓力太大，感到內心煩躁，不得清閒。於是，追求清靜成了許多人的夢想，但卻害怕寂寞。其實，寂寞才是人生中的一種大境界，它是一首詩，一道風景，是那種妳在橋上看風景，看風景的人在橋上看妳的美麗。

洗盡繁華，褪去鉛華，在這喧囂的塵世之中，單身的妳要保持心靈的清靜，必須學會享受寂寞。寂寞就像個沉默少言的朋友，在清靜淡雅的房間裡陪妳靜坐，雖然不會給妳諄諄教導，卻會引領妳反思生活的本質及生命的真諦。寂寞時妳可以回味一下過去的事情，以明得失，也可以計劃一下未來，以未雨綢繆。

塵世中，無數人眷戀轟轟烈烈，以拜金主義為唯一原則的生活，甚至不顧一切的聚集在一起互相排擠、相互廝殺。而生活的智者卻總能以寂寞之心看寂寞之事，自始至終保持獨立的人格，流一江春水細浪淘洗勞碌之身軀，存一顆嫻靜淡泊之心寄寓無所棲息的靈魂。

這是寂寞的淨化，它讓人感動，讓人真實又美麗，它是一種心境，氤氳出一種清幽與秀逸，營造出一種自得和孤高，去獲得心靈的愉悅，獲得理性的沉思，與潛藏靈魂深層的思想交流，找到某種攀升的信念，去換取內心的

寧靜、博大、致遠的菩提梵境。

　　寂寞是一種難得的感覺，只有在擁有寂寞時，妳才能靜下心來悉心梳理自己煩亂的思緒，只有在擁有寂寞時，妳才能讓自己成熟。

即使流淚，也要哭得像仙女

　　現代單身女人的活動範圍大的與男人一樣廣闊，她們可以像蝴蝶一樣在社交場上翩翩飛舞，也可以幹練優雅的出入辦公室、出席商務洽談會。單身女人的快樂是悠然坦蕩的，但單身女人也有數不盡的傷心事，她們也會以淚水來宣洩內心的悲傷。

　　總結一下影視作品和文學作品中女人哭泣的規律，我們就會發現，在眼淚即將滑落的剎那，女人總是優雅的轉身而去，在某個不為人知的角落裡向隅而泣，從不給眼淚在大庭廣眾之下肆無忌憚的機會。

　　究其流淚的原因，不外乎是意外的傷心、絕望、失落……在所有人的眼裡，女人天生愛用眼淚來表達並宣洩自己內心的情緒，眼淚之於女人簡直就如吃飯喝茶一樣簡單而天經地義。確實如此。但流淚，卻是檢驗女人修養的最佳尺規之一。

　　哪些淚是該流的？哪些淚流了有損形象？特別是對單身女人而言是很有學問的。

　　多數時候，單身女人會認為只要男人認為自己是淑女就可以了。而在女人面前，淑女不淑女無所謂，因為女人最多只能成為朋友，她不會愛自己呀！幹嘛要那麼累的在她們面前表現出淑女氣質呢？

　　如果妳有這個想法，妳就徹底的大錯特錯了。事實上，男人比女人更能

13

容忍妳的缺點，而普天下的女人在展示魅力時，都在潛意識裡把其他女人當做了敵人。比如在某個晚會上，如果妳忘記了扣上晚禮服背後的扣子，若是男士看見了，可能會託某位女士提醒妳扣好。但是，若是被某位標準的偽淑女看見了，她可能會竊笑很久，然後奔相走告關於妳後背上的那個被遺忘的細節，並以此引起出諸多想像。當女人對女人產生嫉妒的時候，她的想像力往往是很驚人的，可以和好萊塢大片的編劇的想像力相媲美。

如果妳有會被人嘲笑的破綻，一定記住，將這個破綻漏給男人看，不會出什麼事，若是妳盲目的露給女人看，那麼，很可悲，妳的這個破綻很快就會繁衍成千萬個破綻在眾人嘴中流傳。

所以，即使妳有一萬個充分的理由可以在人前流淚，那麼也盡量不要選在同性面前流淚。因為她很有可能在陪妳流淚完畢之後，展開她豐富的想像力，於是，關於妳的這次流淚，很快就會衍生出幾個不同版本的故事讓妳懊惱不已。

單身女人絕不能當眾落淚的場景：

1. 工作失誤遭到上司斥責而哭泣，其實是一種最無力的軟弱妥協。這等於向大家證明，妳已無力去完成這項工作，只好用眼淚博得上司的一點同情。

2. 當妳被別人誤解，又不知該如何解釋時，落淚只能證明妳自覺理虧，試圖用悔恨的淚水換取一點諒解。

3. 那個說要疼愛妳一輩子的男人跟妳說對不起時，縱使妳心碎妳也不能在他面前哭泣。因為當男人去心已定，就是妳失去了生命都不會令他回頭愛妳，掉些眼淚只能佐證了他的魅力。所以在這時，妳最好的表現應當

是說「謝謝他及時告訴妳這個妳等了很久的好消息。」

4. 無意間中了一個大獎，除了會心一笑外，最好不要落下激動的熱淚。中獎畢竟不是在奧運上領獎，這時的激動會讓人覺得妳物欲強烈。

5. 玩驚險運動時妳不僅尖叫了，而且當運動停止後妳大哭不止，好像一個走夜路被壞蛋欺負了的孩子。玩驚險遊戲的目的就是為了開心，妳卻哭得好像全地球人都對不起妳，也太掃興了吧！要知道，勇敢不只是男人的專利，勇敢的女人也是滿可愛的。

6. 不幸丟失了一件心愛的東西也沒必要哭泣，女人都是聰慧通透的，應該明白這樣一個道理：既然哭泣於事無補，總不能在丟失了東西之後又丟失了好心情吧！

7. 無論朋友的悲傷多麼可歌可泣，妳都沒必要陪著她一起哭泣，身為一位通達的女人，妳只要遞上紙巾，握握她的手，倒杯熱茶給她就足矣，或許她想從妳這裡得到的就僅此而已。

把即將奪眶而出的眼淚收回去的絕招：

1. 仰頭看天，保持這個姿勢 3 ～ 5 秒。

2. 在手機上存幾個超級搞笑的簡訊，鼻頭發酸時馬上翻看。

3. 做恍然記起狀，說有件事需要妳馬上去處理，離開即將使妳不堪的是非之地。

4. 幻想馬上就要吃到一道美食，化感傷為「食量」。

5. 從記憶深處搜出幾句周星馳的經典搞笑對白。

6. 飛快轉移話題來抵抗那些流淚的能量。

即便是非流淚不可時，也要把眼淚流得像淑女那樣優美：

1. 隨著銀幕上的悲劇色彩越來越濃，眼淚順著臉頰悄悄滑過……。

2. 當看到世間悲情的一幕，黯然轉過身去，用手捂住嘴巴，兩行晶瑩的淚水迅速鑽進了指縫。

3. 聽了一個悲情故事，她端起酒杯貼在臉上，眼淚沿著杯沿悄然而落。

4. 失戀的女人望著遠去的男人微笑，一直微笑到他轉過了那個街角，眼淚忽然順著還在上翹的嘴角滑落。

5. 所有人都認為女人是在以手抵額沉思，等她抬起頭來，才在她臉上發現了隱約的晶瑩淚痕，而她，卻已笑得春風滿面了。

6. 女人忽然起身，站起來看窗外的景色，她站過的地方有些潮溼。

★ 謹記：堅強而美麗的單身女人只會流淚，不會失聲痛哭。放聲痛哭，多少有些撒潑的矯情摻雜其中，很不討人喜歡。

過分依賴，像顆定時炸彈

人，要靠自己活著，而且必須靠自己活著，在人生的不同階段，盡力達到理應達到的自立水準，擁有與之相應的獨立精神。這是當代人立足社會的根本基礎，也是形成自身「生存支援系統」的基石。缺乏獨立自主個性和自立能力的人，連自己都管不了，還能談成功嗎？即使妳一直以來的「天賦地位」是處於天堂之鄉，妳也必得走到凡塵大地，從頭爬起，以平生之力練就自立自行的能力。因為現在妳已經行走在社會叢林中了，妳在不斷的參與競爭，妳正在遭遇著遠比家庭生活要複雜得多的生存環境，隨時都可能出現妳無法預料的難題與處境。妳不可能隨時動用妳的「生存支援系統」，而是必須

得靠頑強的自立精神克服困難，堅持前進！依賴心理會輕而易舉的轉移到生活的各個方面，其危害性就非同小可了。

如果妳還是單身，那麼妳必須始終保持自己的獨立性，這樣別人將會永遠需要妳，想要得到妳。別人對妳的依賴性越大，妳的自由空間也就越大。讓別人依靠妳去獲得他們想要的幸福和財富，妳就沒有什麼好害怕的了。

培養獨立的個性

性格的獨立性，是針對人們在智力活動和實際活動中獨立自主的發現問題和解決問題的水準而言的。具有獨立性格的人，遇事總喜歡自己動手、自己思考，能夠標新立異，自圓其說，對傳統的習慣、陳腐的觀念採取懷疑和批判的態度；而具有依賴性的人，則總是循規蹈矩，人云亦云，缺乏主見。在性格特質體系中，對創新影響力最大的，便是獨立性。

具有獨立性格的人，必然也具有創新意識。她重視書本，但不迷信書本；尊重權威，但不迷信權威。她能在已有經驗的基礎上，標新立異，自圓其說。

而那些缺乏獨立性的依賴者，都缺乏自信，極少冒險，不肯探索，也不喜歡變更與回饋，她們在簡單的工作中或許表現還可以，但是，她們是永遠不可能獲得高峰體驗的，也體會不到巨大的成功喜悅。漢字雷射排版技術的開創者曾說：「在科學上要有所成就，就絕不能總跟在別人後面，而要處處爭取領先。」

事實上，心理學家指出，由於人自身的惰性和不自信在作怪，每個人都有某種程度上的依賴心理以及附和傾向，而這是發揮創造力的最大障礙，所以，如果不甘於平平庸庸、碌碌無為，那麼，妳就要努力去抑制自己的依賴

心理，培養獨立的性格。

　　培養獨立性，其實就是「自己能做的事自己做」和「獨立思考」。有許多人並沒有真正了解自己能做什麼，對於自身的潛能一無所知，於是，在困難面前不知所措，要麼畏縮不前，要麼尋求「外援」。要克服依賴性，培養獨立性至關重要，要從現在做起，努力全面的認識自己，更好的做自己能做的事。

　　單身的妳應該從身邊的小事做起，磨鍊自己的意志。在生活中要求自己獨立處理日常事務，安排自己的生活；勇於嘗試，發掘自身的潛能；制定計劃，每週做幾件以前想做但由於各種原因而沒有做的事，比如騎車郊遊，應徵某一職務等；定期反思自己，學會獨立思考。一段時間的忙碌之後，靜下心來，審視自己近期的言行，參照過去加以評判，考慮一下今後一段時間的生活；逐步決定自己的事，檢查培養成果。慢慢學會獨立處理與自己關係重大的事，並以自己日常生活中處理問題的能力來評判自己獨立性發展的狀況。

　　提倡獨立性並不否定在生活、工作中的合作精神，相反的，我們應力爭充分利用集體的力量。「三個臭皮匠，勝過諸葛亮。」只有更好的借鑒他人的經驗，我們才有可能在今後的人生路上取得更好的成績。培養獨立性的實質在於，從日常生活的點滴小事中磨鍊獨立思考的能力，而不只是隨大流，盲目的跟著別人走，這種盲從只會導致我們個性的喪失。

讓別人依賴妳

　　對任何人過分依賴，都是一種潛在危險。企業中，如果某個人具有一種核心能力，企業離開他就可能造成環節的中斷或者系統的崩潰，那麼這個人

就是一顆定時炸彈，不爆炸還好，萬一有人不小心點燃了引線，便會一發不可收拾。這樣的人往往已經掌握了關係到全企業的成敗問題的關鍵，因此，無論誰都不敢對其輕舉妄動。

對人如此，對物也是如此，任何資源，無論是原料、產品，還是關係、管道等等，一旦形成依賴，就難免受制於人。所以，企業要想穩健發展，最好少用不可替代的東西，無論是人還是物，只有當妳手中擁有可以替代他（它）的資源，妳才是主動的。

反過來說，控制局勢的最好辦法，是讓別人依賴妳，從而離不開妳。哪怕妳的本事不大，但只要妳是在某個方面獨一無二、不可缺少的人物，那麼妳的價值就將不可估量。無論是做人還是做產品，發現個性、培養個性、堅持個性永遠是最重要的。

減少對別人的依賴，而讓別人依賴妳，這是一種致勝的智慧。

沙漠裡的一杯水可能比金子貴重，因為離開它人就可能送命。事物的價值不完全由事物的品質決定，而在於它的不可替代性。

那就讓我們來做這杯不可替代的沙漠之水，也許在別的地方，我們僅僅是一杯普通的清水，似乎沒有多大的價值。可是在沙漠中，我們將比金子還寶貴，人們將願意不惜任何代價得到我們。

當別人習慣於依賴妳的時候，他們將會畢恭畢敬，將會彬彬有禮。但請注意，不要僅僅因此便自負，感到滿足。飲盡井水的人最終往往離井而去，橘子被榨乾汁液後往往由金黃變為渣泥。一旦我們可以提供的利益被人們榨盡，而他們也已經發現了新的替代品，他們將不再對我們有絲毫的依賴心理，我們的處境將變得非常尷尬，甚至危險。經驗告訴我們一條最重要

的教訓是：維持別人對我們的依賴心理，但永遠不要完全滿足其需求。要讓自己更加成功，更加充實，更加無法替代，同時，永遠不要讓別人得到我們的全部。

懷著對明天的憧憬甜蜜入夢

當妳經過一天辛苦的勞累之後，洗漱完畢，安安靜靜，舒舒服服的躺在床上的時候，妳通常在想些什麼？在為今天所犯的錯誤後悔嗎？在為明天的辛苦發愁嗎？想到這些的時候，妳會不會輾轉反側，難以入眠呢？別再這樣犯傻了，跟自己過不去了。充滿自信的單身女人是絕沒有閒暇想這些的。她們在做什麼呢？她們在勾勒著燦爛的明天，在想像著當有一天夢想實現會是怎樣一幅動人的畫面。正是懷著這樣的夢想，她們才會每天甜蜜的入夢。

沒有夢想的人生，就是無的放矢，缺少方向，就像輪船沒有了舵手，旅行時沒有了指南針，會令我們無所適從。夢想，是一個人未來生活的藍圖，又是一個人精神生活的支柱。一個明確的夢想，可令我們的努力得到雙倍、甚至數倍的回報。

台大女孩曉涵這樣描述她小時候對台大的憧憬和嚮往：「很小很小的時候，台大就是我心中的一個聖殿。那裡有美麗的湖泊，淵博的老教授在校園的林蔭道上前行，濃濃的書香彌漫在整個校園。但是，兒時的我從未想過自己會屬於那裡，只是匍匐在地上仰望她，覺得它是那樣的神聖而遙不可及。

「國中畢業之後，我到臺北旅遊，第一次走進了台大，便深深愛上了這個地方。我渴望走進那藏書甚豐的圖書館，仿佛一塊被烤乾的海綿突然被浸到水裡一般拚命的汲取其中的營養；我渴望每天穿過校園的林蔭道，途經那些牆上長滿爬山虎綠葉的古老建築，去聆聽博學多才的教授的教誨；我渴望

徜徉於湖邊，看春花秋月、夏雨冬雪，聽流水潺潺、鳥語唧唧；我渴望浸染在這裡濃濃的文化氣息和自由民主的氛圍裡，讓台大的氣質深入我的靈魂。於是，我對自己說：『我一定要到這裡來……我要讓我的靈魂在這裡接受一次洗禮。』

「夢想的種子，一旦種下，就會很快生根發芽。擁有夢想是一種莫大的幸福，每天晚上睡覺前腦中就會勾畫出自己在台大讀書的情境，心中充滿了為了夢想而奮鬥的快樂。」

曉涵當初宣布要考台大時，很多人都認為這是高不可攀的目標。因為她所在的學校已三年沒有考上台大的理科生了。高三的那段日子，每天晚上躺在床上她無數次的問自己：「我能成功嗎？」每次她都會堅定的告訴自己：「台大太具有吸引力，如果能在台大讀書那真是一生的幸福。人的潛力是無窮盡的，只要我能夠最大限度的發揮這種潛力，就一定可以！」她相信自己的毅力和智慧，義無反顧的選擇了前進。除去一切怯懦和退縮，捨棄一切負擔和享受，勇往直前。於是，最終她滿懷自豪的坐在台大的教室裡。

因為有了對夢的深深嚮往，失落的時候，妳便不會在人們的責備嘆息聲中迷失自我。妳不會因為這小小的失敗而放慢前進的腳步，因為妳明白，這一點點的失敗，對於妳所追求的偉大夢想來說，只不過是滄海中的一朵浪花而已！

因為有了對夢的深深嚮往，勝利的時候，妳便不會在四周洋溢的讚揚聲中迷失自己。妳不會因為這一點小小的成功而停止了追求的腳步，因為妳明白，這一點點的成功，絕對不是妳的最終追求，我的夢想在前方招手，我必須努力！

是的，沒有想飛的願望，心便永遠低沉，只有超越過去的局限，才能在

美麗的天空自由翱翔，尋找到理想的精神家園。

孫燕姿的《逃亡》中有這樣的歌詞：「……我站在靠近天的頂端，張開手全都釋放，用月光取暖，給自己力量；才發現關於夢的答案，一直在自己手中，只有自己能讓自己發光。」

阿基米德說：「給我一個支點，我將撬動地球。」給自己一個信念作為導航燈，朝著目標走下去，妳一定能到達自己理想的彼岸！

因為單身，所以我們的夢想是不被束縛的，我們有更多的時間和精力去面對未來。每天晚上懷著對明天的憧憬甜蜜入夢吧，那是一種非常幸福的像在天空中飛翔般的感覺！

自省是種淡灰色的情緒

一個善於自省的人，僅憑他能清楚而客觀的審視自己，他必定會成功。有位哲人曾說過：「人最大的敵人就是自己，自省就是戰勝自我的過程。」

自省的人總是將挑剔的第一眼落到自己身上，等自我反省完畢之後，再去看待別人的心態就已平衡、從容了許多。而不善於自省的人，則恰恰相反，很容易陷進這種錯誤的意識：錯的永遠是別人，對的永遠是自己。

如果，妳想做個達標的單身女人，自省是妳必須學會的一種思維方式，並且要像攜帶口紅一樣日日攜帶在心裡，因為自省就像美女補妝時必須具備的一面鏡子，有助於幫妳發現自己性格和修養上的瑕疵，並促使妳去完善自己。

單身最佳自省時刻表：

(1)　剛做完某件事，卻不能確定自己的方法以及態度是否正確。

(2) 和朋友或同事發生了小矛盾，妳占了上風，敗者正流淚不止時，妳需要斟酌一下妳的勝利是否來自正義。

(3) 妳莫名其妙的失去了一位朋友或是業務夥伴，妳需要知道是不是自己做錯了，錯在哪裡。

(4) 別人無法理解妳的意圖。

(5) 某段時間，霉運總是追著妳。

(6) 為什麼被指責的那個人總是妳。

自省固然能讓妳看清自己性格與行為中的瑕疵，但自省的心態與尺度也是同樣重要的，有些女人會因為過於頻繁的自省，結果卻把自省變成了自卑，把自己搞得整天患得患失的，這種自省，非但無益反而有害了。

請參照以下自省戒律：

(1) 自省就如運動，適當有益身心健康，太過頻繁則有精神自虐的嫌疑。

(2) 無須像和尚念經文一樣，時刻惦記著自省。

(3) 自省是拿來修正自己的，不是當成修養的首飾炫耀給別人看的。

(4) 每個夜晚的自省時間不超過一刻鐘。

(5) 在每個週末晚上，把這一週發生的重大事件拿來自省一遍。

(6) 將自省的感觸，寫下來黏在化妝台的鏡子上，以提醒自己需要像美化臉孔一樣美化自己的品行。

(7) 在自省中不要主動承擔所有的過錯，正如不善自省的女人認為整個地球都對不起她一樣，把所有的過錯承攬在自己身上也是錯誤的。

(8) 自省不是自責，沒必要在自省出自己的錯誤後，便覺得自己成了某件事或某個人的罪人，自省的目的是不被同一塊石頭絆倒兩次。

單身女人自省內容提要：

(1) 那個看妳的眼神越來越不對勁的男同事或是男上司，究竟是他花心蠢蠢欲

　　動，還是妳平時的語言過分注重取悅於他，而使他發生了誤解？

(2)　其他同事之間聊天都會熱火朝天，而和妳說話時就言語寥寥幾句。妳需要自省一下自己的語言表達能力，是過於單調還是囉唆到令人不能忍受。

(3)　在妳有說話欲望時，別人總是以有事為由藉故離開。妳需要自省一下自己是否給人留下了現代祥林嫂的印象，每每見妳想要開口，別人便避之唯恐不及。

(4)　當妳提起到某個同事的名字，別人臉上就生出提防之色。妳需要自省一下自己是否在不經意間成了人見人厭的小道消息傳播者。

(5)　在酒會或是其他大型交際活動中，妳清高的像一隻落單的天鵝混跡在灰鴨群裡，處處受到了嫉妒式的排擠。妳需要自省一下自己缺少親和力的原因，是過於端架子還是對前來邀請妳的人反應過激，讓酒會上所有的男子都認為在妳眼裡他們是披著羊皮的狼。

(6)　總覺得自己不快樂。不要懷疑自己被幸福排斥在外，妳需要自省，為什麼不快樂偏偏對妳「情有獨鍾」？

　　時常自省可避免因對自己認識不足而犯某些失誤，並幫助收斂個性，自省是種淡灰色的情緒，適宜放在夜晚進行。那麼單身女人的早晨呢？一個美好的早晨會讓妳一整天都眉開眼笑，所以在早晨，單身女人需要一個橘紅色的暖調情緒，起床之後，先伸一個懶腰，自言自語：「美好的一天又開始了。」當妳跳下床後，不要急著去洗漱，先朝鏡子裡的自己做個鬼臉說：「早安，大美女！」

　　一個單身女人的早晨應該是這樣開始的：

(1)　醒來之後就起床，絕不賴在床上。人是有惰性的，特別是冬天，暖暖的被窩會讓妳留戀不已，可是妳必須起床去做事，當妳清醒的感官對暖暖的被窩產生了越來越多的依戀，必須起床這道程序將使妳的心情沮喪，妳會無

端的憤怒。所以，醒來要早早起床，趁貪戀舒適的感官還睡眼惺忪時一躍而起，讓壞情緒沒機會侵襲妳。

(2) 刷牙洗臉時放一點輕音樂，妳可以跟著曲子輕輕的搖擺，這樣可以阻止妳去想昨天沒處理好的爛事。

(3) 早餐一定要吃好，因為當味蕾得到了滿足時，妳會覺得整個世界都充滿了燦爛的陽光，根本就不存在什麼困難。

(4) 化妝時，想想今天需要去做的事，分出輕重緩急，不要懷疑自己的能力，化妝完畢，對鏡子裡的自己說：「美女，妳一定可以！」

擺脫「小資」情節

時下流行的「小資」一詞實際指的是一種生活情調和生活品味，在這種情調和品味中，滲透著對生活和生命的一種感悟和理解。小資情調最重要的特徵就是浪漫，在小資一群的心底，這種浪漫情趣高於一切現實法則。

小資這種東西是屬於都市的，西方的小資是充滿激情和迷惘以及標新立異的一群，而小資出現於 1930 年代的上海以及 1960 年代的香港，在張愛玲的小說、王家衛演繹的電影裡，可以感受到濃厚的小資情結。

小資追求的是生活情調和品味，眾多的單身女人，也流連其中，在服飾打扮、居室布置和音樂閱讀等方面，她們處處標榜著自己的獨樹一幟。她們大多有多愁善感的心、比較充盈的錢包和舒適健康的生活，還有一個重要的標誌就是常常感到孤獨並善於品味孤獨，心底藏有自戀情結，懂得充分享受個性化的自由滋味。

小資或許還可以稱為小滋、小自、小恣，她們的生活滋潤，行為自由，心情恣意，永遠生活在自我的世界裡，從來不需要別人為他們操心。

小資情調

　　大部分小資是有文化有修養的人，一般都受過高等教育，受過一些歐美文化的薰陶，英文未必很棒，但口頭禪裡一定時常夾帶幾句。而且小資們還得要有不錯的經濟基礎，生活條件高於普通民眾，大部分小資有比較穩定的職業和收入來源。他們未必都有車有房，但也是要住公寓，出入都常搭計程車。

　　更重要的是，小資必須得有情調，有獨特的品味、情趣、格調。

　　在非工作狀態和非正式場合，小資們喜歡穿休閒服，而且是品牌服裝，但很少有人會穿 Adidas 和 Nike 那樣招搖的大眾名牌。小資們認為，只有平民才喜歡那樣標榜自己，小資們是有格調的，他們選擇的是大牌的冷門商品。這不僅是他們的服飾標準，也是他們選擇一切生活用品的通用標準。既要躍升於大眾之上，又要與暴富分子劃清界限，但限於經濟基礎，又無力追逐超一流品牌。

　　小資們一般都會有些固定的喜好與習慣，有些人喜歡咖啡，有些人喜歡雞尾酒，無論是哪一種，他們的喜好通常固執而與眾不同。典型的小資要不是對星巴克、酒吧喜愛到依戀與沉溺，不然就是厭惡到不屑與不齒，都是固執與狂熱的心態，不過是兩個極端而已。

　　小資們大多比較鍾情於藝術，看影片只看外語原聲的，絕不看中文配音的。資深的小資則只願意談談黑澤明，說說《紅》、《藍》、《黑》三部曲，討論一下法國、義大利的藝術片，而不屑談好萊塢。同樣的，對暢銷書和大眾藝術他們是不屑一顧的，他們愛談昆德拉的《生命中不能承受之輕》，愛談村上春樹的《挪威的森林》，女小資們則偏愛張愛玲。總之，他們就是喜歡

站在主流與大眾的邊緣和角落裡，他們永遠不屑與流行為伍，在流行到來的前夜，他們是大力追捧者；但在流行的巔峰到來之時，他們又成為流行的唾棄者。

小資們當然也要為生計奔波，但對生活的艱辛卻表現出優雅和含蓄，他們本質上嚮往穩定的生活，但又經常把自己裝扮成漂泊者和流浪者。

總而言之，所謂的小資情調其實就是一種固執與狂熱，邊緣與非主流，憂鬱與含蓄，並以此來標榜他們的與眾不同。

拒絕小資，做聰明的單身女人

小資女人們都是城市裡的時尚一族，她們的衣衫輕飄、暗香浮動、身姿翩翩、風姿綽約，從臉上的妝容、衣飾的搭配到交談的話語，都精緻非凡。

小資女人喜歡坐在咖啡廳裡，把哈根達斯當做享受標準，愛看張愛玲，愛去東京、大阪一類的地方旅遊。她們是現實的女人，斷然不肯為誰付出一點兒，就怕受傷。

各種高級奢華的名牌是小資女人的必備行頭，寧願為此省吃儉用，寧願做個「月光女神」，也要講求品牌和品質。

聰明的單身女人不小資，不願做都市裡的一縷遊魂；

聰明的單身女人不小資，看起來獨立自我，其實心靈異常孤獨；

聰明的單身女人不小資，現實殘酷無情，怎能一味躲在自己的夢裡不願醒。

小資之所以能夠小資，關鍵還是在一個「小」字上，二三十歲時小資理所當然，若是到了四五十歲時還崇尚這樣生活，恐怕只能稱為「老資」，遭人

唾棄了。正值單身的女人當然也希望能在人生最美好的二十年裡小資一把，但她更清楚，往後還有更長的歲月要走，未雨綢繆還是很有必要的，何必為了虛無的面子和短暫的歡樂而消耗掉一生的幸福。

生活健康最好，衣服舒適最好，有空多作運動，有錢投資買房，有精力挑個好男人，有心情經營好婚姻，若是這些還不夠忙，趕緊生個小寶寶，學習做個好母親，若這些都無法達成，那麼，妳還是可以像現在一樣做個快樂的單身貴族！

生命的起點，最終的歸宿

「慈母手中線，遊子身上衣。」無論妳走到哪裡，身處何方，親情都是妳永遠也無法割捨的感情，在親人的關懷和庇佑下，妳的生活才變得美好而溫馨，生命也才會永遠充滿上進的動力。

親人不但能夠為妳提供良好的物質基礎，更能為妳提供巨大的精神支援，在親人的期待與鼓舞下，妳會樹立更加高遠的志向，開拓屬於自己的事業。

親情是最大的財富，是最有力的支持與保障。沒有親情的人生，不是真正的人生。有了親情，即便貧困、殘疾，也能堅強面對。

親人之間的相互關愛、支持、鼓勵，使我們樂觀的面對失意和不幸，使我們勇攀事業的高峰，使我們暢享豐盈的人生。

單身的妳，在努力實現自己夢想的同時，別忘珍藏起親情中的那份溫馨。

常回家看看

「假使有人左肩荷父，右肩荷母，行萬里路也不能報答父母養育之恩；假使有人剝皮為紙，折骨為筆，和血為墨，盡情抒寫父母的養育之恩，也不能書盡。」

讀著這樣的佛語，妳的心靈是否為之深深震撼！也許很自然的就會想到自己的父母，想起天下所有為兒女操勞奔波、含辛茹苦的父母們。永遠記得上學時，每當雨天，母親撐著傘蹣跚於鄉間泥濘小道的腳步；記得她在昏暗的燈光下為自己縫衣服的情景；記得在生活、學習中遇到困難時，父親的諄諄教導，語重心長；記得每次過年回家時，父母頂著瑟瑟寒風早早等候在月臺。

在人類所有的愛中，父愛和母愛是最偉大、最無私的，大愛不求任何回報，只要是孩子需要的，父母一定會奉獻出自己的所有，甚至是自己的身體包括生命。每個人都是父母的孩子，有些還已經是孩子的父母，對於這種無私的大愛一定有刻骨銘心的體會和記憶。

小時候，我們總是圍繞在爸爸、媽媽的周圍玩耍。漸漸的長大後就離開父母的身邊，而且不常回來，回來時往往是不快樂的時候，要不就是有什麼需要的時候，而父母常常會把他們身上最好的、最符合我們需要的東西交給我們。

而這時，我們總是拿了東西轉身就走，捫心自問，我們這些做女兒的到底為父母做過些什麼呢？什麼時候真正體會過父母的心意？似乎我們都在忙，沒有一點時間能安心的坐下來，陪他們說說話，談談心，最多也就是丟下幾個錢，匆匆的交代幾句就走了。就這樣，我們的父母還逢人便誇我們孝

順、體貼、懂事，久而久之，也就形成了一種定式，我們也認為自己是孝順、體貼、懂事的女兒。

殊不知，我們更多的忽略了父母的真實感受，忽略了每次回家時，父母想和我們好好聊聊的那渴求的眼神；我們可能從沒細想過，父母在牽掛我們的同時，其實更需要我們走進他們的內心，了解他們的苦惱，分享他們的快樂，明白他們的孤獨……可我們呢，還是就這樣習慣的麻木著。

從小到大，我們的每一步都拉扯著父母的心，牽動著父母的情。年輕的時候，我們只知道一味的、理所當然的向父母索取，他們再苦再累也總是毫無怨言的盡量滿足我們的一切要求，即便是那些在今天看來極其無理的要求。

可悲的是，等我們真正能夠意識到、體會到父母的艱辛不易時，歲月的風霜早就染白了他們的雙鬢，交織的皺紋也累積了他們太多的滄桑。或許某一天，他們就會永遠離我們而去。那時已是「子欲養而親不待」了……

子欲孝而親不在，這種巨大的遺憾可能還將發生在很多人身上。如果妳還幸福的擁有父母之愛，那麼請別忘記在百忙之中抽出時間回家看看，聽聽媽媽的嘮叨，和爸爸談談工作。

父母心中「孝順的女兒」

家是一個人生命的起點，也是最終的歸宿；是療傷的去處，取暖的港灣；是只求給予不索取回報的地方。不管妳是英雄或是乞丐，不管妳成功或者失敗，也不管妳輝煌氣派或落魄無奈，家始終開著門等妳回來，並隨時做好包容妳的所有的準備。因此，家是最值得感激的地方，父母是生命中最重要的人。

如果妳取得成功，無論大還是小，請務必記得妳的父母，是父母給了妳生命、成長乃至現在的一切。

當我們剛剛來到這個世界上的時候，是父母用親情和深愛哺育我們長大；當我們遇到挫折的時候，是父母的溫暖給了我們安慰和新的自信。毫無疑問，正是因為生活中有了父母的呵護，溫暖才時時環繞著我們，我們的心靈才有了寄託和歸宿。但是，我們已經長大，當父母無可奈何的老去，我們應該為父母做些什麼呢？

第一，家書寄真情

家書是父母歡樂的源泉。父母的希望是兒女，兒女的成功是父母的心願，把妳的歡樂和成功寫信告訴父母，他們企盼的就是這一份圓滿。

家書是兒女與父母的感情紐帶。我們已經習慣了運用電話而省去寫信的時間，三言兩語就講完了話，斷了線，我們同時也疏遠了我們與父母之間的感情聯繫。父母多麼希望兒女多談談自己，多談談生活，多談談哪怕是些瑣碎的事。我們總是以忙來掩飾不願寫信的習慣。或者哪怕是寫信，也是一切從簡，或者乾脆只是寫上需要父母援助的錢款金額，這實在是我們感情吝嗇的一種表現。有這麼一個故事：

有一天，一位大學生收到父親的來信，一張白紙上只有稱呼 ——「奇兒」，落款 ——「父親」。面對空空如也的信紙，兒子知道父親的心在哭泣。父親不需要錢物，只祈盼精神上的贍養。而精神贍養的具體表現形式，在他看來便是寫信。

走入現代生活，我們有電腦、手機，我們高效率的生活著，工作著，我們不再花時間去寫信，花時間去談我們的感受，我們變得高效而無情，我們

遠離了父母，我們的心也在現代節奏中浮沉。

「烽火連三月，家書抵萬金。」一封家書，帶來的是兩代人的歡樂，是兒女對父母的思念，是父母對兒女的關愛。

不妨拿起筆來，寫下這樣兩句：親愛的爸爸媽媽，我很想念你們！你們好嗎？⋯⋯

第二，讚揚和鼓勵父母

人們往往有種誤解，認為老人不是小孩，不需要讚揚。其實每一個人都喜歡被別人讚揚。子女對老年父母所做的每件事都要表示關懷和讚揚，哪怕那件事做得不怎麼好，也應找出他好的一點加以讚揚，畢竟父母心中也渴望得到子女的認可。

子女要鼓勵老人多參加社交活動，參加集體旅遊、體育活動和娛樂活動，這樣他們就不會避世孤獨，不會把自己閉鎖在小圈子裡，會更注重自己的體態儀表，透過各種活動，使他們增進身心健康，益壽延年。

父母老了，子女的關心更不可少，和他們交談，了解他們的心理特點很重要。有的老人的自尊心格外強，自己人退休在家，子女們上班工作，孫輩們入學讀書，左鄰右舍關門閉戶，老人就會感到孤獨寂寞，特別是父母喪偶後形單影隻，孤獨感更是明顯。還有老人懷舊感明顯，退化感出現。老人最怕孤獨，做子女的要多陪老人聊聊天，要多與老人交流溝通，除了照顧好他們的物質生活外，要更多關心他們感情上的需要，盡量理解並尊重他們的意見，在他們情緒低落時盡量用高興的話題去轉移他們的情緒。

第三，做好自己的事業

把自己的事情做好，是對父母最好的回報。從小到大，我們身上寄託了父母無限的希望。他們的一生可能有著太多的遺憾，有著太多的無奈，當生命無情的老去，他們只能把希望寄託於後輩。身為晚輩，一定要爭取把事情做到最好，父母的臉上才會展現出真正開心的笑容。

孝的意義對亞洲人來說不必多談，過多的言辭並沒有什麼意義。實際的才是現實的。試著問問自己，妳盡了一個做女兒的責任了嗎？多與妳的父母談談吧，了解他們的心理，他們的需求，他們的一切……不要等到許多年以後，發出「子欲養而親不待」的嘆息。單身的女人，該是父母心中「孝順的乖女兒」，在為自己的夢想奮鬥的同時，不忘記身後已漸漸衰老的父母，他們需要更多的關懷和照顧！

隨著時間流逝更加奪目的美

自信是一種頑強的精神力量，擁有它的人能排除各種障礙，克服各種困難。自信往往可以產生意想不到的效果。而對於每一個單身女人來說，自信使她們更美麗。

女人的自信與沉魚落雁、閉月羞花的容貌和魔鬼般的身材都沒有絕對的關聯。沈殿霞，按照一般的審美觀，既沒有漂亮的容顏，也沒有迷人的身材，可是從她臉上分明可以看到一種獨特的自信，正是這種自信加上自身的藝術才華，她才能在競爭激烈的娛樂圈裡立於不敗之地。可見，女人的自信緣於對自己以及對他人清醒的正確的認識。也只有當女人具備自信但不張狂的內在美時，她才真正稱得上是美女。

缺乏自信的美是短暫的，會隨著時間的流逝而一點一點的消失在無情的歲月裡。而充滿自信的女人，她的美會隨著時光的腳步越來越耀眼奪目。

自信的女人擁有一種「光環效應」，全身散發著獨特的吸引力，自信使她看上去神采奕奕、明豔動人。她總是揚著自信的頭，嘴角常掛著微笑，炯炯有神的雙目流動著光芒。她的舉手投足是那樣幹練而有風度，即使她沒有驚豔的姿容，卻能在人群中卓然挺立，第一個吸引到別人欣賞的目光。

自信的女人總是能夠坦然的面對生活賦予她的一切，幸福也好，苦難也罷，她總有勇氣去承受，即使面對挫折和逆境，她仍有前進的動力。自信讓她相信自己可以克服所有的困難，並不斷的完善自己。她總是精神煥發的投入到生活和工作中去。

自信的女人敢於面對工作中的任何挑戰，面對的困難越大，她們的鬥志越高。

自信的女人有良好的積極心態，她們從不唉聲嘆氣，從不愁眉苦臉。她們始終堅信，明天的一切會更好。

自信的女人不目空一切、高傲自大，她們善解人意，有極強的團隊精神。自信就是這樣，讓女人在人生舞台上煥發一份魅力光彩。

自信使人內心飽滿豐盈，外表光彩照人。自信的女人神采飛揚、氣度不凡。自信使女人更美麗。

美麗而又自信的女人，其自信濃墨淡彩，風格各異。既有迷人的風韻，又有驚人的魄力。她們利用上蒼賦予女人的天然姿色進行自我推銷、自我表現，贏得成功人生的機遇。

聰慧而又自信的女人，思想深刻、才華橫溢，有著強烈的事業心和成就

感。她們比別人更多一份「胸有灑脫氣自軒」的瀟灑品味和「有容乃大，處變不驚」的大家風範。她們更能直面人生、善待生命，活出自己的風采，活出自己的明快。

平凡又自信的女人雖然沒有與生俱來的天姿國色，也沒有卓爾不群的過人心智，但她們卻難能可貴的擁有一份平常心，於平平淡淡中鍥而不捨的耕耘著實實在在的理想。從她們身上閃耀出傳統女性至真、至善、至美、自強不息的人格魅力。

每一個單身女人都應當自信起來，要看到自身的優點與長處。沒有哪個女人生來就是十全十美的，但每個女人都有屬於自己的亮點。一個長相平凡的女子，也許她不夠靚麗，也許她不夠嬌媚，但是她可能擁有善良與體貼的美好特質，而這些已經足夠使她獲得人們的讚揚與青睞。

要學會推銷自己，將自己美好的一面呈現在別人面前。要學會把潛藏在妳內心的那個完美女人呼喚到妳的生活 中來。只有將妳本來的美好呈現在人們的面前，才是最美麗最自然的，也只有這樣，妳才是最有魅力的女人。

要學會正視他人。眼睛是心靈的窗戶，要想讓妳的眼睛為妳工作，就是要妳的眼神專注於別人，這不但能給妳信心，而且能為妳贏得別人的信任。

要使用自信的語言。語言能力是提高自信心的強化劑。一個人如果能把自己的想法或願望清晰明白的表達出來，那麼她內心一定具有明確的目標和堅定的信心。同時她充滿信心的話語也會感染對方，吸引對方的注意力。

最後，要敢於說「不」。妳的感受、意願、喜好都應該明確的表達出來，不要因為不敢說「不」，就讓自己陷入不舒服的困境，損害了自己的正當權利。妳無須取悅別人，面對無法迴避的人或事，勇敢的說「不」吧。

在這個處處充滿競爭的社會，那種自怨自艾、柔弱無助的女人已日漸失去市場。男人不再是女人的主宰，女人也早已不是男人的附庸。女人學會自我拯救和自我完善是最重要的，渴盼男人賜予妳幸福永遠是被動而不安全的。這個世界上自強自立的女人多了，男人背負的精神壓力就相對減少。而且，一個男人能與一個不止滿足衣食之安的女人共度人生，生活永遠不會陳舊，人生也不會走向退化。

有的女人以為成功的女性總是像男人一樣強大，因此怕男人會不喜歡，於是寧可做個「小女人」，也不求成功。這種錯覺妨礙了女人的上進，阻礙了女性在社會上的成功。

單身的女人們，妳們不必做「強人」，但一定要做充滿自信的「強者」！

時尚為妳的心情而生

穿著打扮講究時尚，時尚的東西可能是最耀眼、最熱鬧的東西，卻未必是最好的東西。時尚不是真理，沒有必要被我們視為生活的理想，更不必要刻意的去追求。當妳冷眼看時尚的時候，會發現時尚其實是一種很無所謂的東西，不會影響生活的品質，也如過眼雲煙。

時尚是那種隨時在妳身邊，妳又無力抓住的東西，比如風。時尚不聽妳的，也不聽他和我的，時尚自由自在無拘無束。如同妳黃昏散步呼吸到的襲人花香，如同妳清晨登山聽到的飄渺情歌。時尚讓妳會心，讓妳會意，卻無法追逐，無法製造。但是，時尚又會告訴妳，它並非遙不可及，隨心就好，隨意就好。時尚的本質，還是生活。不要刻意領先時尚，時尚為妳的心情而生。

　　沒有人能夠真正說清楚什麼是時尚，變幻莫測正是它的脾氣。拚命的追趕時尚潮流，把自己的本色洗滌得乾乾淨淨，到頭來屬於自己的珍愛卻是一無所有。

　　時尚是一種很有魅力的東西，時尚也是一種很模糊的東西。因為有魅力，時尚為眾人所追逐。因為玄妙和模糊，不少女人陷入了盲目的追逐：

第一，照單全收追時尚

　　有的女人為了追求時尚，往往不考慮自己的年齡、體型、膚色，甚至盲從一些標新立異的行為，比如抽菸、染髮和穿另類時裝。

第二，不惜重金追時尚

　　有的女人為了追趕時尚，不惜重金，弄得自己看起來很有派頭的樣子，但口袋裡的錢越來越少，感覺也越來越糟。「打腫臉，充胖子」的感覺不好受啊！

第三，損害健康追時尚

　　時尚每天都有新的內容發布，人們只顧盲目追逐，難免在不知不覺中離健康越來越遠。

　　近幾年，興起美容時尚的新概念 —— 斷食、洗腸。許多明星都堅持洗腸美容，目的是讓自己的身體裡沒有宿便不蓄積毒素，但洗腸容易讓腸管變粗，長時間反覆刺激還會使腸管麻痺，容易導致一些人為的疾病。

　　另外，現在越來越多的白領把去健身房鍛鍊身體當成一種時尚。殊不知，鍛鍊身體的好地方不在健身房而是在室外。健身房裡裝修殘留的有害氣

體和一些粉塵反而對健康不利。

總之，時尚可以追，但健康卻不能不要，沒有了健康怎麼去追求時尚？

潮流都喜歡玩新鮮，這不是問題，問題是現在人們太容易被潮流主宰，而走進了一個依賴他人標準安排自己生活的年代，失去了自己的標準和理由，失去了自己對生活的感受，這直接導致人們生活品質的下降。

單身女人們在面對時尚時應有著冷靜而獨特的追求標準：

第一，時尚與年齡和諧

時尚具有很強的年齡特徵，不同年齡追求不同的時尚，已經成為普遍的生活現象和文化現象。女性要根據自己的年齡特徵選擇適當的時尚服裝。處於青春妙齡的少女，身材優美，體態輕盈，全身洋溢著勃勃生機。她們只穿著活潑明麗、寬鬆俐落的時尚運動裝或便服，少女的天然美、韻律美就會自然含蓄或淋漓盡致的表現出來。青年女性，從年齡角度來看，應著以明朗色彩的時尚服裝。這類服裝跳躍性強，視野空間較廣，且一般裝飾性線條較多，可給人以熱情、振奮的感覺。中年女性應著以柔和性色彩的時尚服裝，這類服裝色彩心理反射不太強烈，美的流動感中等，裝飾性線條不太多，顯得安定而寧靜，給人以沉靜、典雅之感。

第二，時尚與性格和諧

每個女人都有自己獨特的個性，那麼在追求時尚方面也應如此，根據自己的個性選擇時尚，追求時尚與性格的和諧。模仿不是美，拼湊不是美，時髦也不一定是美。只有當內在性格與時尚追求和諧一致時，女人的美才能得到最充分的展現。

當時尚成為女人的一種「強加物」時，它會破壞與肢解美。如旗袍給人以文靜的感覺，男孩子性格式的女生就不宜穿著。所以，女性追求時尚時要注意服裝款式、色澤、質地都應與個性吻合，不可一味模仿。

第三，時尚與環境和諧

追求時尚的人往往具有個性，但是在追求時尚、強調著裝個性化的同時，還必須重視環境的因素，即在選擇時尚服飾時，應與一定場合的氣氛和諧起來。如辦公室裡不宜穿著過分時髦的時裝，職業女性也不能什麼顏色的頭髮流行就染什麼顏色，如果在比較嚴肅的環境裡工作，但剛好社會上流行紅色，妳頭頂耀眼的紅髮去上班的話，肯定會引來異樣的目光。

因此，女性追隨時尚還要考慮與場合、氛圍相統一，與生活環境相適配。

第四，時尚與職業和諧

女性由於職業不同，在社會上扮演的角色不同，因而在與時尚同步時要注意與自己的職業互相協調。例如女記者，免不了與各種人打交道。為了使採訪、調查工作順利進行，妳就得想方設法創造輕鬆愉快的氣氛，因此穿戴不要太前衛，以至於讓人不願意與妳接近。

國外有人曾專門對教師的服飾進行過調查，發現教師衣服的顏色、手工、款式足以影響學生的態度、注意力和行為方式。一位年輕的女教師總是穿著很時髦的衣服上課，會讓學生分心。在追求時尚時，要注意結合職業特點來著裝，以顯示出女性的工作能力和氣質。

★ 記住：流行不一定適合妳。在生活的河流中游泳，哭過、笑過，生活屬

於妳自己，美麗也屬於妳自己。妳就是妳，茫茫人海中妳只有妳一個，難道在世界上還有誰能分享妳的寂寞和美麗？說到底，這是一種個性的領悟。一個人對時尚的感覺達到這個層次，該是最高的境界了吧？

熟悉的地方沒有風景

出外旅行的時候，記得抽空寫封信寄給自己，任何內容都無所謂。

到一個心儀的地方，接觸陌生的人和事物，妳將會有一種全新的領悟，比如「世界是如此的寬廣」或「世界上有形形色色的人」等等。

事物的豐富多彩展現於它們的細微處。觀賞景物，應是流覽各個細微處，在每一細微處稍作停留，然後重新用一瞥掌握整體。旅行應是一次只走一小段路，不時停下來再次察看同一景物呈現的新面貌的過程。經常離開正道，到左邊或右邊小坐片刻。觀察的角度一變，一切跟著變化，而得到的收益勝過走一百公里路。

一個人走過的路越多，他的生命就越精彩，這似乎印證了一句話：熟悉的地方沒有風景。一成不變的日子裡，不會再有令人感動的事物撲面而來，瑣碎的生活中，心底的激情已找不到燃點。正如古代西方哲學家聖奧古斯丁曾說過的：「世界就像一本書，不去旅行的人唯讀到了其中的一頁。」

旅行是多麼令人精神振奮啊！每天都有新的世界在等著妳，讓妳去發現、去尋找：藝術、建築、富有情調的音樂舞蹈、變幻的風景，還有那麼多的新朋友，這是一種多麼刺激的生活方式！

雖然我們不能走遍世界的每一個角落，但我們可以作出一種個性化的、富有魅力的選擇，讓每一次出行都成為一次心靈的歷險、一次文化的探索、一次歷史的追尋。走近我們心儀的地方，去感受靈魂的震撼，被現代生

活節奏所壓抑的心靈也會得到撫慰、安寧和滿足，而單身的日子也不再那麼寂寥。

　　無論是旅途中的趣事、品嘗過的佳餚、沿途邂逅的人物、旅途中的感想等等，想寫什麼就寫什麼，然後貼上郵票、投入郵筒。當妳旅遊結束，返抵家門時，將會收到一封自己寄給自己的信，就在妳拆信的同時，旅途回憶的點點滴滴也會隨之傾瀉而出。看到這封信時妳會有什麼樣的感覺呢？或許還可以在信中夾帶一些落葉、花瓣或貝殼。

旅行的方式

　　自己跟自己做伴，才能結識更多的朋友；既可以隨心所欲到自己想去的地方，又可以大吃自己愛吃的食物；想睡的時候，睡上一整天也無妨。等到自己平安返抵家門後，也許頓時會發覺自己似乎成長了許多。

　　自助旅遊者們一般都對想要去的地方比較了解，他會告訴妳當地的風土人情，會知道當地的小吃，會了解怎樣行走既能看到更多的風景又能節省體力和財力。和自助旅遊者們一起去旅行會是一種很棒的體驗。

　　妳試過攜家帶眷去旅行嗎？有時間的話，試試看吧。那會讓妳有意想不到的驚喜。上了年紀的父母會給妳怎樣一種寶刀未老的感覺，妳能想像得到嗎？

旅行準備

1. 外衣防風防水，耐磨；

2. 穿排汗性好的內衣；

3. 在高寒的地方帶保暖的帽子；

4. 穿防水且舒適的鞋；

5. 早上多喝水；

6. 中午盡量多喝肉湯，如沒有辦法外食就要提前做好準備，如帶些碳水化合物、壓縮餅乾、鹹菜和茶；

7. 晚上犒勞自己，補充能量；

8. 多準備小塊的巧克力；

9. 採集森林裡可食的蕨類植物和野生菌類，用罐頭做成湯汁，加入這些野味；

10. 帶足罐頭和奶粉。

第二章
發自內心愛自己

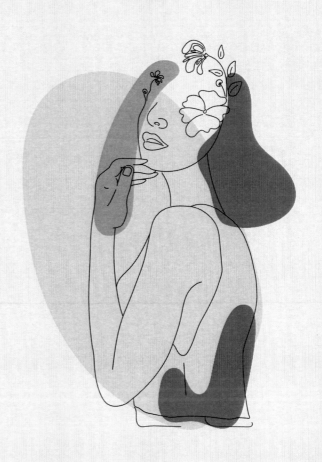

善良並非與生俱來

善良是女人的座標

也許說這樣的話題會讓人覺得沉悶，關於信仰似乎是中年以後的事情，但是當人生正處於這樣一個美好年華的時候，就算還談不上什麼信仰，我們也應該慢慢為自己建立一些原則，向善就是我們的原則之一。

不管妳信什麼，上帝、佛祖還是真主或者妳只信自己，信仰就像一個人生的座標，在妳一帆風順的時候也許它並不會表現出什麼，一旦妳陷入困境和不安，它就會在妳的心裡指導著妳邁向下一步。沒有信仰的人很容易迷失，那是因為在她的心裡沒有方向。

信仰就是妳要堅守的一種原則，也是妳所選擇的一種生活方式。身為單身女人，妳一定要把善良和正直作為信仰放在人生的座標上，知道疼惜、知道感恩、知道原諒，對親人、對朋友、對陌路者都要如此，這樣妳的生命才會絢麗多姿。

另外，還有一種善良就是對敵人殘酷。很難說妳會遇到什麼樣的人並把他稱為敵人，但願妳的敵人並不是因為妳的小心眼和壞脾氣而造成的。面對真正的敵人——那些損人利己的人、那些危害他人的人、那些危害社會的人，妳一定不能心軟和手軟，因為對敵人心軟會讓仇者笑親者痛，是對善良的一種褻瀆和犯罪。所以，善良要用在合適的地方。

善良代表了單身女人的生活態度

善良代表了一個女人的生活態度，尤其是一個單身女人的生活態度。妳身邊許多人與妳的關係是分親疏遠近的，那麼妳的態度和方式就應該隨之而

不同。越是親密的關係越容易被不經意的忽略而傷害，妳要懂得善待這種微妙的關係，然後對不同的人作出調整，讓所有的人都感到和妳相處有一種溫暖的感覺。這樣在陌生人眼裡妳很善、在朋友眼裡妳很親、在親人眼裡妳很乖。

善良同時也是一把大保護傘。一個被公認為善良的人，會獲得更多的理解、庇護和同情。在激烈競爭的社會環境中，能獲得這樣的認可，妳就會獲得更多的機會。

善良是一種修養

善良是一種不帶功利性的人性原則，是一種內在修養，這種修養不是與生俱來的，它要靠後天修行而來。女人一定要學會善良，因為善良中蘊含著寬容與大度，善良中蘊含著理解與尊重，善良中包含著仁愛友善，善良中包含著慈悲為懷。

也許妳不能如佛家弟子一樣慈悲，也許妳不能像基督徒一樣寬容，也許妳不能像伊斯蘭教徒一樣虔誠，但是，只要妳的心中有著一種向善的信念，妳就可以在滾滾紅塵中按照自己的人生方向大踏步的前進。這是人生的原則，也是正直之人的人格。像德蕾莎修女曾經說過的那樣：「我們都不是偉大的人，但我們可以用偉大的愛來做生活中每一件最平凡的事。」

善意的看待這世界

其實這個題目可以換成「關注公益事業，獻一次血」、「關注公益事業，捐一次款」，或者別的一件善事，當然不僅僅是公益事業，也包括給他人一點小小的幫助。意思就是應該常做善事。單身的妳至少應該真心的去幫助一個

比妳困難的人。

有時候，一個源自仁慈與愛的小小善行，會鑄就大愛的人生舞台。

善待社會，善待他人，並不是一件複雜、困難的事，只要心中常懷善念，生活中的小小善行，不過是舉手之勞，卻能給予別人很大幫助，何樂而不為呢？給迷途者指路，向落難者伸出援手，真心祝賀他人的成功，真誠鼓勵失意的朋友等等，看似微不足道的舉動，卻能給別人帶去力量，給自己帶來付出的快樂和良心的安寧。

如果人人都能以善心待人，世間便會少很多紛爭，多很多關愛。

在給予中滿足

一個男子坐在一堆金子上，伸出雙手，向每一個過路人乞討著什麼。

呂洞賓走了過來，男子向他伸出雙手。

「你已經擁有了這麼多的金子，你難道還要乞求什麼嗎？」呂洞賓問。

「唉！雖然我擁有如此多的金子，但是我仍然不滿足，我要乞求更多的金子，我還要乞求愛情、榮譽、成功。」男子說。

呂洞賓從口袋裡掏出他想要的愛情、榮譽和成功，送給了他。

一個月之後，呂洞賓又從這裡經過，那男子仍然坐在一堆黃金上，向路人伸著雙手。

「你所求的都已經有了，難道你還不滿足麼？」

「唉！雖然我得到了那麼多東西，但是我還是不滿足，我還需要更多的刺激。」男子說。呂洞賓把他想要的刺激也給了他。

一個月後，呂洞賓又見那男子坐在那堆金子上，向路人伸著雙手 —— 儘

管有愛情、榮譽、成功、快樂和刺激陪伴著他。

「你已經擁有了你想要的，難道你還乞求什麼嗎？」

「唉！儘管我已經擁有了比別人多得多的東西，但是我仍然不能感到滿足，老人家，請你把『滿足』賜給我吧！」男子說。

呂洞賓笑道：「你需要滿足嗎？那麼，請你從現在開始學著付出吧！」

呂洞賓一個月後又從此地經過，只見這男子站在路邊，他身邊的金子已經所剩不多了，他正把它們施捨給路人。他把金子給了衣食無著落的窮人，把「愛情」給了真正需要愛的人，把榮譽和成功給了失敗者，把快樂給了憂愁的人，把刺激送給了麻木冷漠的人。現在，他一無所有了。

看著人們接過他施捨的東西，滿含感激而去，男子笑了。

「現在，你擁有滿足了麼？」呂洞賓問。

「擁有了！擁有了！」男子笑著說，「原來，滿足藏在付出的懷抱裡啊。當我一味乞求時，得到了這個，又想得到那個，永遠不知道什麼叫滿足。當我付出時，我為我自己人格的完美而自豪、滿足；為我對別人有所幫助而感到由衷的高興；為人們向我投來的感激的目光而快樂。」

一位哲人曾經說過「沒有善良 —— 一個人給予另一個人的真正發自肺腑的溫暖 —— 就不可能有精神的美。」儘管大量的給予他人以愛心、同情、鼓勵、扶助，然而那些東西，在我們本身是不會因「給予」而有所減少的，反而會由於給人越多，我們自己也擁有越多。

海倫‧凱勒曾說：「任何人出於他的善良之心，說一句有益的話，發出一次愉快的笑，或者為別人鏟平坎坷不平的路，這樣的人就會感到歡欣是他自身極其親密的一部分，以至於使他終身去追求這種歡欣。」

的確，在生活中，從一個表情、一句問候、一個眼神、一件小事開始，學會付出，善意的看待這個世界，快樂就會時時與我們相伴。

即使妳有金錢、愛情、榮譽、成功和刺激，也許妳還不會有快樂。快樂是人生的至高追求，只有給予和付出，才能實現這一追求。

送人玫瑰手有餘香

有一個 50 歲的女人，丈夫去世不久，兒子又墜機身亡，她被悲傷和自憐的感情所包圍，久而久之得了憂鬱症，甚至產生了自殺的念頭。好心的鄰居帶她去找阿爾弗雷德‧阿德勒，阿德勒問清病情後勸她去做些能使別人快樂的事。50 歲的她能做些什麼呢？她過去喜歡養花，自從丈夫和兒子去世後，花園都荒蕪了。她聽了阿爾弗雷德‧阿德勒的勸告後，開始整修花園，施肥灌水。播下種子，很快就開出鮮豔的花朵。從此，她每隔幾天將親手栽培的鮮花送給附近醫院裡的病人。她給醫院裡的病人送去了溫馨，換來了一聲聲：「謝謝您！」這美好的「謝謝您！」輕柔的流入她的心田，治癒了她的憂鬱症。

她還經常收到病癒者寄來的賀年卡、感謝信，這些卡和信幫助她消除了孤獨感，使她重新獲得人生的喜悅。

無論一個人的生活多麼平凡，即便生理上有這樣那樣的缺陷，都應該學會這個精神處方 —— 多想想，怎樣才能讓別人感到快樂？

在漫漫的人生道路上，妳如果覺得自己孤寂，或者覺得道路艱難，那妳就照著阿德勒的話去做，這樣妳會逢凶化吉，因禍得福，獲得快樂，使妳遠離精神科醫生。因為愛的表現是無條件的付出，奉獻出來，而最終結果是自己得到了最大的報償。

妳在送別人一束玫瑰的時候，自己手中也留下了最持久的芳香。

當生活中有了愛

在古代文化裡，女性是「仁愛」的典型代表，煉石補天、用泥造人將大愛留給人間的女媧娘娘是女性，東南沿海一帶供奉的媽祖是女性，救苦救難的觀音菩薩更是由堂堂男兒化做了女兒身，以解救苦難蒼生。

可是現在許多成功的女人，由於自身的優越感很強，所以對於那些弱者，就不屑一顧，似乎自己是一名勝利者。其實這樣，在弱者的眼中這樣的女人更多的不是一名女強人，而是一名女惡人了。

這種人情的冷漠其實是一個女人淺薄的表現。人與人之間本來是平等的，只不過個人的能力有大小，就造成了以後個人境遇的不同，因此這在很大程度上帶有一種偶然性。對於聰明的女人來說，她們總是以一種虛懷若谷的態度對待她所接觸的任何人，在她們身上看到的是種種充滿愛心的舉動。她們的一言一行都會受到人們的讚揚和仰慕。

女性的內在價值是透過多方面展現出來的。事業僅是價值的一部分，更多的是那種關懷弱者的愛心。

任何一個女人，特別是那些為自己的事業和工作而奮鬥的單身女人，千萬不要因為事業而影響了個人的形象表現價值，不要因為繁重的工作而關閉自己的愛心之窗。那樣的結果，即使妳的穿著打扮再華貴，也不能算是一個有氣質、有韻味的女人。真正的女人是那些善於調整自我，充滿愛心而優雅的女人。她們在生活的塵囂中總能保持一顆真摯的愛心，她們是最有魅力的、最成功的女人。

　　博愛的女人，她會關心自己身邊的親人、朋友，她會同情弱者，會伸出自己的雙手，盡自己的所能去幫助那些需要幫助的人；她會關心環境問題，會擔心生活在環境汙染嚴重地區的小動物；她會為遭遇災難和戰爭的人們祈求平安。

　　也許她沒有能力去扭轉世間的苦難，也許她沒有能力去拯救戰爭中流離失所的人們。她用自己的愛溫暖著她周圍的生命，一點點驅走他們頭頂上的烏雲，讓陽光慢慢的擠進每一處陰暗的空間。當一張張曾經沮喪的臉上重新露出歡顏，她會感到無比的滿足與愉悅。

　　生活中有了愛，寒冷的風雪也會變得溫柔。

　　生活中有了愛，阻路的荊棘也會低頭讓步。

　　生活中有了愛，有時就連死神也會生出慈愛之心。

　　在人人為我的時候，做一個像天使一樣博愛的女人吧，世界將會因妳的存在而到處充滿陽光！

生命中值得感恩的奇蹟

　　長久以來，我們一直帶著一顆渴求擁有的貪婪之心負重前行。我們渴求擁有財富，我們渴求擁有成功，我們渴求擁有幸福……我們總是在渴求，卻忽略了我們已經擁有的一切。我們的渴求之心遮蔽了我們靈魂的眼睛，它使我們總是忽略上蒼每天所給予我們的恩賜，它使我們總是因為對未來的無限期待而忘記對今天的感恩。

　　是啊，久違了，感恩！沒有陽光，就沒有日子的溫暖；沒有雨露，就沒有五穀的豐收；沒有水源，就沒有生命；沒有父母，就沒有我們自己；沒有

親情、友情和愛情，世界就會是一片黑暗和孤寂。雖然沒有人不懂這些淺顯的道理，但是，我們總是常常缺少一種感恩的思想和心理。

身為女人，應該對妳所生活的這個世界上的所有事物感恩。學會感恩，走在人生的路上，妳會覺得快樂無比。

不忘父母養育之恩

當妳傷心、難過、高興……的時候，最先感知這一切並能陪在妳身邊的是妳的父母。有句老話說：「養兒方知父母恩。」母親要經過十月懷胎一朝分娩的歷程才把妳帶到這個世界，父親用自己的肩膀扛起這個家，做妳眼中的第一棵參天大樹。現代社會多是獨生子女，圍繞在身邊的還有爺爺、奶奶、外婆、外公，每個人都希望妳能健康成長，每個人都為妳臉上純真的笑容所感動。

那麼妳拿什麼回報他們呢？那就是愛妳自己，讓他們覺得妳會關心自己、照顧自己，這樣才能讓長輩安心、放心的讓妳自由飛翔，不會想要絆住妳起跳的腳、飛翔的翅膀。

妳還能拿什麼回報他們呢？是感恩。曾有一篇文章說，英國一家知名企業招募新員工，有位應徵者闖到最後一關，總裁親自面試，而題目只有一個：妳有沒有替母親洗過手腳？有何感想？應徵者的答案是沒有，於是總裁請他回去為母親洗手腳，三天後再來面試。

應徵者為媽媽洗手腳時，才發現與母親的距離這麼接近，內心感到無比溫暖，同時也才發現母親的手腳很粗糙甚至裂開了。剎那間她才發現以前關心母親不夠，內心感到無比歉疚。而母親每天辛苦工作，為家人、為子女，不求回報的付出，使得家人無後顧之憂。由此，她對母親的愛、無私的奉獻

有了更深的體會和理解。三天後向總裁報告了她的感受，結果被錄取了。

　　這位總裁很高明，他懂得用人之道：會做事不如會做人，會做人不如會感恩，會感恩的人是最好的人。學會感恩，感謝父母給了我們生命，為我們付出了一切，無論貧窮與富貴，高尚與卑微，踏踏實實活著的感覺真好。感謝父母讓妳能夠享受陽光、微風以及所有的一切！

不忘師長培育之恩

　　除了父母之外，在我們身上花費心血最多的要數老師了。他們循循善誘的傳授我們科學文化知識，他們教導我們做人的道理和生活的原則，他們不辭辛勞的批改作業、準備教案，他們為我們點滴的進步而欣喜，為我們的失敗和錯誤而焦慮。說老師是再生父母，一點也不為過。要感謝老師，在那個因為一件不順心的事而心情鬱悶的冬天，老師一句溫暖的問候如春風化雨，使妳從鬱悶中解脫了出來。要感謝宿舍老師，在寒冷的冬夜裡為妳關好門窗，在難挨的酷暑中為妳打開空調，在烏雲壓頂時替妳把晾曬在戶外的衣服收進來。老師是我們成長道路上的引路人，是我們在知識海洋裡暢遊的導航者。老師是我們生命中的大樹，是照亮人生路程的明燈。老師把全部的愛都傾注在我們的身上，像蠟燭一樣燃燒了自己照亮了我們。

應該感謝的人還有很多

　　感謝與自己共事的同事和給了我們友誼的朋友，有了他們的理解、支持和幫助，人生的旅途才充滿了動力，生活才充滿了和煦的陽光和溫暖的春風。

　　感謝挫折和失敗，讓女人經歷了酸甜苦辣的滋味，讓女人知道了人生

並不是一帆風順。感謝陽光、雨露和空氣，還有這樣美好的早晨，我要感謝一切！

懷著一顆感恩的心，在家裡懂得孝敬父母，在外面會關愛他人，在愛的包圍中女人會覺得十分幸福和滿足。在工作場所和社會上，與同事、朋友相處融洽，和他們一起分享快樂、分擔憂愁，讓妳的心永遠輕鬆快樂。每天都有無數快樂的機會，為這些機會感恩吧！為得到的一切教訓，擁有的一切閱歷而感恩吧！為克服困難、闖過難關學到的寶貴經驗感恩吧！為自己的活力和堅強的信念感恩吧！感謝這一切，感謝這一刻，感謝現在。

沒有感恩的心，就說不出「謝謝」這兩個字；不知道感恩的人，就不知道愛別人且得不到別人的愛。心境平和，微笑待人，懷著感恩的心，我們每天都快樂無比。

把心自問，妳是否還有這樣的感恩之心？細細的梳理一下妳的生活，妳就會發現確實有很多的人和事值得去感恩。努力的做一個愛自己的人，妳會看到身邊的每一天都是美好的。

當妳為錯過太陽而哭泣時

梁實秋曾經說過:中年的妙趣在於已經相當程度的認識人生，認識自己，從而做自己所能做的事，享受自己所能享受的生活。

對於一個聰明的女人來說，對自我的認知並不一定是中年人的特權。在日漸浮躁的社會裡，明確知道自己曾去過何處，今後又要去往何方，生命才有意義。

有這樣一種說法：生活品質和品質提升的前提是知道自己想要什麼。初

聽上去，這似乎是很世故的官方言論，沒有表達什麼實質性的內涵。事實上，在人的內心深處，的確需要一些目標和框架。

　　多次世界冠軍獲得者、亞特蘭大奧運會金牌得主阿蘭・詹森與年輕的新秀、雅典奧運會金牌得主劉翔曾經有過一次歷史性的會面，身為早已成名的老運動員和前輩，人們希望他給年輕的劉翔提點建議。詹森想了想後說：「劉翔去年贏了奧運會，生活發生了很大的改變，但壓力也自然而然的來了。媒體、田徑迷們對他的期望值開始提高。我想劉翔應該有一個平和的心態，他應該清楚的知道自己要什麼。」

知道自己該要什麼

　　有這樣的文字：「守一顆心，別像守一隻貓。牠冷了，來依偎妳；牠餓了，來叫妳；牠癢了，來摩擦妳；牠厭了，便偷偷的走掉。守著一顆心，多希望像隻狗，不是妳守著牠，而是牠守著妳。」

　　原文是說愛情的，但它還可以擴大到所有的事情上。

　　身為一個單身女人，不應該僅僅只是能夠從容面對生活，更要能夠傾聽自己的內心，創造自己想要的生活，而對於一個聰明的單身女人來說，自知是她的源泉。自知的基礎是有主張有認識，知道自己是做什麼的，知道自己想要什麼、能要什麼。無論自己有什麼想法，只要能被輕易左右的都是沒價值的，能被輕易打亂的都是不夠堅定的。有了生活目標、事業追求以後，相信自己一定能行，相信自己能夠達到自己想要的那個樣子。自知衍生從容，從容導致堅定，堅定決定成就，成就成全安詳，單身女人們，一定要知道自己究竟想要什麼，才可以活得精彩輝煌。

　　在我們周圍，太多太多的人是生活的被動者，每天疲於奔命，像一隻無

頭蒼蠅一樣跌跌撞撞，或者把自己扮演成了一個消防隊員，急著趕去撲救一場場火災。每一天都在毫無目的的庸庸碌碌中度過，然後，百般懊惱，埋怨命運不公。就像印度詩人泰戈爾所說的，當妳為錯過太陽而流淚的時候，妳已經錯過群星了。要知道，生活就是一面鏡子，妳如何對待生活，生活也如何對待妳。沒有明確目標的人，真是連祈禱都無門。神都會說：「妳自己都不知道自己要什麼，我又怎能給妳想要的生活？」

要知道，沒有明確的目標，妳就永遠無法到達終點。無論何時何地，要明確自己的目標。多少人每天忙忙碌碌的埋頭苦幹，被工作和生活壓力所迫，漸漸的，妳的夢想開始淡忘，妳的目標開始模糊，人生或定位不清、或目標不明，不知往何處去。

每一天，我們都會遇到對自己的人生和周圍的世界不滿意的人。妳可知道，在這些對自己處境不滿意的人中，有98%對心目中喜歡的世界沒有一幅清晰的圖畫，他們沒有改善生活的目標，沒有一個人生目的去鞭策自己。結果是，他們繼續生活在一個他們無意改變的世界上。

每年年底的時候，公司總是會要求妳總結一年的工作，對新一年的工作作出規劃。儘管這好像是例行公事，但事實上，回顧自己這年來的工作，為新年的工作做個計劃是很有必要的。當妳為去年一年的收穫而欣喜時，妳必須問自己：新的一年我準備要做什麼？有什麼新的計劃？這一年裡我要完成什麼樣的目標？有了新的目標，妳就像在茫茫大海中航行的小船在前方看到了指明的燈塔，始終能夠瞄準目標，加快速度，全力前行。在一年中要這樣，在女人的一生中，更應該如此。

如果有機會的話，找一個安靜的不被打擾的空間，與自己的心靈對話，列一個清單，把那些妳真正的想法具體表述出來，越詳細越好，或許妳會驚

訝，原來，那些名牌的時裝並不是妳真正想要的東西，放下所有的包袱去巴黎或許才是妳的短期目標。

也知道自己不要什麼

不知道自己要什麼很正常，因為人一生下來就不知道，但要知道自己不要什麼並不容易做到，有時一生都無法知道。當然，這些指的不是戰爭、飢餓、瘟疫、蒼蠅、蚊子等壞東西，而是好東西，比如升遷、加薪、分房子、出國進修、海外工作。妳一定會問，有什麼理由拒絕這些好處呢？唯一的理由是，如果得到這些利益，妳將離自己最想要的東西越來越遠。任何利益都有附加條件，當這些附加條件不符合妳的最高利益時，它們就是利益的代價。

這樣的利益越多，代價就越大，我們就會離真正的目標越來越遠。想想看，有多少人為了分房子而付出職業發展的代價，為了升遷或提高收入而去做自己不擅長也不熱愛的工作；又多少人明知自己適合也願意做專業經理人，卻抵不住誘惑，去做創業者，把生意做到了外婆家。

鞋子合不合適只有腳知道，工作合不合適只有心知道。以自己的心和職業激情為依據選擇工作，以便讓自己保持對工作的持續熱愛，這雖然是一種理想，但我們都有機會盡量靠近它。靠近的條件不僅要有明確的職業目標，還要懂得放棄不符合職業目標的利益，並培養放棄的勇氣和能力。面對選擇時，我們要堅持做自己最想做的事，而不被眼前利益所左右。即使一時不知道自己要的是什麼，也不要那些明知自己不真正想要的好東西，免得受其牽累。

愛自己從愛身體開始

人們愛說某個特別舒心的時段為人生的春天，春天播種，秋天收穫。播種時節，人的腦子最要清醒，所謂種瓜得瓜，種豆得豆，不能馬虎。人的很多收穫，往往緣於對身體的重視和愛護。

避免未婚先孕

由於這個世界的資源配置很不均勻，所以時有錯位搭配而且名不正言不順的所屬關係，比如某個單身的女人和某個有家的男人。

有些男人，確實是情慾的主動者、情感的被動者。他們給了女人希望，更多的是給了女人幻想的機會。女人最容易犯的錯誤是輕信，更容易犯的錯誤是自信，還容易犯的錯誤是不甘心。和有家室的男人走在一起，是因為輕信，輕信他對自己的愛的表白；覺得自己能把男人從婚姻中「挖」出來是自信，覺得自己魅力無邊；說到不甘心，是因為每個女人都有天生的公主夢，總有水晶鞋情結，這個心願如此迫切，以至於經常會把青蛙錯認成王子。

女人願意為感情冒險，不惜以身體為代價，確實不夠划算。生孩子，要的是溫厚美好的期待，而不是一個難測成敗的計劃。就算妳確實離不開這個男人，也不要挺身而出盲目生個孩子，因為愛情講究的是「雙賤合璧」，只有妳一方「犯賤」，那必死無疑，形同人體炸彈。如果妳夠愛自己的身體，切不可出此下策。孩子在娘胎裡十個月，女人要承擔多少情緒上的起落啊！這可不是可以一言概之的。

保健，身體之必需

女人要學會愛自己 —— 這是近年來每一個試圖覺醒的女人掛在嘴邊的一

句老話。但是很多女人愛自己的終極目的還是希望被人愛。女人逛街買漂亮衣服，去醫美診所做美容，都是希望自己變得更養眼。這其中當然有女人自己也舒服的效果，但是不能否認的是，還有讓男人更注意自己、更欣賞自己的目的。

女人對男人的需要，往往是緣於對生活的感覺，生活好了或壞了，常以有無一個好男人來愛做標準。而男人愛女人，往往是緣於身體的感應。所以女人愛在情事上黏人，男人則相對決然。因為感覺是虛的，太容易變幻，而身體是實的，非此即彼。聽從身體的需要要比跟著感覺走抓住夢的手要實在得多。

既然身體是實的，對身體就要多多呵護。凡是上了一點年紀的女性，一定要養成定期體檢的習慣，就算妳是單身一人。

女性體檢全接觸

部位一：乳腺

常規檢查方法：觸診、X 光或彩色都卜勒超音波

目的：篩查乳癌。乳腺檢查有助於及早發現可能出現的乳腺疾病。由於乳房的特殊性，很多女性在受到乳房疾病困擾的時候，往往很難早期發現。特別是那些有乳腺增生的女性，有時儘管定期自檢，也會由於自身醫學水準的貧乏而漏診。

乳腺癌主要發生於女性，是危害婦女健康的主要惡性腫瘤。全世界每年約有 120 萬婦女患乳腺癌，有 50 萬婦女死於乳腺癌。在歐美等已開發國家，乳腺癌的發病率占女性惡性腫瘤的首位，近年來還有逐漸上升的趨勢。隨著

生活方式的改變，生活水準的提高，發病率逐漸升高。

★ 提示：

(1) 20 歲以上的女性，每月自行檢查一次。

(2) 年齡在 20 ～ 40 歲的婦女，每三年接受醫生檢查一次。

(3) 大於 40 歲的女性，每年接受醫師檢查一次。

(4) 30 ～ 35 歲的婦女，要有一次乳房的 X 光片，作為日後醫生檢查時的對照。

部位二：陰道

常規檢查方法：望診、內視鏡、實驗室檢查

目的：治療陰道炎

陰道的檢查首先看外陰有無腫瘤、炎症、尖銳溼疣之類，其次是陰道檢查，看看有無畸形、炎症、白帶異常。陰道炎主要依靠實驗室檢查白帶。正常的白帶應是無氣味、少量半透明或白色的略顯黏稠的分泌物。如果妳發現自己內褲上的痕跡是微黃或綠色的膿性液體，或是血性白帶、淘米水樣白帶，並伴有腥臭或其他異味，這時就該配合醫生檢查，進行有針對性的治療。

★ 提示：在女性體檢前的 24 小時內，可以清洗外陰，但不要沖洗陰道，即使陰道分泌物增多，有異味。當然，更不能因為髒或有異味而用消毒液清洗。因為水或消毒液很容易把引起疾病的病原微生物沖掉，影響醫生做出正確的診斷。

部位三：子宮

常規檢查方法：觸診、內視鏡、實驗室檢查、彩色都卜勒超音波

目的：篩查子宮頸癌和子宮肌瘤

在婦女的各種惡性腫瘤中，子宮頸癌的發生率僅次於乳腺癌，位居第二位，且年輕患者近年有明顯上升的趨勢；有80%的患者被確診時已發展為浸潤性癌（即可擴散）。而子宮頸的檢查就是要看一看有沒有子宮頸炎症、子宮頸糜爛等。為了防止子宮頸癌，還要作個防癌抹片檢查，也就是子宮頸抹片細胞學檢查，這是目前推行最廣、最有成效的防止子宮頸癌的方法。輕輕的在女性的陰道及子宮頸口採取一些分泌物，抹在玻璃片上，經過染色後，放置在顯微鏡下診察，以篩檢是否有子宮頸癌的可能。這種檢查非常簡單、無痛且準確性高，檢查的過程只要三分鐘左右。如果有問題，透過這種方法幾乎90%都能查出來。

子宮體的檢查包括子宮的大小、形態以及子宮的位置是否正常。有的女性是子宮後位，來月經時常常會有腰骶部疼痛的感覺，發生子宮脫垂的機率也很大，像這種情況在體檢後醫生就會幫助給予糾正。此外，子宮體檢查的目的就是篩查子宮肌瘤，患有子宮肌瘤後，很多情況下是完全沒有症狀的，所以要定時體檢才能發現。絕大多數女性的子宮肌瘤屬良性腫瘤，但隨著腫瘤的增長會引起不孕、陰道排液、小腹酸脹、貧血和月經不調等婦科病，嚴重影響女性生活品質。

★　提示：做子宮檢查時，如果有尿意，不要不好意思，一定要先去廁所。否則膀胱充盈會直接影響檢查的效果。有些醫院的婦科體檢不包括子宮頸抹片一項，可以提前向醫生要求。30歲以上的婦女，建議每年定期做這項檢查。如果每年一次的子宮頸抹片連續三次完全正常，可經醫生同意改為每兩年檢查一次。

部位四：卵巢

常規檢查方法：彩色都卜勒超音波

目的：篩查卵巢癌

卵巢癌是生長在女性盆腔內的一種惡性腫瘤，發病年齡分布最廣，七八十歲的高齡老太太，未婚或已婚的女性，甚至女童和女嬰都有卵巢癌的罹患之虞。可以說，卵巢癌的發生，不受任何年齡的限制，其死亡率居婦女生殖器官惡性腫瘤之首。但此疾病早期無任何症狀，一般發現就是晚期。因此，女性應透過定期婦科體檢的方式進行腫瘤篩查。

★ 提示：一年一次的卵巢彩色都卜勒超音波檢查，是早期發現卵巢癌的唯一方法。對於有婦科腫瘤家族史的女性，應當積極對卵巢進行體檢。

體檢備忘錄

(1) 女性體檢時間應安排在月經結束後 3 ～ 10 天內。如果是公司團體體檢，可向醫生說明延期，或只做部分檢查（如乳腺、卵巢等）。

(2) 體檢時，有婦科病史的要攜帶過去的病歷。

(3) 體檢過程中，女性可就月經期間出現的問題、性生活中的問題等，向醫生進行詳細的述說和諮詢。

(4) 體檢時應盡量放鬆，配合醫生檢查。對醫生而言，身體任何部位都只不過是人體構造的一部分，醫生所要做的就是檢查這一部分是否有疾病存在。如果女性在體檢時過於緊張，有可能會影響檢查的效果。

怎樣進行自檢

心臟輸出血液量的多少，肺臟呼吸強度的大小，肌肉強健程度等，標誌著一個人對外界各種環境的反應和應變能力，是生命力的標誌。透過以下幾方面的自我測試，可從各個側面對自身健康狀況有個大致的了解。但要說明，由於各自情況大不一樣，所得資料僅供參考。

心臟功能測試

在 1 分鐘時間裡，向前弓背彎腰 20 次，前傾時呼氣，直立時吸氣。彎腰之前先測試計錄自己的脈搏，在做完運動後立即再測試自己的脈搏，運動結束 1 分鐘後再測，將此 3 項資料相加，減去 200，除以 10，如所得數為 0 ～ 3，表明心臟功能極佳；3 ～ 6 良好；9 ～ 12 較差；12 以上請立即就醫。82 102 115

呼吸功能測試

在安靜狀態下正常的呼吸，記錄每分鐘的呼吸頻率。下述頻率為各年齡段的最佳數，超過或低於該資料者均屬欠佳：20 歲每分鐘最佳呼吸頻率（一呼一吸為一次）為 18 ～ 20 次；30 歲為 15 ～ 18 次；40 歲為 10 ～ 15 次；50 歲為 8 ～ 10 次；60 歲為 5 ～ 10 次。

屏氣測試

深吸一口氣，然後閉氣，時間越久越好，再慢慢呼出，呼出時間 3 秒鐘為最理想。最大限度屏氣，一個 20 歲、健康狀況甚佳的人，可持續 90 ～ 120 秒。而一個年滿 50 歲的人，為 30 秒左右。

體力、腿力測試

如一步邁兩級台階，能快速登上五層樓，說明健康狀況良好；一級一級登上五層樓，沒有明顯的氣喘現象，健康狀況不錯；如果氣喘吁吁，呼吸急促，為較差型；登上三樓就又累又喘，意味著身體虛弱，應到醫院進一步查明原因，切莫大意。

仰臥起坐測試

　　仰臥於地上或床上，雙腿壓住，雙手交叉，置於胸部，抬起上半身向前傾，使手碰到雙腳。1 分鐘為限，記錄上半身直落的次數。20 歲的最佳成績為起落 45 ～ 50 次；30 歲為 40 ～ 45 次；40 歲為 35 ～ 40 次；50 歲為 25 ～ 30 次；60 歲為 15 ～ 20 次。

煙散了酒醒了，身體也壞了

　　香菸、美酒是很多人生命裡不可或缺的東西，或許是貪戀著香菸的溫柔，或者是沉醉於美酒的香醇。特別是男人，他們曾把菸酒當做最愛之一，這自然會引起女人們的不滿，掀起一片討伐之聲。

　　同樣的香菸，如果到了女人的手裡，引來的卻是男人更激烈的反對，傳統的看法認為「抽菸的女人不是好女人」。可是，不知從什麼時候起，都市裡許多單身女子也開始青睞於用香菸美酒來裝點生活了。夜色裡，無數女子遊走於各個酒吧之中，纖細的手指夾著一根細長的香菸，另一隻手裡卻是盛著美酒的高腳杯，定格成一幅媚惑的風景。

　　每個人都有選擇生活方式的權利，抽菸喝酒更是他們的自由，不過，奉勸每一位單身的女人們，不要喝酒也不要抽菸，別用美麗的煙霧汙染自己的幸福，別用冰涼的液體麻醉自己的心靈。

喝酒抽菸有害健康

　　「抽菸有害健康」，每一包香菸都會在最顯眼的地方印上這六個字，和尼古丁的骷髏形象一樣成為家喻戶曉的常識，可是很多人還是如同飛蛾撲火般前仆後繼。有報導說歐盟已經透過法令，要在煙體上用三分之一的地方

標識「抽菸致命」，代替有害健康的輕描淡寫，以求危言聳聽，達到警世通言之效。

由於需要孕育後代，女性抽菸的危害比男性更為嚴重，也就是說，抽菸傷害男性的方面，全都適用於女性，除此之外，抽菸還額外給女性帶來更多的傷害：

- 抽菸會對下一代的呼吸道產生不利的影響；
- 抽菸女性發生子宮外孕的危險比不抽菸者高 40%；
- 抽菸女性比不抽菸女性患不孕症的可能高 2.7 倍，患子宮頸癌的機率高 50%；
- 抽菸 20 年以上的女性患乳腺癌的危險增加 30%；
- 抽菸還將使女人的提前衰老：嘴唇和眼角過早的出現皺紋，牙齒發黃，皮膚粗糙，失去富有彈性豐潤的外表，甚至長鬍鬚。
- 抽菸還會導致痛經、骨質脆弱、尿失禁的可能性大大增強。

所有的人都認為，喝酒沒有抽菸那樣損害健康，但千萬不要麻痹大意，酒也是把雙刃劍，亦藥亦毒。對女性來說，適量的酒也許有保健美容的功效，像紅酒和低酒精水果酒等等，有的烈性酒在特殊情況下還具有舒筋活血和驅寒作用。可是，一旦過量也就傷肝傷腎。

雖然提倡可以喝適量的酒，但是除非是獨自品嘗，在人多的場合，只要端起杯子，難免會被人強迫著一杯又一杯的喝下去，不把人灌到酩酊大醉似乎不會甘休。

抽菸傷肺，喝酒傷胃，單身的妳更應該把自己的身體健康放在第一位，健康生活，拒絕香菸美酒。

拒絕寂寞

明明知道香菸和酒對人體健康有害，可是為什麼還有那麼多的人沉迷其中，寧願不要健康，也堅決不戒菸酒？

其實說到底，男女抽菸喝酒，都是一種精神上的依賴，心情煩悶的時候，壓力過重的時候，正好可以借菸消怨、借酒澆愁，煙霧彌漫時的片刻恍惚，酒精入喉時的剎那灼熱，讓他們遺忘了一切的煩惱、痛苦、焦慮。其實借菸消怨怨而濃，舉杯澆愁愁更深，煙散了，酒醒了，生活依然還要繼續，問題依然橫亙在那裡。

女人抽菸時可以優雅成一首詩，女人喝酒時可以溫柔如一幅畫，但是人們都有意忽略了最重要的背景，那就是抽菸喝酒背後所隱藏的寂寞，其實，詩是斷腸詩，畫是泣血畫。沒有傷感與落寞，沒有孤獨與憂傷，女人從來不會在菸酒中尋求解脫與寄託，欣賞優雅的菸酒美女圖的人，其實欣賞的是女人身上流露出來的那種淒美，混合著放縱與自虐的痛楚。

點的是菸，燃燒的卻是生命，是最美好的青春歲月……

喝的是酒，吞下去的卻是苦澀的淚水，留下的是難以癒合的心靈傷痕……

乾淨清爽的女人香

「聞香識女人」，每一個女人都有自己專屬的味道，就如同每個人都有獨特的指紋那樣，這裡的香並不完全是指香水的味道，香汗淋漓，很多女人的身體自然就會分泌出一種獨特的體香。

香味對人的生活非常重要，如果一個女人天生有一股乾淨清爽的體香，

很容易讓周圍的人愉情悅性，樂於接近；而如果體味不好，會讓人難以接近甚至遭到他人排斥。生活中有很多人因體味不好而陷入尷尬的情況，正與人近距離交談時，忽然聞到飄過來的一些難聞的氣味；與親密戀人接吻時，忽然嗅到對方難聞的口氣……

飲食習慣學說認為，人的體香和飲食習慣密切相關，經常抽菸、喝酒的人，容易產生蛋白質與油脂的分解物，透過毛孔滲出體表，產生或加重體味。如今的社會相當注重社交、講究形象，單身女人們不僅要注重服飾、妝容等視覺形象，還要注重氣味，氣味也是一種形象，相較於視覺形象，氣味形象的品味更高，要求更嚴格。

所以，每一個單身女人都應該遠離菸酒，保持自身乾淨清爽的體香。

健康的身心是幸福的保證

健康在人的生命中占有極其重要的地位，擁有健康不一定等於擁有一切，但失去了健康卻相當於失去了一切。有人把健康當做數字前面的 1，把財富、智慧、名利、成就等等比做後面的 0，如果有了 1 再加上後面的 0，表示妳擁有的一切在增加；相反的，如果沒有健康，失去了 1，不管後面增加多少 0，結果都還是 0。

每一個單身女人都應力求讓自己成為健康的女人。

愛健康就是珍惜自己，養成良好的生活習慣，生活有度，起居有常，早睡早起、睡眠充足、運動強身；一日三餐，合理搭配。遠離惡習、菸酒不沾；自尊自愛，不放縱自己。

愛健康還表現在心靈上，永遠保持樂觀積極的生活態度，笑對人生，即

使生活充滿坎坷、遭遇不幸，也從不怨天尤人，從不唉聲嘆氣，用甜美的微笑迎接每一天。

健康屬於每一個女人，不管她是十八還是八十，歲月可以帶走她的青春容顏，卻永遠帶不走一顆年輕的心，帶不走她的健康財富。

有多少付出就會有多少回報，一個健康的身體永遠是幸福的保證，有健康才能有美麗，有健康才能有成功，有健康才能有幸福。

健康是人生最大的財富

一直以來，我們都故意忽視自己的身體健康，為了金錢、地位、權力而日夜奮鬥，結果往往得不償失。美國石油大亨洛克斐勒的經歷可以說是非常典型的例子，他只花了幾十年的時間就累積了驚人的財富，成為舉世矚目的大富豪：33 歲那年賺到了他的第一個 100 萬，43 歲時建立了一個世界最龐大的壟斷企業 —— 美國標準石油公司。可是到了 53 歲時，在農莊長大一貫體魄強健的他身體卻徹底垮了，因為消化系統疾病，他患上了一種神經性脫毛症，在多數人的巔峰歲月時，他卻肩膀下垂、步履蹣跚，看起來就像個僵硬的木乃伊。

他是世界上最富有的人，卻只能靠簡單飲食為生；他每週收入高達幾萬美金，可是他一個星期能吃得下的食物卻用不了兩塊錢。醫生只允許他喝優酪乳，吃幾片蘇打餅乾。他的皮膚毫無血色，那只是包在骨頭上的一層皮，他只能用錢買最好的醫療。

金錢並不是人生唯一的財富，健康的身體、良好的心態等都是人生必不可少的財富，只有追求全面的人生財富，才是幸福快樂的源泉。

健康來自合理的生活方式

現代女性奔波於職場之上，忙於各種角色的責任和義務，往往不自覺的忽略了對健康的關注。想要生活健康並不是什麼難事，世界衛生組織曾經提出過健康的四大基石：合理膳食、適量運動、戒菸限酒、心理平衡。而一些專家、學者、健康長壽老人也總結出很多寶貴經驗，比如吃飯莫飽，走路莫跑，說話要少，睡覺要早，遇事莫惱，經常洗澡，堅持走路，基本吃素，心情舒暢……

生活中，時刻記得用樂觀的態度面對，用正確的方法養胃，用燦爛的陽光曬被，用清潔的空氣洗肺，用平靜的心情去睡，健康自然就會時刻伴隨。

每天早上提前半個小時起床，到戶外跑跑步、踢踢腿，活動一下筋骨；晚上吃完飯後，陪家人一起散散步，這樣既愉悅了身心又融洽了與家人之間的關係。

聰明的單身女人會讓健康也變成一種美麗，在俗世紅塵中，她們永遠活得生機勃勃、激情四溢。

健康的心理最重要

健康不僅表現在生理上，更重要的還在於心理上，心靈的健康比肉體的健康更重要。

遇到問題和煩惱時，自我調節是維持心理健康的最重要手段，聰明女人會選擇下面的方法來幫助放鬆：

1　**傾訴**。對傾訴者本人來講，傾訴其實就是找個可傾訴的人、找個可傾訴的場合，把自己心中悶著的事情吐出來、發洩出來，這種「一吐為快」的輕鬆方式能夠迅速釋放心中的怨氣。

2　**寫日記**。寫日記的方式比較適合那種帶隱私性的、難以啟齒的事情，在人生地不熟的場合，性格偏內向的女性，有時把自己無法與人傾訴的情愁愛恨寫在紙上，保證了隱私的安全。

3　**逛街購物**。女人們心情不好的時候最喜歡逛街，鬱悶的心情會隨著金錢的流失而漸漸消失，當她拎著大包小包的戰利品歸來時，可能都會忘了自己一開始為什麼不開心。

4　**轉移注意力**。心情不爽的時候，到操場上跑上幾圈，或是在家裡來一番大清掃，出去旅行等等，都可以轉移注意力，淡化傷痛。尤其是在自責自己犯了不該犯的錯誤時，不妨一試，妳會發現在體罰自己的同時，也強健了自己的身體，更釋放了心理壓力。

5　**運用阿 Q 式精神勝利法**。在現實生活中，女人們卻確實需要它來自我安慰。反正只要不傷害別人，自己能快樂就好。

6　**上網聊天**。年輕的女性更喜歡採用這種方式，現在不是流行虛擬夢幻世界嗎？上網找個身分不明的人，說上幾句風馬牛不相及的話，發洩一通。或者找個網友，說幾句掏心窩的話，把「家底」翻個底朝天。這樣的時候不需要偽裝，乾脆痛快，淋漓盡致。只要注意保持安全，把虛擬網路與現實生活區分開來，在網路上找個「垃圾桶」也未嘗不可。

健康與美麗並不衝突

美麗要以健康為基礎，健康的女人一定是美麗的，可是很多現代美女卻在健康與美麗面前徘徊，做著艱難的抉擇。許多年輕女孩為了窈窕的身材而不擇手段，節食、吃減肥藥、整型手術……有的患上了厭食症，更有甚者還為此付出了生命的代價。

其實，除了真正患有器質性病變的人需要一些特殊的治療以外，大多數的女性只要平時注意飲食起居，合理安排飲食結構，養成良好的生活習慣，

尤其是要有充足的睡眠，就會有比較符合自己身體狀況的身材和體質，就會有健康的體魄和活力，自然也會永保青春美麗。

聰明女人時刻把健康放在生活的第一位，要知道一旦失去了健康，所謂的美麗只能是空中樓閣，得不償失；而只有健康的美麗，才是真正的美麗，才能凸顯出女性真正的魅力。

合理膳食

要減少脂肪的攝入。脂肪不僅可以增加體重，使人肥胖，而且是引發疾病、危害健康的最大殺手。一般來說，女性要控制總熱量的攝入，減少脂肪攝入量，少吃油炸食品，以防超重和肥胖。標準來說，正常人每天攝入脂肪的占總熱能的 20%～ 25%，但目前很多女性已超過 30%。如果脂肪攝入過多，則容易導致脂質過氧化物增加，使活動耐力降低，影響工作效率。尤其是女性，平時不喜歡運動者，更要限制脂肪的攝入。

維生素攝入要充足。維他命是維持我們每個人健康的要素。人體一旦缺乏維生素，相應的代謝反應就會出現問題，從而產生維生素缺乏症。缺乏維生素會讓我們的身體代謝失去平衡，免疫力下降，各種疾病就會乘虛而入。維生素本身並不產生熱量，但它們是維持生理功能的重要成分，特別是與腦和神經代謝有關的維生素，如維生素 B1、維生素 B6 等。這類維生素在糙米、全麥、苜蓿中含量較豐富，因此日常膳食中糧食不宜太精。另外，胡蘿蔔素、維生素 C、維生素 E，可以提供日常工作生活所必需的營養，所以各種蔬菜和水果是女性一生都不可或缺的。由於現代女性工作繁忙，飲食中的維生素營養常被忽略，一定要記得服用一些維生素補充品，來保證維生素的均衡攝入。

各種礦物質攝入不能忽視。由於女性特殊的生理週期，伴隨著紅血球的丟失還會丟失許多鐵、鈣和鋅等礦物質，因此，在月經期和月經後，女性應多攝入一些鈣、鎂、鋅和鐵，以提高腦力工作的效率，多飲牛奶和豆漿是最好的選擇。

注意補充胺基酸。現代女性中不少人是腦力工作者，因此胺基酸的供給要充足，它可以提供大腦組織和腦神經所需的營養。豆類、芝麻等食物中含量較高，應適當多吃。

各種營養不僅能夠調節機能，增進健康，還能保持外在的美麗。

只有身體是妳最忠實的夥伴

摸著同事女兒的小臉，原來真有像嫩豆腐、像水晶果凍一樣的皮膚啊，不過它肯定沒有長在那個廣告女模特兒臉上，它只屬於 10 歲以下的兒童。想當年，距今有一段距離的當年了，我們也是這個樣子，一天一天的新陳代謝、風吹日曬還有洗浴撫摸，漸漸成了今天這個樣子，不抹厚厚的潤膚霜就讓妳乾得像要裂開，不塗昂貴的粉底就讓妳暗沉的臉無臉見人……

再看身邊剛畢業的小同事，加班熬了通宵還兩眼灼灼、笑顏如花；一起去爬山，任它險峰踩在腳底，臉不紅心不跳，還有力氣一鼓作氣跑下山。記憶中我們好像也曾這樣，而現在，熬到三點便大呼救命，狠睡到中午還覺得怎麼也補不過來；爬到半山腰便四處找纜車，爬到頂上後恨不得這輩子不用下去。

身體不應該虛弱成這樣，人家王石那麼大年紀還爬聖母峰呢，妳的身體毀在自己手裡，不愛惜、不保養、不鍛鍊，是台鋼鐵機器也要出毛病的。懶，懶得吃飯，懶得營養搭配，用霜淇淋當一餐，幾片餅乾又湊一頓；懶

得運動，好不容易趕流行買了健身卡，沒用兩回就過期作廢了，跑步、爬樓梯就更是匪夷所思，懶得吃營養品，三天打魚兩天曬網，就是仙丹也起不了作用。

誰能陪妳到老？父母會老去，朋友會疏遠，戀人會離去，孩子會長大，只有妳自己的身體，和妳不離不棄，它倒下，妳也倒下。早知如此，何不早早善待它，讓它更健康？

春夏秋冬都是展示美麗的季節

靚麗的肌膚身為女人的身分證，總在不經意間，流露出她的氣質、個性和素養。

如果妳想讓自己盡展活力與激情，如果妳不想讓肌膚洩露出自己正在逐漸蒼老的祕密，那麼，行動起來，讓歲月累積的內在的、深厚的美好，透過肌膚的美麗進入人們的眼簾。

平滑、細膩、光潔、富有彈性的肌膚在視覺上傳遞了美好、溫良、愉悅的感覺，而粗糙、灰暗、有色斑以及凹凸不平的肌膚多給人以負面的印象，甚至引發距離感和排斥感。因此，女性肌膚的養護已不單是挽留青春、保持光鮮美麗的問題。

女人肌膚的美麗，首先展現在臉上。

臉上的肌膚經常暴露在風、空氣、煙霧、灰塵等的汙染之中，受到陽光的侵害，此外，皮膚還受到季節變化、飲食、藥物等各種因素的影響。因此，每個女人在 25 歲以後，若想擁有乾淨而富有彈性的肌膚，必須懂得養護肌膚。

　　首先，要分清自己的膚質，採用適合自己的潔面保養方法。

　　油性膚質的肌膚，皮脂分泌較旺盛，需要清爽型的化妝水。化妝水應有保溼的作用，但是，擦完化妝水後記得要抹上清爽乳液。若有收斂水，記得在最後步驟再擦，這樣有助於毛孔收縮。若有控油的產品，則可省掉收斂水，直接擦上化妝水與乳液即可。

　　乾性肌膚適合用保溼滋潤型的保養品，並要切實做好基礎步驟中的乳液及精華液的保養才行。如果妳的肌膚不但缺水，而且缺油，就必須使用含油的乳液作保養。在乾燥的冬天裡，最好養成敷臉的習慣來加強保溼。夏天的時候只需要注意乳液、精華液的補充即可。另外，眼睛部位容易乾燥，別忘了用眼霜給予呵護。

　　中性肌膚的保養相當簡單，只要切實做好基礎步驟即可。平時，稍加留意，將柔膚水改為收斂水，輕拍於臉部，收斂毛孔即可。此類膚質本身的保溼能力沒有問題，若過度使用高效保溼的保養品，反而容易造成相反效果，使肌膚的保溼能力降低。總之，只要按照基本步驟，確實做好保養工作，想擁有健康無瑕的肌膚並非難事。

　　混合性肌膚同時擁有油性與乾性兩種膚質。此類膚質的保養不如其他膚質容易保養。必須特別注意臉上的兩個部位，一個是 T 字部位，一個是臉頰部位。所以，必須適當對 T 字部位控油，而臉頰部位則必須著重保溼。

　　其次，要注意季節的變化對皮膚的傷害。

　　春季，皮膚的狀況最不穩定，這是因為季節更替，皮膚要適應寒冬轉為暖春的變化所致。紫外線強烈的日子，突然換上短袖衣服，較易產生紅腫和發癢等病症（紫外線皮膚炎）。

　　夏季，汗水和皮脂分泌旺盛，雖然汗水能幫助排熱，但汗液同時也是細菌滋生的溫床，所以夏天應勤於沐浴。另外，夏日強烈的紫外線照射，也是首先要防範的。

　　秋天乾燥，預防雀斑和皺紋顯得尤為重要。

　　冬天，進出室內的冷暖空氣是使皮膚乾燥的主要原因，所以最好在沐浴後擦上乳霜之類的保養品，以防止皮膚水分的蒸發。在步入暖氣房時，也要注意溼度的調節。

　　此外，要健康的飲食。飲食中的營養要全面，特別要注意增加飲食中維生素的含量，少吃帶刺激性的食物，更不能為了節食而完全排斥脂肪的吸收。

　　同時，還要保持健康的心理狀態並減少藥物的刺激。良好的心理狀態有助於內分泌平衡，而藥物則是肌膚的大敵，尤其是安眠藥，會使體內產生過多酸性。激素失衡，會讓臉上長出雀斑。

　　適量運動也是擁有美麗肌膚的良方。瑜伽、跑步、芭蕾、跆拳道、低氧健身、有氧拉丁舞、水中健身以及各種塑形健身等等，都成為現代女性美麗肌膚的方式和法寶。

　　其實，生命裡每一個春夏秋冬都是展示美麗的季節，只要妳了解四季的氣候和自身的因素，順應季節保養呵護，就能在每一天都展現出最迷人的風采。

　　呵護肌膚是 25 歲以後女人一生都要去做的功課，只要保養得當，在往後的任何年齡段都可綻放妳的美麗。

運動是最有效的美容術之一

　　當妳還是一個單身女人時，應該多多為自己的將來著想，打起精神，保護好身體。常言道：「再好的東西都是別人的，唯有身體是自己的。」請愛惜身體，「身體是革命的本錢，也是幸福的本錢。」

1. 做一些輕鬆的運動

　　運動是鍛鍊意志、戰勝恐懼的有效的方法之一。運動不但可以強身健體，還可以起到減輕心理壓力，排解心理煩悶，消耗多餘體力，同時還有美容的作用。比如說，在妳心煩意亂的時候，找個沙袋使勁的錘打幾下，妳會感到很解氣，心裡會輕鬆一些。與打沙袋一樣，運動可以讓妳氣息通暢，增加身體的活力，消除消極思想，更加積極的面對生活。

　　從另一方面來看，單身未必是件壞事情。單身生活給了妳更多自由支配的時間，妳不會想著有一個人在等妳回家給他做飯，妳可以利用這些時間去運動，比如健身、打羽毛球、游泳等等。也可以參加一些健身俱樂部和運動團體，這些俱樂部和團體經常會組織一些活動，進行交流。

　　運動還是最有效的美容術之一。它不僅能調節身體，而且還能清潔皮膚、明亮雙眼、潤澤頭髮，這些都要靠新鮮的、鮮紅和含氧的血液流注到妳全身的肌肉、細胞和組織中去，鞏固妳的身體根基。運動還會使妳容光煥發，讓妳鬆弛的肌膚變得更有彈性、有光澤，使妳無需借助昂貴的化妝品來修飾自己。

　　同時，運動還會振奮妳的精神。因為它能釋放出一種胺基酸到妳的血管中去，這種物質能起到自然麻醉劑的作用。在運動之後，妳會感到精神不

再壓抑，思想活躍而積極，對一個精神緊張的人而言，也是最好的心理減壓療法。

也許經過了人生的起起落落，耗去了極大的精力和體力，妳會感到全身僵硬、乏力。那麼，去運動吧，運動可以緩解妳的疲勞。如果妳感覺到妳無力將一隻腳放到另一隻腳前時，不要坐下來，那只能使情況更糟糕。不妨游游泳或散散步，更好的辦法是去參加一個運動訓練班。保證妳將會有更充沛的精力。運動方式可以根據妳個人的財力來安排。最好是選擇那些妳能負擔得起的運動，這也是對妳的未來健康與幸福的一種投資。

如果妳有足夠的錢去加入一個健身俱樂部，那就去加入吧。在那裡妳不但可以選擇練習班及運動器械，而且妳還能享受各種專案，諸如桑拿等，還有一些水池中的運動。健身俱樂部在妳可怕的、不愉快的、孤獨的日子裡是一個溫暖、明亮和非常愜意的場所。

如果妳的經濟狀況不允許妳加入這種私人俱樂部，妳可以選擇當地的公共福利場所。這裡的條件經常比一些所謂「豪華」的地方還要好，只需要稍微花些錢而已。

如果連這個妳都支付不起，妳可以查看一下當地的報紙廣告，找一些計時性的訓練班。可以比較一下參加訓練班的花費與做一次美髮或美容的花費，後者雖然有快感和時尚感，但它僅僅是對「表面」的治療，只會在短期內有效果。而鍛鍊則會深入到事物的核心，即是妳的身心。只要定期做下去，它就會使妳延年益壽。

如果妳考慮到自己有可能負擔不起，那麼就跑步或散步，這樣做不需要花費什麼。如果妳碰巧生活在海邊，妳還可以去游泳。

　　運動不但對身體有很大益處，而且對自我意識的重新甦醒幫助甚大。成為一個健身訓練者的一大樂趣，是妳在頭一次看到同班上的人時是陰鬱的、不健美的和心神不安的，而後來則變成了開心的、美麗的和煥然一新的。幾個星期之內，妳就甩掉了過去的精神包袱，煥發出新的精神面貌。隨著妳的身體日益健壯，妳的臉上會容光煥發，甚至連面容都會像化了妝一般的發生變化。頭髮也變得更加潤澤、光亮、有質感，面頰上泛起了紅暈，在淋浴之後體內會滲出清新健康的體液。這時，妳重新發現了自我，找回了與過去一致的感覺，更重要的是妳將擁有一個新鮮的、有活力的人生。

　　做這種訓練不論妳年齡大小，它都會是一種優異的長壽術。近來的研究表明，運動可使妳增強肌肉功能、心臟的適應性和柔韌性，一直到妳 70 歲。即便在 70 歲後，運動也會防止衰老。它可以防止骨質疏鬆，還有許多婦女在更年期後易患的骨質軟化症，還有那些未被查出的嚴重疾病，如各種腫瘤。

　　生命在於運動 —— 無論妳是 15 歲還是 50 歲。所以妳要經常運動。

　　沒有什麼能比運動帶給妳腎上腺素的增強更令妳快活的了。那種感覺就像喝了香檳酒一樣。它將會使妳自我感覺良好，對未來充滿信心。如果妳參加晨練班，它將給妳的一天生活帶來充沛的精力。如果妳參加晚上訓練班（或跑步、游泳等等），它將使妳停止每晚沉湎於電視機前的娛樂，而使妳確信社交生活不再是完全停滯不前。

　　運動是一項積極的活動。而積極的活動會導致積極的思維。被拋棄的感覺是一種極端的精神頹廢和萎靡不振，而運動會使妳保持精神飽滿。因此，妳一方面要加強訓練，一方面要不斷增強勇氣，現在開始去做吧！

2. 從皮膚看透妳的心理健康

　　在某段妳憂鬱的日子裡，妳的皮膚好像也變成灰色；而聲色犬馬的假期之後，妳的皮膚也變得粉刺叢生；當繁重的工作向妳襲來時，妳的手指立刻出現了水皰；即將請客的那一天，妳的蕁麻疹突然發作。皮膚絕不是妳肌肉骨骼的簡單包裝，而是身體、心理的顯示器，現在看看妳的顯示器的表現，來了解一下妳的主機裡有什麼不正常？

皺紋 —— 緊張造就的溝壑

· **現象**：和同齡人比起來，妳看上去要大 3 ～ 5 歲，不是因為肥胖或者脫髮，而是因為堅硬的線條，不是那種淺碎的小細紋，而是深刻的，嵌入肌肉的深紋。

· **原因**：緊張消耗了許多生命活動所需的營養，使細胞活力和新陳代謝速度減慢，皮膚就會表現出晦暗和缺乏彈性，皺紋也就更容易顯露出來。有時，在心理壓力狀態下肌肉緊張也會加速皺紋的產生。

　　如果妳的皺紋在眉間，可能是妳需要一副合適的眼鏡。如果妳的抬頭紋比別人深，妳的緊張源可能是讓妳無法適應的新環境或新工作。如果妳有一對很深的笑紋，回憶一下妳是不是常常在陪笑臉？如果眼睛下方的臉頰上有一對細紋，說明妳對生計問題一直有一種潛在顧慮。

· **心理放鬆術**：大腦的慣性工作最容易讓妳的身體陷入僵硬狀態。當妳的大腦陷入疲勞後勉強工作時，妳的表情和身體就會出現某些習慣性的變形，這樣，妳的肩周、頸椎和腰椎容易受傷害勞損，妳的臉也同樣會留下很多深刻的皺紋，尤其是皺眉、撇嘴等習慣動作對五官的傷害格外明顯。學會在工作 40 分鐘左右活動一下，爬爬樓梯，活動一下身體各部分，用雙手手指伸開在鼻翼兩側由內向外打圈按摩臉部就會幫助妳徹底放鬆妳的臉了。

晦暗 —— 憂鬱低沉的白旗

- **現象**：妳的臉上什麼問題都沒有，沒有粉刺、雀斑、脂肪粒或者皺紋，只是，看起來缺少一份生機。整個臉孔沒有一種生命的光亮，而且黑白眼球也好像界限不清，唇色也不夠光鮮。

- **原因**：毫無疑問，妳的身體處於亞健康狀態，或者不健康狀態。

  如果沒有明確的病因，憂鬱的生活可能是妳糟糕臉色的原因所在。在食慾降低、活動減少、呼吸短淺的情況下，妳的新陳代謝也順勢放慢了速度。

- **找到奮發動機**：從改變走姿開始。妳是不是總是低著頭走路？

  實際上，當妳把腰椎挺直的時候，妳的胸椎也會順勢挺得更直。這樣，妳每次呼吸的深度會增加 5%，妳會看到更廣闊的空間。雖然撿到錢包的機率會下降，但是妳的疲勞感會減少很多，妳會成為一個有氧的女人。

成人痘 —— 煩亂不安的紅燈

- **現象**：儘管早就過了青春期，妳也結了婚，但青春痘從來沒有遠離過妳。妳的雌激素總是上下浮動，始終沒給身體一個適應的水平。

- **原因**：心理壓力促進了皮脂腺的活動，使皮膚出油。糟糕的睡眠又讓妳的皮膚缺乏一個徹底的吐故納新的機會。另外，躁動的生活讓妳心緒煩亂，導致內分泌失調。在三種原因共同努力下，妳的皮膚問題不斷。如果妳的粉刺是黑頭的，這多半與妳過度的戶外奔波有關；白頭粉刺與妳在焦慮狀況下大幅度進食甜食和高熱量食品有關；無頭粉刺通常是神經高度緊張的結果。

- **情緒沉澱劑**：坦白的說，妳不會因為化妝品使用不當而導致粉刺，也很難因為使用正確的化妝品讓粉刺問題有所改觀。學會冥想對妳而言可能更為有效：妳可以想像自己的身體在不斷上升，飄浮在湛藍的天空，此時天上正有一個龐大的水晶球，不斷發射出清涼的能量，而妳的身體正在不斷的接納這個能量。

雀斑 —— 缺愛的小提示

- **現象**：未經日曬或者懷孕，妳也過了青春期，妳所處的城市也非紫外線超標地區，但是暗褐色的小斑點還是出現在妳的臉上，並且超出了鼻翼兩側的範圍。

- **原因**：妳的雌性荷爾蒙分泌量不足，而麥拉寧色素又過分活躍，於是色素淤積在真皮層下，小斑點就出現了。當妳的心裡缺乏關愛時，副腎皮質激素的分泌機能就會衰退，於是肌膚會失去抵抗力，容易產生斑疹，也容易出現雀斑，嚴重時會出現臉部色素病變。

- **找愛竅門**：找一個美女交朋友也是很好的方法，美女身邊一般關注者甚多，妳的社交面也會順帶著增加，這其中一定也不乏與妳相處時間增長後對妳真情相戀的人，比如他發現了妳獨特的亮點。

  學會休息是一種很必要的方法。想想看，是什麼能幫妳度過最痛苦的階段？對了，就是小狗式急喘。在短促連續的吸氣後長長的呼一口氣，重複幾次能增加血液中的攜氧量，會有效改善妳對痛苦的耐受度。

  仔細審視鏡子中妳的臉，給自己一個好氣色吧！在妳成為一個很善於調配自己心理的人之後，妳的皮膚會給妳一個更好的報答。

寬容意味著不再患得患失

寬容是一種博大而深邃的胸懷，是人類最高美德之一。寬容主要是指對於不同的生活方式、不同的價值觀、不同的思想、不同的言論、不同的宗教信仰等的理解和尊重，採取兼容並包的態度，不把自己認為「是」或「非」的東西強加給別人。

寬容是一種氣度，一種寬廣的胸懷，是對人對事的包容和接納。寬容是一種高貴的品格，是精神的成熟，心靈的豐盈。寬容是一種仁愛的光芒，是

對別人的釋懷，也是對自己的善待。寬容是一種從容、自信和超然。寬容朋友，寬容家人，寬容同事，寬容自己。

對於個人而言，寬容無疑會帶來良好的人際關係，自己也能生活得輕鬆、愉快；對於一個團體而言，寬容必定會營造一種和諧的氣氛，利己利人。

寬容是建立良好人際關係的一大法寶。

寬容的女人是美麗的。

她們勇於承擔責任，既無損自己的體面，又保全對方的面子，使人心存感激，並滿懷敬重。

她們寬厚容忍，心胸寬廣，與嫉妒、小氣等詞語無緣，使人在與她交往時如沐春風、如飲甘霖。

她們有一顆善良的心，總是自覺的設身處地從別人的角度考慮問題，為別人著想，寬容的她使身邊所有人感到輕鬆、愉悅。

她們用寬容的眼光看世界，事業、家庭和友誼自然穩固而持久。她們在寬容的同時，也創造了生命的美麗。

寬容能化解嚴寒中的堅冰。一個人如果不能原諒別人的缺點，他的心就永遠是痛苦的，俗話說：「尺有所短，寸有所長。」、「人非聖賢，孰能無過？」因此，能原諒別人代表一個人有風度，這個人也會獲得別人的尊重和認可，能夠更好的建立人際關係。

與人相處，不要只想到別人曾經對自己有過的傷害，而應多想想別人對妳曾經有過的幫助和善行以便「滴水之恩，湧泉相報」。能夠記住別人善行的人，說明自己的心是寬廣的，並充滿了愛。常常記住別人對自己傷害的人，只能展現自身的狹隘和刻薄。

寬容，意味著妳不會再患得患失。

寬容，首先包括對自己的寬容。只有對自己寬容的人，才能寬容他人。人的煩惱一半來源於自己，即所謂畫地為牢、作繭自縛。寬容的對待自己，就是心平氣和的工作、生活。這種心境是充實自己的良好狀態。真正的寬容，應該是能容人之短，又能容人之長。

寬容的過程也是「互補」的過程。別人有此過失，若能予以正視，並以適當的方法給予批評和幫助，便可以避免大錯。自己有了過失，亦不必灰心喪氣、一蹶不振，同樣也應該吸取教訓，引以為戒，取人之長，補己之短，重新揚起工作和生活的風帆。

寬容，它往往折射出一個人為人處世的經驗，待人的藝術，良好的涵養。學會寬容，需要自己汲取多方面的「營養」，需要自己時常把視線集中在完善自身的精神結構和心態上。

在短暫的生命歷程中，學會寬容，意味著妳的生活將更加快樂。

一個女人，應該有大海般的胸懷。如果，我們能大度虛心，海納百川，一切的偏見、仇恨、懷疑、猜忌，都將煙消雲散。一切的困難、挫折，都會成為蓄積自己搏擊長空的動力。

寬容，更是一種智慧。懂得寬容的女人，堪稱一個智慧的人，總能使一些猜忌和誤會消失於無形，由此避免許多無謂的衝突和不良的後果。

寬容的女人是美麗的，然而，女人應該掌握寬容的「度」，寬容絕不是無原則的寬大無邊，而是建立在自信、助人和有益於社會基礎上的適度寬大，必須遵循法制和道德規範。對於絕大多數可以教育好的人，宜採取寬恕和約束相結合的方法；而對那些蠻橫無理和屢教不改的人，則不應手軟。從這一

意義上說「大事講原則，小事講風格」，乃是應取的態度。處處寬容別人，絕不是軟弱，也絕不是面對現實的無可奈何。

寬容並不等於懦弱，我們是在用愛心淨化世界，而絕不是含著眼淚退避三舍。寬容不是天平一端的砝碼，不停的忙碌，維持著不斷被打破的平衡，而是人世間永恆的愛與被愛。投之以木桃，報之以瓊瑤，把寬容插在水瓶中，她便綻出新綠；播種在泥土中，她便長出春芽。

學會寬容，寬容別人的缺點，缺點是每個人都有的；寬容別人無心的過失，那常常是他們也不能去主宰的。寬容使妳學會了如何去欣賞別人，也讓別人學會了如何來欣賞妳。

學會寬容，但不要對自己的缺點錯誤寬容，而要不斷發現並改正它們。

妳才能不斷的提高豐富自己的思想境界，讓別人更加的欣賞妳。

學會寬容，妳就是交際中最受歡迎的那個人。

妳就是上天的傑作

張小嫻曾說：「如果妳真的沒辦法不去愛一個不愛妳的人，那是因為妳還不懂得愛自己。」

用這句話開頭，就是讓妳知道，不僅要向別人獻愛心，而且在愛別人之前要先學會愛自己，學會尊重自己，欣賞自己。

每一個女子都是降落凡塵的精靈，身為女人妳應該學會愛自己，精心經營自己的美麗，關愛自己的健康，呵護自己的心靈，使自己無論何時何地，遇到何種事物都能夠淡然從容。

欣賞自己才能愛自己

愛自己有太多的理由，也有太多的方式，只可惜很多人卻沒有意識到這一點。失戀的痛苦、生活的挫折和失敗，早已讓她們脆弱的心靈傷痕累累。因此，要對著所有的女人大聲疾呼：愛別人之前，要先學會自己愛自己，要學會在惡劣的狀況下保護自己，讓自己的生命更加精彩，而不是成為他人的附屬品。

學會愛自己，才不會虐待自己，才不會對自己很刻薄，才不會強求自己做那些勉為其難的事情，才會按照自己的方式生活，走自己應該走的道路。

學會愛自己，才能在愛情到來的時候不迷失自己，才能在愛情離去的時候掌控自己。

從呱呱墜地之初，人就習慣了在外界的觀照中看清自己，借鏡子來觀察自身的容貌，借別人的肯定或讚賞來認識自己的才華，漸漸生出依賴，一旦離開別人的評價便找不到自己的位置。其實並不是這樣的，動物從不需要同類給予肯定就可以生存下去，人身為高等動物，具有思想、意識，為什麼就不能自我肯定呢？為什麼就一定要從別人的眼光裡尋找自身的價值呢？

但是學會愛自己並不等於自我姑息、自我放縱，變得自私自利，而是要我們學會勤於律己。人的一生總有許多時候沒有人督促我們、監督我們、叮嚀我們、指導我們、告誡我們，即使是最深愛的父母和最真誠的朋友也不會永遠伴隨我們，我們擁有的關懷和愛撫都有隨時失去的可能。這時候，我們必須學會為自己生存，才不會沉淪為一株隨風的草。

學會愛自己要從今天開始，要從這一刻開始。人，不應該牽掛未來而焦慮企盼，也不應該對往事反悔惋惜而不能自拔，要知道只有現在這一分、這

一秒才是最重要的、才是能確定的。未來總是會帶來希望和失望，過去則常常提醒著自己的失誤，要知道未來和過去都和我們想像的不同，只有現在才是我們可以把握的。

一切從愛自己開始

愛自己，就是愛絢爛的太陽、茂密的樹林、嬌豔的花朵和四季的更替；

愛自己，就是愛每天的三餐、清風和空氣，愛雪、愛雨：

愛自己，就是愛自己的生命和他人生存的方式；

愛自己，就是會在不知不覺中為他人祈禱幸福；

愛自己，就是愛所有妳認識的或是所有認識妳的人；

愛自己，就是懂得人間處處充滿愛的道理。

當一個人不會愛自己的時候，她是不幸的。失去了愛的能力，常常會想盡一切方法來掩蓋、來彌補，就像飢渴的沙漠需要水，她需要一切能證明自己存在的東西，需要別人的好言相勸、需要金錢、需要房子、需要名聲地位、需要表面的幸福。

但是不管怎樣，世界從不會因為某個人而發生改變；不論在我們是幸福的時候，抑或不幸的時候，還是一樣充滿著愛，空氣、水、食物……這都是世界對我們的愛，萬物的本質就是愛，一切的一切原來都是愛。

接納不完美的自己

也許妳沒有沉魚落雁的美貌，也許妳沒有聰穎睿智的頭腦，也許妳沒有魔鬼般的身姿……總之，妳的身上可能沒有任何值得炫耀的地方，但是，別忘了，妳就是妳，妳是獨一無二的，妳是上天的創造。

《世說新語》裡有這樣一則小故事，桓公少時與殷侯齊名，有一天，桓公問殷侯：「你哪一點比得上我？」殷侯思考了一下，很委婉的回答道：「我與我周旋久，寧作我。」是的，何必羨慕別人？我有自己的性格與生命經歷，不論遭遇是好是壞，一切喜怒哀樂都是我在承受與體驗。我的生命是獨一無二的，怎麼可以拿來與別人交換？

不要羨慕別人的美貌，不要希冀別人的頭腦，不要模仿別人的身材，愛自己的出發點，就是勇敢的接納並不完美的自己。眼睛小嗎？沒關係，眼小能聚光；身材矮嗎？濃縮的都是精華……無論是哪裡多一公分，或是少一公分，妳都是上天的傑作，妳沒有理由輕視自己，妳也是夜空中一顆耀眼的星星。

學會善待自己

真正的生命強者是在與命運的激烈碰撞中，綻放出光芒並實現自我人生價值的人。在這多彩多姿的世界上，要好好的生活，活給自己看，也活給愛自己的人看，更要活給那些瞧不起自己的人看。儘管免不了會經歷這樣或那樣的挫折，但那也是上蒼給予妳的禮物，讓妳在成長中學會堅強。

困難並不是全部的人生，當不幸來臨時要勇於面對現實，正確分析自我，以更好的人生態度來面對生活，善待人生的每一刻。正如快樂不能使時間延長，悲傷也不能使時間縮短。為自己揚起微笑，不要誇大自己的悲傷，不要低估生命的力量，學會相信生活和時間會沖淡一切苦痛，生活也一定會創造更多的快樂。讓生活多一點光彩，多一點人生感悟！

女人總是想小鳥依人的生活在一個男人的身邊，但是卻變成了菟絲子緊緊的依附在男人這棵「樹」上，一旦失去了「樹」，就再也不能獨立生長。

其實在尋找一棵大樹之前，應該把自己先培養成一棵樹，雙木才可成「林」，一人一木是「休」，不是被自己「休」，就是被男人「休」。看看連理枝就會知道只有成「林」才會枝葉相交、根鬚相連，才能四季常青，笑看花開花落、雲捲雲舒。

第三章
精緻女人，品味生活

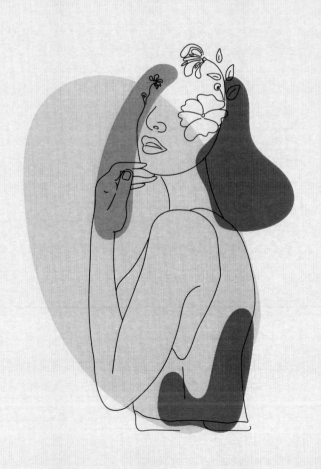

優雅是一種恆久的魅力

　　就像蒙娜麗莎的微笑一樣，優雅是一種恆久的魅力。從一個女人優雅的舉止裡，可以看到一種文化教養，讓人賞心悅目；從一個女人的優雅中，亦可以品味出一種獨特的滋味。

　　優雅的女人無人不喜歡，不管是男人還是女人。愚鈍的女人總是在抱怨：上天是如此不公，為何不將那樣的身材與美貌賜予給我？而優雅的女人往往是透過後天的努力，讓人心服口服。當女人從表面的自我，過渡到一種深厚的內在之中，便呈現出一種昇華過後的極致美麗，與從前相比，不可再同日而語。一如水漲船高，是一樣的定律。

　　在一次世界文學論壇會上，有一位相貌平平的小姐端正的坐著。她並沒有因為被邀請到這樣一個高級的場合而激動不已，也不因自己的成功而到處招搖。她只是偶爾和人們交流一下寫作的經驗。更多的時候，她在仔細觀察著身邊的人，一會兒，有一個匈牙利的作家走過來。他問她，「請問妳也是作家嗎？」

　　小姐親切而隨和的回答：「應該算是吧。」

　　匈牙利作家繼續問：「哦，那妳都寫過什麼作品？」

　　小姐笑了，謙虛的回答：「我只寫過小說而已，並沒有寫過其他的東西。」

　　匈牙利作家聽後，頓時有了驕傲的神色，更加掩飾不住自己內心的優越感，「我也是寫小說的，目前已經寫了三四十部，很多人覺得我寫得很好，也很受讀者的好評。」說完，他又疑惑的問道：「妳也是寫小說的，那麼，妳寫了多少部了？」

小姐很隨和的答道：「比起你，我可差得遠了，我只寫過一部而已。」

匈牙利作家更加得意，「妳才寫一本啊，我們交流一下經驗吧。對了，妳寫的小說叫什麼名字？我看能不能給妳提點建議。」

小姐和氣的說：「我的小說名叫《飄》，拍成電影時改名為《亂世佳人》，不知道這部小說你聽說過沒有？」

聽了這段話，匈牙利作家羞愧不已，原來她是鼎鼎大名的瑪格麗特・蜜雪兒。

這就是有品味的女人，她不經意間所流露出來的優雅，讓人佩服得五體投地。可見，優雅不是天生的，也不是誇誇其談的知道幾個所謂的時尚代名詞就能優雅了，優雅是一種氣韻，一種堅持，一種時間的考驗。從一個女人優雅的舉止裡可以看到一種文化教養，讓人賞心悅目，當優雅成為一種自然的氣質時，這位女性一定顯得成熟而溫柔。

時髦，可以追可以趕，可以花大錢去「入流」，而優雅卻是模仿不來、著急不得的事。

女人怎樣才能夠優雅呢？有人說，除非她遇到一個好男人，這個男人給予她所有優雅的動力與勇氣，還有物質條件。男人們總有一種感覺，賺了足夠的鈔票供養女人，讓她衣食無憂，在豐富的物質面前，女人優雅的氣質和內容就會表現出來。其實並非如此，女人的優雅不是物質生活堆積出來的，但優雅的生活多少與物質有一定關係。

妳想知道一個女人是否過著優雅的生活，妳首先要問她，她是否有能力創造幸福？她的生活內容是否真實？她的感受是否是自然流露出來的？如果她無法確定，那麼她必然是生活在別人設計的圖紙上，優雅的生活就無從談

起。其實，只有不斷提升自己的品味修養，才能逐漸向優雅靠近，品味高了，妳的生活中優雅的內容也就會自然而然的增加。

優雅的生活是簡單而豐富的，個人的品味和素養或許是其中的關鍵。

優雅，是一種知識的累積沉澱，不管是直接還是間接的，都是一種必需的累積；優雅不是一種形式上的東西，它需要妳在生活中學習，需要妳以豐富的人生經歷來成就。優雅有著終生學習的特性，它是台階式的，學一點，修一點，修一點也就提升一點。優雅需要女人學一生，堅持一生，它才會讓妳受益一生。

「品味」二字，沒有內涵是強裝不來的。品味不是虛無縹緲的，它是全面的，整體的，由表及裡的綜合表現。品味是一種集個人的出生背景、文化層次、生活素養為一體的，只能靠感覺去體驗的東西，不是什麼人都能夠擁有的。

女人的優雅之根要深紮在文化與經濟的沃土裡才會枝繁葉茂。當優雅成為一種自然的氣質時，妳一定顯得成熟、溫柔；當優雅代表妳的性格時，事實上妳已掌握了自己的人生。

女人的優雅又像一口泉，智慧之水在湧動中展示充分的人格魅力，散發著令人仰慕的內在品味。生活中的女人們盡量提高自己的品味，多一些優雅，實在是人生中的崇高境界。

有品味有底蘊的優雅女人不見花開，只聞暗香浮動。

別錯把軟弱當溫柔

大多數男人最喜歡的是女人的溫柔。女人最能打動人的就是溫柔。當

然，這種溫柔不是矯揉造作，溫柔而不造作的女人，知冷知熱，知輕知重，和她在一起，一些內心的不愉快也會煙消雲散，這樣的女人是最能令人心動的。

她可能不是職場菁英，她的學歷也可能不是那麼的高，她的廚藝也許不怎麼樣，她細嫩的手也許很笨拙，她的長相也許挺一般，總之她絕對不能算得上是一個十全十美的俏佳人，但她卻很溫柔，說起話來的「輕聲細語」，足以讓妳頃刻間為之陶醉。

在男人眼中，女人的溫柔比所有的特點都要可愛。溫柔的女人走到哪裡，都會受到人們的歡迎，博得眾人的稱讚。她們像綿綿細雨，潤物細無聲，給人一種溫馨柔美的感覺，令人內心讚佩、回味無窮。

如果妳希望自己更嫵媚、更動人、更有魅力，建議妳保持或發掘身為女人所獨具的溫柔的稟賦，用親和力融合別人。

女人的溫柔如和風，可拂去心緒上的煩惱與憂愁；像細雨，可滋潤心田上的乾渴與浮塵；像彩虹，能映照出讓自暴自棄之人重新揚帆的錦繡前程；是武器，能讓剽悍粗獷的男人束手就擒。

溫柔的性情是最受歡迎的女人味，內心柔軟但又自信，充滿芳香而且明亮。溫柔的女人是幸福的，沒有愁怨，更不會寂寞。是愛讓她的心充盈而有力量，心裡有溫熱的泉水，雙眸含水含笑。她明白自己的力量所在，魅力所在和快樂所在。她優雅的情懷與寬容的氣度渾然一體，互相輝映。

現代女人應該注重德才兼備，內外兼修。其實溫柔不只是一種為人處世態度，也是一種品德修養。當然不是因為溫柔而不能具備許多缺點；相反的，溫柔女人最大的好處是，可以一「柔」遮百醜。

做一個溫柔的女人，並不是換一套衣裙、舉一杯紅酒就可成就。她的魅力，來自於性格、能力和修養。她的規矩、內斂、溫順都來源於對自己表情的修枝剪葉，讓美麗由內而外薰染而出。

具體說來，女人的溫柔展現在以下幾個方面：

（1）通情達理

這是女人溫柔的最好表現。溫柔的女人對人一般都很寬容，她們為人很懂得謙讓，對別人很體貼，凡事喜歡替別人著想，絕不會讓別人難堪。

（2）富有同情心

這是女性的溫柔在待人處世中的集中表現。對於弱者、境遇不佳者、老人、小孩和病人，女人都應表現出應有的同情，並盡可能設法去幫助他們。

（3）吃苦耐勞

這是東方女人的傳統美德。特別表現在家庭生活方面。

（4）善良

對人對事都抱著好的願望，喜歡關心和幫助別人。對家人，尤其是子女會表現出更多的關愛。

（5）溫馨細緻

讓人心動的不是一個淑女做出了多麼驚人的業績，更多的情況下，是女人那種適時適地的細心關懷和體貼，最能叫人怦然心動。一起出門時，吃東西弄髒了手，她備好紙巾遞上；衣服扣子掉了，一向細心的她正好帶著針

線……雖然都是些小事，但卻於細微之處充分展現了女人難以抗拒的溫柔和魅力。

(6) 性格柔和

絕對不會一遇不順心的事就暴跳如雷或火冒三丈。以柔克剛，這是溫柔女人的最高境界。到了此境界，即使是百煉的鋼鐵也能被她隨意掌控在手中。

(7) 不軟弱

現代女人追求溫柔，但絕不軟弱。溫柔是一種美德，是內心世界有力量和充實的表現，而軟弱則是要克服的缺點，二者不可混淆。

總之，溫柔可以展現在各個方面。在單身女人的生活領域，只要妳願意，那麼處處都能展現出溫柔的特徵。身為一個現代女人，應當透過學習，透過認識自己、認識社會和切身體會等途徑，去培養自己的溫柔。溫柔，應該是妳生活和工作中的最好的特性，既有助於妳獨立的生活於社會中，又能使妳擁有迷人的嬌媚。

風格是永不過時的美

外在美在很大程度上取決於妳是否有光滑的肌膚。隨著日月的消逝，外在美也會逐漸減退，但一個女人固有的風格即使她老了也不會褪色，風格是一種永不過時的美。

吉爾・珊德爾把風格定義為「鑑賞力＋個性＋自我價值感＝風格」。

風格與一個人的個性有緊密關係，風格是自我表現，因此它展現在生活

的各個方面。

要想擁有卓爾不群的形象，那麼在妳還是單身時就要開始塑造自己的個人風格，沒有風格的話，妳只是芸芸眾生中平凡的一個而已。

所以，一定找出妳所喜歡的，無論是衣著或是愛好，哪怕是與眾不同的小習慣也好。年少時妳可以不斷嘗試、不斷改變，但是要養成卓爾不群的個人風格。

在我們周圍有很多人為了省去挑來揀去的麻煩，只看別人怎麼穿她就怎麼穿。雖模仿別人著裝卻索然無味。

展現風格的服裝增添妳的魅力

有的女人為了追趕時髦，往往不考慮自己的年齡、體型、膚色。比如，有的人為了使自己顯得年輕穿上螢光綠色，反而讓人倒胃口。還有的人隨隨便便的穿上圓領長袖運動衫和牛仔褲。她們認為，只有這樣才能充分展現出她們的個性。

展現風格的服裝可以增強妳的魅力。所以，為了增加自身魅力，我們不應該只圖方便而不注意自己的穿著。

1. 找到適合自己的服裝樣式

如果有條件可以請人替自己設計一套能顯示自我風格的服裝，在別人看來這套服裝會很有吸引力，因為它使妳的內在氣質與妳的外表很協調。

為了找到適合自己風格的服裝樣式，妳還可以流覽服裝類雜誌。服裝設計師們經常在這些雜誌上刊登他們的設計成果。憑著他們的經驗，總是把模特兒們打扮得既有不同的個性又非常得體。看了這些雜誌後，妳就懂得什麼

樣的鞋該配什麼樣的衣服了。這些雜誌可以做我們的穿戴指南。

如果妳有一位十分了解妳又有鑑賞力的好朋友，那麼就還有一個更簡單的辦法：在穿著方面，她給妳提供的非常專業的意見比黃金價值更高。

妳還可以從店主是否千方百計勸妳買店裡的衣服或告訴妳這件衣服不合適請妳別買的話中，發現哪家商店值得妳信賴。一旦妳找到了值得信賴的商店，妳就應該忠實於它，這樣可以省去令妳失望的試穿，還能買到稱心如意的衣服。

2. 堅持適合自己的風格

堅持自己的風格需要自信，尤其是想獨樹一幟的時候更是如此。

一位女士，38 歲，畫家，她平日喜歡穿時髦的衣服。一次，她在與幾位女藝術家們聚會時穿了一身成套的絲綢衣服，而她的朋友們卻穿著褲子和套衫。朋友們不解的打量她，使她感到很不自在。儘管如此，在下一次聚會上她仍然堅持穿那套衣服。

這樣做需要多麼大的自信呀！一般來說，風格越特別，所需要的自信度也就越大，越是耀眼的服裝，引起的反應越大。

實踐表明：如果妳有足夠的自信，妳就可以喜歡什麼穿什麼，妳必須知道，妳的風格很難讓所有的人都認同。妳認為時髦的衣服別人不一定接受，妳認為難看的衣服別人可能喜歡得不得了。妳不要被別人左右，只要妳喜歡，妳自己認可，就足夠了。

這位女士自己也承認，她的衣服很有吸引力。其實她的衣服很多都是從網拍商店買來的，或是從她的堂姐妹那裡揀來的，但人們並不知道這些。這些物美價廉的和那些讓人看一眼就很喜歡的小飾品大大增加了她的風度。她

的住家也有類似情況。她有一雙巧手，把房間布置得很有特色。只有她懂得把一些別人丟棄的布料拿來做成軟墊，放在沙發上，既舒適又有風格。有人讚美的告訴她，風格好像就是她的職業。她說，坐在家裡享受自己的風格會讓人自然產生一種滿足感。

女人味，有時候 是穿出來的

在現實生活中，有相當數量的人只注意穿著打扮，並不怎麼注意自己的氣質是否給人以美感。誠然，美麗的容貌，時髦的服飾，精心的打扮，都能給人以美感。但是這種外表的美總是膚淺而短暫的，如同天上的流雲，轉瞬即逝。如果妳是有心人，則會發現，氣質給人的美感是不受年紀、服飾和打扮局限的。

一個女人的真正魅力主要在於特有的氣質，這種氣質對同性和異性都有吸引力。這是一種內在的人格魅力。

不管妳是白領還是打工族，仍處於單身也好，初為人妻也罷，身為女人的妳：永遠不要大大咧咧，風風火火。要記住，凡事有度；矜持，永遠是最高品味。

外表漂亮的女人不一定有韻味，有韻味的女人卻一定很美。因為她懂得「萬綠叢中一點紅，動人春色不須多」的規則，具有以少勝多的智慧；憑藉一言一語一舉一動之優勢，盡顯至善至美。

我們知道，再名貴的菜，它本身都是沒有味道的。在烹調的時候必須佐以薑蔥才能出味！所以，女人也是這樣，妝要淡妝，話要少說，笑容要可掬，愛要執著。無論在什麼樣的場合，都要好好的「烹飪」自己，使自己秀色可餐，暗香浮動。

前衛不是女人味，切不要以為穿上件古怪的服裝就有味了。當然這也是味，但卻是「怪味」。

辦公室衣著

白襯衫：白襯衫是百搭衣著，而且最能表達女人味。例如香奈兒的春夏大翻領白襯衫搭配黑色及膝裙，清純的女學生風格。但游離於衣身的門襟，有意無意的袒露著雪膚。迪奧的設計師費雷的白襯衫乾脆不要扣子，但長長的袖口又浪漫的無藥可醫。選擇一款質地精良款式時尚的襯衫，妳在辦公室的人氣一定大增。

絲襪：絲襪很像女人，自然的柔美很討人喜歡。但如果是故意扮酷玩個性的洞洞網襪，總讓人敬而遠之。

合身的套裝：設計合身質地柔軟的套裝同樣不會埋沒女性的優美線條。如果在設計中稍微強調一下肩的線條和腰的纖細，那效果就更加好了。

七分褲：適合小腿漂亮的女人。

小飾物：鑽石的耳環和小鑽戒或者小巧的鉑金飾物，很襯人的皮膚而且不會搶奪人的氣質。大型的或者誇張的飾物，會分散別人的注意力，影響工作形象。也不要選擇閃光和會叮噹響的飾物。小小的珍珠耳環好過於大大的寶石。

單身族的職業著裝技巧

單身的女人，常常是人們關注的對象，上班時，妳的穿著是否得體，也影響著人們對妳的看法和印象。同時，穿著也影響著妳的心情。穿出氣質，

穿出美麗，穿出高雅，穿出妳獨特的風格，穿著能穿出人們對妳的尊重來。

　　單身職業女性的衣著也應講求「中庸」之道，那就是不要太時髦，也不要太保守，一切以端莊、大方為原則。太鮮豔的衣服，惹人刺目；太暴露的衣服，令自己尷尬；太隨便的衣服，有失端莊；太新潮的衣服，與職場氣氛格格不入；太老舊的衣服，引人側目。

　　最佳衣著是套裝、襯衫配裙子，或襯衫配長褲，天氣冷時，再加上背心，風衣或大衣。套裝是永不退流行的時裝，無論在辦公室、出外旅遊、訪友，甚至宴會，套裝都是最舒適、簡便、正式的服裝。如果有兩套套裝，一套配裙子，一套配長褲，互相搭配穿著，那更是相得益彰。套裝裡面，可以穿襯衫、毛衣、洋裝、背心、裙子、長褲，變化多端，隨心所欲，但要有色系的規劃，才能穿出高貴感。

　　職業套裝比較缺乏變化，如何穿出職業女裝的美麗和變化，應在它的色彩、質地、和配飾上下功夫。

　　襯衫配裙子，或襯衫配長褲，乍聽之下，好像十分呆板，其實這種搭配是日常生活中最常見的穿著，只要用點心思，就會與眾不同。譬如，繫上一條美麗的皮帶，或戴上一條項鍊，或戴一枚胸針，或綁上一條絲巾，或穿一雙優美花紋的絲襪，都會令人耳目一新，而在有限的範圍內穿出無限的變化。襯衫配背心，既保暖，又幹練帥氣，還顯得俏麗。

　　冬天來臨時，風衣和大衣是不可少的。它們最主要的功能是禦寒保暖。而且整個冬天，常常要穿，因此它的式樣，最好是簡單大方，不易過時的傳統式樣。顏色也必需和其他的衣服能夠相配。通常米色、灰色、咖啡色、黑色都很容易與其他顏色搭配。

品味不等於昂貴

品味這種東西，是在女人一舉手一投足之中不知不覺的滲透到全身的。它經得起誘惑，受得住挑釁。它不是物質的奴隸，不需要金錢來衡量，只需要女人用一顆誠心來詮釋。

充滿誘惑的物質世界，往女人身上囤積了太多的虛榮：金銀珠寶、華貴衣服、塗脂抹粉……滿大街時尚又搶眼的女人，她們年輕、漂亮、性感、氣質非凡。這些稱讚給容易滿足的女人們以最大的鼓勵，她們努力的使自己看起來更年輕、身材更突出、姿態更優雅，但是，就在這追求的過程中，遺失了「品味」，也丟失了「自我」。

「品味」是一個奇妙而美麗的字眼，被讚為有品味的女人，即便貌不驚人，財富不能車載斗量，周身也會籠罩一層耀眼的光芒。

對品味的誤解

說到品味，女人們會鋪天蓋地說個不停，比如法國巴黎、香奈爾、鑽戒、保時捷……所有算得上值錢的享受和消費品，都被她們列入有品味的範疇。她們滔滔不絕的講述對法國高級時裝的情有獨鍾，討論高級護膚品牌的成效，炫耀無名指上光芒四射的戒指，精心策劃下一次前往歐洲的旅程。偶爾也談及文學、藝術，比如喜歡看什麼樣的書，喜歡聽什麼類型的音樂，她們的學識、家世背景，以及她們身邊的男人。如果這一切都讓她們感到滿意和驕傲的話，那麼她們應該是屬於有品味的女人了。

然而，何謂「品味」？品味就這麼簡單嗎？

亦舒的《圓舞》中，非常富有的傅於琛曾經教導周承鈺說：「真正有氣質

的女人，從不炫耀她所擁有的一切，她不告訴別人她讀什麼書，去過什麼地方，有多少件衣裳，買過多少珠寶，因為她沒有自卑感。」這是很有哲理的一句話，因為女人費盡心思打扮自己，就是為了增強自信，降低自卑。

　　品味與物質有關，但並非是純粹的物質結晶。真正有品味的女人，漂亮是當然的，因為她們會打扮，穿的、用的不一定昂貴，但是適合自己；真正有品味的女人，健康、快樂，因為她們愛惜自己，身材不一定性感，容顏也會老去，但是身心依舊年輕；真正有品味的女人，學識不能少，因為她們用智慧武裝頭腦，不一定多麼聰明，但是思維清晰、眼光獨到。她們在生活中不斷累積，無論是物質還是精神，當這種「物質加精神」的財富累積到一定程度後，所謂品牌、珠寶、時尚需求在她們眼中都不過如此。她們享受的是生活賜予她們的豐富的閱歷，這些足以讓她們感到快樂，她們實在沒有必要靠純物質的裝點來彰顯身分。

快樂的生活就是有品味的

　　有個單身女人很希望成為真正有品味的女人。她身材高高瘦瘦，穿衣簡潔、隨意卻總保持風格一致，很少塗脂抹粉，講究自然狀態，家裡布置得輕鬆、舒適；她喜歡讀書和寫作，沒事的時候還畫畫，喜歡音樂，不一定是高雅的歌劇，流行的、搖滾的都聽，依心情而定；喜歡逛街，逛累了就在咖啡店裡小坐片刻，有時還自己看場電影；工作認真，喜歡獨立思考，工作之餘還喜歡和朋友參加各種戶外運動。這種生活，雖算不上富裕，但是很瀟灑，也很愜意。她被很多人羨慕、誇獎，比如漂亮、可愛、開朗，身材好、氣質好等等。就是很少有人誇獎她有品味，她由不解變得不屑，認為有些人根本不懂得欣賞，她保持著自己的格調，依舊快樂。

其實，如果無法被別人稱讚有品味，那麼漂亮、可愛也好。如果漂亮也沒有被稱讚，那麼會打扮也好；如果打扮也顯得牽強，那麼至少要懂得放鬆，懂得讓自己快樂。

一個女人在成為物質的奴隸之前，就應該是自信的，生活與她們做伴，在擁有和失去之間平衡自己，充實自己。當她們露出自信的微笑時，她們都是最美麗的。當歲月的累積可以使她們懂得享受人生，創造屬於自己的財富時；當她們真正能夠掌握自己的喜怒哀樂，調節自身的狀態時，她們就是有品味的女人，同時也是快樂的女人。

執著是美德，放下是智慧

知足常樂，顧名思義，就是對幸福的追求持一種極易滿足的態度。

聰明女人常常把知足常樂與中庸之道連繫起來，為人處世講究適中、折衷，既能勇往直前追求理想，也能甘於平淡，直面得失。

幸福是比出來的

常常有人抱怨著生活中的種種不如意，其實仔細想想，我們應該是非常幸福的：如果妳擁有自己的家庭，有關心自己的家人，每天吃得飽穿得暖，這就比世界上很多的人幸福了；

早上睜開眼睛就能看到清晨的太陽，身體健康無病無痛，那麼妳比世上其他上百萬的人更幸運，他們在死亡線上苦苦掙扎，甚至有可能再也看不到第二天的太陽了；

假如妳從未遭受到戰爭的威脅，從未經歷過牢獄的孤獨，酷刑的折磨和飢餓的滋味，那麼妳的處境要好於世界上其他五億人；

如果妳的冰箱裡有食物，有房子住，晚上有床可以睡覺，那麼妳比世上75%的人更富有；

如果妳抬起頭面帶微笑而心存感激，那麼妳是幸運的，因為很多人本可以像妳一樣心存感激，但卻沒有這樣的體會。

所以說，拿自己的優勢跟別人的劣勢比，越比越幸福；相反的，若拿別人的優勢比自己的劣勢，卻會越比越傷心。幸福是比出來的，痛苦也是比出來的，關鍵是看妳怎麼比，聰明的女人知道該如何比較出幸福，而不是痛苦。

知足常樂是一種心態

知足是一種處世態度，常樂是一種幽幽釋然的情懷，唯有知足，方能常樂。

真正做到知足常樂，人生會多一份從容，多一些達觀。

古人的「布衣桑飯，可樂終身」是一種知足常樂的典範，「寧靜致遠，淡泊明志」中蘊涵著諸葛亮知足常樂的清高雅潔；「採菊東籬下，悠然見南山」中盡顯陶淵明知足常樂的悠然。

更多的時候，知足常樂是融合在「平平淡淡才是真」的意境中。知足常樂，是一種人性的本真。在孩童時代，我們會為擁有自己夢想得到的東西而喜上眉梢，笑顏逐開，烙下一串串深刻的記憶，今日重溫，也許會忍俊不禁，無論行至何處，知足常樂永遠都是情真意切的延續。

對於單身的女人來說，生活中的不如意，感情上的一塌糊塗，事業上的不順心，都是一種心態。人，長大了，慾望是跟著年齡一步一步增加的，不像孩童時那麼容易得到滿足。可是若干年後回頭看看，我們今天的慾望與孩

童時並無本質上的差別。得到和失去只在一瞬間，而在一路前行時，聰明的女人會停下來，看看四處的風景。

當然，知足常樂，不是要躺在成績本上睡大覺，沾沾自喜，盲目樂觀，矯揉造作，狂放不羈。事情的發展不可能一蹴而就，洞察暫時的成功，然後樂於進取，樂於開拓，為將來取得更大的成功鼓足信心，做好充分的準備，樂觀的心態才不至於扭曲了前進的風帆。

很多事情只有經歷過了，才懂得它的彌足珍貴，最主要是我們遺落了那一份擁有時的心曠神怡。現代人匆匆的腳步已定格為一種時代的風景，競爭與挑戰接踵而至，在前進的道路上，當我們取得一些成績的時候，如果我們都能樂由心生，對待困難的工作情緒，就會如陽光般朗朗映照。

知足常樂，如果單身的妳能在自己能力控制範圍內循序漸進的前進，不把太多不可能的事實擺在自己的眼前。那麼，妳的聰明不僅展現在對未來的追求上，更展現在時機適時的放棄上。執著是一種美德，但有的時候放棄也是一種人生的大智慧。

知足常樂，在煩躁與喧囂中，會過濾一種壓抑與深沉，沉澱一種默契與親善，澄清一種本真與回歸，久而久之，步伐輕盈，精力充沛。

小說《笑傲江湖》裡有一句話：莫思身外無窮事，且盡生前有限杯。雖是虛構，卻不失為一種人生感悟，點出「人生一世，草木一秋」的真諦。

人人都能知足常樂，世間便少一點紛爭，多一點平和。

人生飛揚，知足常樂，情境深遠。

讓一切慢慢沉澱在記憶中

女人像水，水是最柔弱的，無棱無角，無形無狀。

聰明的女人像水，既隨和又保持個性！

女人是水做的，用持久的力量改變生命的狀態。不論順境逆境，從不改變自己前進的腳步。女人是水做的，溫柔而不柔弱，她有自己的生活與思考。她像水一樣滑過，歡快而充滿活力。這樣的女人對男人有強烈的吸引力！

聰明的女人希望自己和水一樣，涓滴成溪，蘊涵自然界中的一切美好。在每一個細節中推敲出一個精緻的女人！

隨和

聰明的女人像水那樣自如隨和，水很自如，什麼容器都能裝。容器則是有規則的，圓的就是圓的，方的就是方的，但水都能適應。人生會遇到各種境遇，順境、逆境，關鍵是要能隨遇而安。

「似水柔情」，這是女人的專利。社會是個大家庭，人與人、人與事，有一種很重要的東西維繫著，這就是感情。珍愛同事間的友情，真誠相待。

隨和，首先要肯定自己，喜歡自己，做好自己。像水一樣，柔而不弱，展示女性的人格魅力。隨和的崇尚簡單的生活，用不張揚的個性換來靈性的清淨，用寬容的心來對待人生，換來內心的寧靜和有條不紊。知道在世事的牽累、終日的忙碌中，偷出空閒，修飾自己，滋養自己，用隨和的心境來呵護疲憊的心。

在白日的塵埃落定，職場的拼殺之餘，單身的女人應該不斷充實自己，

不斷修復日漸粗礪的靈魂，讓自己在不斷的豐滿中溫婉和悅，展露風情。

　　每個女人一生都要經歷愛恨情仇，恩怨得失，這些雖無法忘記，但也可以寬容，把滄桑隱藏在心底，讓一切慢慢沉澱在記憶，遠離刻薄和庸俗，不在乎貴與賤，貧與富，不計較得與失，榮與辱。坦然對情感，隨和對人生。

　　隨和做女人，放達寬厚，修煉從容，用一顆善良、率直、坦蕩的心去享受人生的樂趣，去品評人生的百味！

個性

　　世上所有的事物，都有著獨特的個性，景致如此，城市如此，人亦如此。

　　世界可以很大也可以很小，個性可以很強也可以很弱。那種求真向善的執著，不一定叱吒風雲，也不見得獨樹一幟，但它在潔身自好中尋著自己的軌跡前進，有時也會發生驚世的奇蹟；那種鍥而不捨的追求，不一定富麗堂皇，也不見得頂天立地，但它在自我認識中不斷創造自己，有時也會揮灑出一幅動人心魄的絕美圖畫。如果耐不住寂寞與空虛的困擾，隨意疏遠甚至隔絕個性，就會變得人云亦云，隨波逐流，不知不覺中學會了阿諛，學會了附和，把自己套進一個不屬於自己的模式中，漸漸的丟失了自我，丟失了氣節，甚至丟失了生命前進的方向，思想的缺鈣不僅使靈魂無處憩息，還會造成失憶的痛苦。

　　每個女人都有自己的脾氣，不要把別人看得完美無瑕，也不要把自己看得一無是處，即使生長在無人關注的角落裡，也要保持最堅實的自尊，無論什麼時候都不要忘記自己是做什麼的。每一顆心靈都是從純淨潔白開始的，只是在歲月的喧鬧和繁雜中，有的被揉搓得疲憊不堪，有的被消磨得無棱無

角，而有的則始終保持「猝然臨之而不驚，無故加之而不怒」的姿態，以最初的自然萌動，認清自己，並找出自己的優點，因為自己在這個世界上總是獨一無二的，以前沒有一樣的人，以後也不會有。做一個真實的自己，不管好壞，只要好好經營，就可以把生命渲染得色彩斑斕，和諧有序。

單身的女人應該具有個性意識，懂得利用現有條件充分展示自己的才華，固守自己的思想，而不是刻意把自己偽裝起來去尋求大眾的評判。很難想像一個連自己都不尊重的人，又怎能去尊重別人和被別人尊重，她的情趣又如何談得上高雅，她的品格又如何談得上高尚。

個性並不綻放於美麗的青春，而更蓄積於豐富的內涵；並不炫耀於漂亮的臉龐，而更沉澱於深厚的文化；並不盲目於夜郎自大的夢境，而更跌宕於忙碌的奔波；並不忘形於孤芳自賞的輕狂，而更豐碩於收穫的穩健。個性之於世間萬物，是一種飛跨時間和空間的選擇；個性之於單身女人，是一種穿越生命和心靈的決絕。

點亮「綠色好心情」

這個世界，有一種生物，總是安靜的生長在我們生存的空間一隅，讓我們賴以生存的空氣變得清爽，讓我們的眼睛感到舒適……它們，就是綠色植物。

試著用植物打理心情吧，讓單身的日子裡更多一份閒情與愜意。若居住的房間中充滿了陽光、植物、鮮花、木製品或紙等自然界的素材，人的心情也會隨之變得平和安靜。其中比較方便就能獲取到的東西是木製桌椅和觀賞性植物等。特別是當人的目光接觸到新鮮的嫩綠色、柔和的黃綠色時，會感覺整個房間清爽怡人，甚至連空氣都變得清新了。綠色植物不僅僅是觀賞

品，照顧它，觀察其發芽和開花的過程，還可以達到陶冶情操的目的。

　　對於容易枯萎的植物，可以在其周圍放上水杯或噴壺，以方便隨時澆水。可以試試用漂亮的水壺來裝飾綠色植物。為了便於在掃除時搬移植物，可以準備一些小推車式托盤或小桌子等工具。

　　漂亮的滴水觀音的大葉子在澆足水後，每天早晨的第一縷陽光從窗外射進來的時候，它總會有一顆顆晶瑩的水珠從葉尖滴下，頗為壯觀。它還會開花，開起花來燦爛極了，而且一年四季都會開花，使北方枯燥的冬日也能有鮮花點綴於房間。將其放在餐桌上，賞心悅目，看著它們，吃飯都會香一些。

　　水生的富貴竹，可以放在電視旁，每天晚上看電視看到眼睛都痠了的時候，抬抬眼皮就能看到它繁茂的嫩葉，感覺會很舒服。也可以買上一兩枝單枝的富貴竹泡在花瓶裡，將其放在辦公桌上，對著電腦時間太長，看看它可以幫妳緩解眼睛疲勞。將它放在正對床腳的牆邊，是為了每天早晨醒來的第一眼就能看到這些長勢喜人的綠葉，一天的心情都會跟著清爽起來。

　　水草也很不錯。雖然每隔三個月就要換一批新的，但是也很值得。閒暇的時候看著小魚在它們之間游來遊去，一動一靜充滿情趣。妳也有一個小小的魚缸嗎？有的話就養些小水草吧，讓在綠色中穿梭的小魚為妳枯燥的工作增添些樂趣。

　　在居室內擺放幾盆鮮花，既有美化環境、增添雅興的作用，也可調節空氣，有益健康。但是，一般花卉在夜間會跟人一樣吸收氧氣，呼出二氧化碳，因此，居室內若放花太多，就會造成花與人「爭」氧氣現象，影響人體健康。不過，也有些花卉是在夜間吸入二氧化碳，釋放氧氣的，它們更能起到淨化室內空氣的作用，如仙人掌、令箭荷花、曇花等。除了仙人掌科植物

外，各種蘭花、君子蘭等也有這種奇特的功能，妳可以根據自己的愛好去選擇不同花草擺放於居所不同的位置。

- 窗口：適合放水生植物，比如富貴竹、萬年青、發財樹，或者高身鐵樹、金錢榕等，因為這些地方一般都有風，空氣流動性大，有樹、有水，有利於保持房間的溼度和溫度平衡。

- 客廳：常春藤、無花果、豬籠草和普通蘆薈不僅能對付從街上帶回來的細菌、小蟲子和其他有害物質，甚至可以吸納連吸塵器都難以吸走的灰塵，可以將其擺放在客廳這種人來人往的地方。

- 梳妝台、書桌：觀葉蘭的葉子會隨著溫度的改變而循環變色 —— 綠色、白色、粉紅、桃紅，最後再變回綠色。很適合擺放在主人經常要光顧的地方，起到調情冶性的作用。此外，水杉、清泉碧玉等觀賞性強的植物也很適合擺放。

- 走道：走道適合掛置一些藤蔓的水養生植物，如綠蘿、綠精靈、常春藤等，這些植物利於造型，而且走道一般都很通風，利於保持室內的溼度平衡。

- 廁所：虎尾蘭的葉子可以自己吸收空氣中的水蒸氣而為自身保溼，是廁所和浴室植物的理想選擇。常春藤可以淨化空氣，殺滅細菌，而且是耐陰植物，也可以放置在洗手間。蕨類、椒草類植物喜歡潮溼，可以擺放在浴缸邊。

- 臥室：臥室適合放置一些吸收廢氣的花草，如盆栽柑橘、迷迭香、吊蘭、斑馬葉等。綠蘿這類葉大和喜水植物可使室內空氣溼度保持極佳狀態，吊蘭和金魚花則可以有效的吸收二氧化碳。

- 廚房、冰箱：吊蘭和薰衣草都有較強的淨化空氣、驅趕蚊蟲等功效，是廚房和冰箱上放置植物的理想選擇。

生命的交流不需要太多語言

當妳突然發覺自己一連幾天都無精打采，或是感到單身的日子充滿莫名

的憂鬱卻找不出原因時，妳可能得了「大自然缺乏症」。每天接觸大自然５分鐘是一種健康的生活方式。

只要接觸大自然，便能讓我們恢復活力，此外，大自然還能安撫我們的情緒，讓我們心態變得樂觀開朗，心靈得到滿足。

追求精神生活的人，一定要擁抱大自然。如果每天散步是妳的養生之道，別忘了戶外的美景與新鮮空氣，它們會提升我們的心靈美感，陽光、藍天，還有芬芳的泥土，多美的自然產物！邁出妳的第一步之前，請深吸一口新鮮空氣，激發妳全身的活力，然後欣賞今天的天氣，無論它是陰是晴、是寒是暑。散步途中，妳有沒有看到青翠的樹，唱歌的鳥兒、盛開的花朵？請讓神奇的大自然激發妳的活力、治療妳的心靈、提升妳的精神。

如果妳沒有外出運動的習慣，至少，每天應該花點兒時間欣賞大自然，讓大自然賜給妳能量。請從明天開始，每天接觸大自然，至少５分鐘。去上班時，在妳準備打開自己的車門或搭乘公車或走進捷運之前，利用短暫的幾分鐘時間，觀賞一下天空的雲彩，或是草地上的露珠。或者，下班後先不必急著返回家中，請在能接觸到大自然的地方佇立５分鐘，為自己又過完了美好的一天而感恩。如果方便，抽空到附近的公園或草地散散心。而且，假日一定要去有自然美景的地方，在美妙的大自然中感受真正的自己。

在自然界中，請妳聽一聽：風在林間的呼嘯，溪水叮咚的流動，鳥兒婉轉的歌唱，昆蟲啁啾的細語，還有空山無語的靜寂……傾聽，能讓妳貼近自然的心臟。聞一聞：泥土、草叢、雨滴、腐朽的樹木、動物新鮮的糞便……若走進自然保護區，這裡有都市沒有的萬物最純粹的氣息，閉上眼睛，讓妳的嗅覺來分辨一下妳身邊的環境。摸一摸：人與自然的親近，是透過真實的接觸來感受和實現的，這也是生態旅遊所提倡的。用妳的手去撫摸大樹、綠

芽、花蕾……生命的交流並不需要太多的語言。

接觸大自然最簡單的方法

　　樹木本身具有我們肉眼所看不到的能量，這股能量能使人神清氣爽、心曠神怡。若妳對某棵樹木特別有好感的話，表示妳和那棵樹的磁場相合。張開雙臂，靜靜的擁抱它吧。樹木看似堅硬，抱起來卻是意外的柔軟。樹木一向是善解人意的，即使我們不擁抱它，只要待在樹木的旁邊，便足以令我們感到心平氣和了。家附近的公園或林蔭大道上，若發現有自己喜歡的樹木，不妨試著經常在它的旁邊佇立，或嘗試著抱抱它吧！

　　無意間聞到植物的氣味，是一種意外的驚喜。因為植物的氣味會令人產生幸福的感覺，這大概是上天賜給植物的力量吧！薰衣草可以舒緩情緒，薄荷可以提神……每種植物都有它獨特的功效。當我們感覺精神不佳、身體不適，或者想放鬆、舒緩情緒的時候，都可以藉由植物的神奇力量，讓我們的生活更美好！

第四章
金錢是好僕人也是壞主人

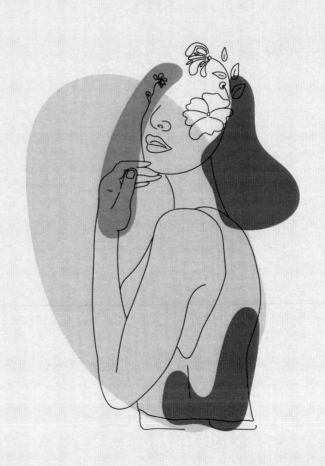

駕馭金錢，不迷失自我

「金錢」，人類永恆的話題。它魅力無窮，有時如高貴的天使，帶來榮耀、地位、幸福的生活，甚至至真至純的愛情也難免會摻入一絲它的顏色。愛它的人，往往難以自拔，一生孜孜以求，渴望它的青睞。但有時它也會如魔鬼般露出猙獰的嘴臉，為了它，夫妻反目；為了它，兄弟成仇。它使人迷失了善良、真誠的本性，卻將骨子裡的貪婪、醜惡暴露無遺。

錢對人來說，是滿足物質和文化生活需要不可缺少的，而且是非常重要和極有用處的。錢是寶貴的，人要生存不能沒錢。於是，「有什麼別有病，沒什麼別沒錢」似乎成為至理名言。

在生活中賺錢對於一般人來說絕非囊中取物，需要辛勤的汗水，艱苦的工作。然而更需要的是如何看待錢，怎樣花錢。

金錢是重要的，但它絕不能代替我們的生活。在日常生活中讓人感到踏實、喜悅、滿足的不是金錢，而是發揮才幹、創造成就、助人、健康平安、天倫之樂等。所以金錢絕不值得我們以整個生命去尋求。

就像一位名人所說過的：「錢是好僕人，也是壞主人。」如果被金錢主宰了生命，淪為金錢的奴隸，就會失去人生中本該擁有的許多美好事物，金錢不等於幸福。生命、健康、親情、愛情、友誼等許多彌足珍貴的東西是再多的金錢也買不到的，那些為了金錢來到妳身邊的人只會帶給妳變質的愛情、友情，一旦金錢變少或沒有了，這種變質的感情也會立刻煙消雲散。

我們所要做的是正視金錢，不要任其控制而喪失自我。幸福的生活首先是要滿足精神需要，心靈的空虛是金錢無法彌補的。心靈飽滿充裕，那份幸福是很多一擲千金的人無法體會的。一棵帶露的林中野花要比一束昂貴的香

水百合美得更自然清新；一頓親手烹製的簡便晚餐要比一桌山珍海味的豪宴更有滋有味。只要妳的心樂觀、豁達，只要妳深諳生活的真意，妳自會找到這些比金錢更珍貴的東西。

女性的心，總是溫柔細膩的，沒有野心、貪婪，這使她們在金錢面前，常能保持清醒的頭腦，在人生選擇上表現出高貴的道德品格。

當然，並不是說「金錢是萬惡之源」，金錢本身並無罪過，只要善加利用，便能讓它成為妳的好僕人。

精明的女人會賺錢，取之有道，不妄想天上掉餡餅的美事，也不幻想什麼不義之財，而是用辛勤的努力、聰明的頭腦去累積財富。

精明的女人也會花錢。享受生活就是她們對自己辛苦工作的犒賞。美容、購物、旅行、健身、派對……她們不做愚蠢的守財奴，善用每一分錢，提高自己的生活品質，更好的善待自己，這才是人生最得意的追求。

俄羅斯撐杆跳名將伊辛巴耶娃是個出了名的「拜金女」。她1公分1公分的刷新世界紀錄，在媒體鄙夷的目光中不斷聚斂豐厚的獎金。每個1公分都能為她帶來5萬美元的破紀錄獎金。而且據說她在訓練中早已跳過5公尺大關，至少還能再拿上十幾個5萬美元。

對她的這種「行徑」，不少人嗤之以鼻。而她卻毫不在乎的說：「我可不想讓自己太累，這麼慢慢破紀錄不是挺好嗎？至少我參加比賽的每一站，觀眾都不會失望而歸。」

「錢景」激勵著她更加刻苦訓練，越跳越高，為了更好的訓練，她不允許任何活動打亂她的日程，因而拒絕了很多廣告商和贊助商，她放棄了輕鬆賺錢的機會，把賺錢的目標始終集中在田徑場上，她的財富是靠汗水和努力換

來的。這一點，使她比那些有點成績便不務正業的明星運動員高尚很多。

她始終駕馭著金錢，不曾迷失自我。

她已經聚斂了豐厚的財富，卻並不想做個守財奴，她為自己添置了幾款名車，賓士、寶馬……她也喜歡漂亮的時裝、鞋子。用自己的辛苦所得打扮自己，她快樂的享受著生活。

她是「拜金女」，但更是金錢的主人。

金錢，財富的象徵，它是寶貴的，但絕不是萬能的。金錢能夠改善我們的生活條件，能夠從一定意義上裝飾人，是人生幸福的重要條件。但它不是衡量人生價值的唯一尺度。貪汙受賄、中飽私囊、出賣靈魂、巧取豪奪都是金錢在扭曲人們的心靈，異化人們的思想，讓人們把自己的思想、情感、志向、名譽、地位等都與金錢掛上了鉤，一切是非善惡、榮辱得失都以能否獲得金錢為標準，最終往往以身敗名裂、鋃鐺入獄告終。這樣的人生何其可悲。

金錢並不意味著一切，金錢不是人生的全部內容。人生的追求是多方面的，物質生活的富足固然重要，而崇高的理想、事業的成功、幸福的生活、真摯的友誼、歡愉的精神以及健康的體魄，是人生更高尚的追求。

做金錢的主人，潔身自好，用合法的手段去賺錢，用理智的頭腦去支配錢。樹立正確的金錢觀，我們的靈魂將更純潔，智慧將更豐沛，境界將更高遠。

今天起，規劃「錢途」

俗話說：「你不理財，財不理你。」身為社會經濟的組成個體，每個人都

有著相應的理財需要，因為每個人都希望過上幸福美滿的生活。不要以為每個月薪水不夠花就沒有理財的必要，以為理財是富翁的專利。這是對理財概念性的誤解。理財簡單的講就是開源節流，管理好自己的錢。有餘款的時候要學習投資理財，錢不夠用就要反省自身，用理財知識來為自己省錢。

　　理財是無所不在的，它是每個人的本能，不要認為反正自己是自由的單身貴族，就完全沒有理財的必要。相反的，妳更應該為自己謀劃一個美好的「錢途」，讓未來充滿希望與無憂。只要努力，人人都可以成為理財大師。因為理財不需要高深的知識，只是做加減法而已。

　　在很多女人心目中，覺得理財是男人的事。其實女人在理財能力上並不遜色於男人，也許由於天生的柔弱比男人少了一分魄力與勇氣，但女人的細緻、小心謹慎在理財問題上又勝出了一籌。

　　那些宣稱自己不會理財的女性是真的不懂理財嗎？其實不然，她們的問題是沒有一個正確的態度和觀念。她們要麼過於保守，甚至對理財心存恐懼，不相信自己的能力；總是盲從偏信、人云亦云，不了解自己的財務需求，只是跟著別人進行理財活動。

　　女人應該懂得理財。由於社會觀念的局限性，女人就業比男人要困難，拿到高薪水的機會也較低。如果沒有一點經濟頭腦，不善於管好自己的錢，就很容易陷入經濟危機。要讓自己生活得更好，一切盡在掌握中，就必須像關心自己的容顏一樣去關心錢，以護膚養顏的態度去理財，為自己營造一個安全的財務空間。

　　從現在開始調整自己的理財觀念，不要害怕自己什麼都不懂，一點基本的財務知識加上良好的理財習慣，再加上對理財足夠的重視，就可以擺脫跟在別人後面，亦步亦趨的被動局面。不要再做楚楚可憐的小女人，拿回妳的

經濟自主權，做個獨立的新女性，讓屬於妳的金錢流動起來。

在美國學者克萊松克拉森的《巴比倫富翁的祕密》一書中，作者透過巴比倫第一富翁之口，向我們闡述了理財的七個祕訣：

· **第一條祕訣**：當妳的口袋裡有 10 塊錢時，最多只能花掉 9 塊錢。

· **第二條祕訣**：一切花費都須有預算，人們應當把錢花在正當的事物上面。

· **第三條祕訣**：使每一塊錢都替妳賺錢，讓金錢源源不斷流入妳的口袋。

· **第四條祕訣**：投資一定要安全可靠，這樣才不會喪失財富。

· **第五條祕訣**：擁有自己的住宅。正如巴比倫國王用雄偉的城牆圍繞城市，有堅定發財意志的人一定有能力建立自己的家園。

· **第六條祕訣**：為了防老和養家，應該儘早準備必需的金錢。

· **第七條祕訣**：培養自己的力量，從學習中獲得更多的智慧，這樣就會有自信去實現自己的願望。

巴比倫富翁的七大祕訣告訴了我們什麼呢？讓我們來看看它的含義吧！

第一條祕訣可稱為「十分之一」儲蓄法，其思想就是：不要讓支出大於收入。花掉的錢只能換來衣食，而存下的錢卻可以生出更多的錢。

第二條祕訣是教女人如何花錢，不要把支出和各種慾望攪在一起。預算使妳有錢購買必需品，使妳有錢得到應得的享受，也使妳不至於在對慾望的無限追求中弄得入不敷出。

第三、第四條祕訣是教女人投資以及怎樣投資。應該注意的是，在投資之前必須認識到其風險性 —— 為求高利而冒險投機是不可取的。

第五條祕訣強調的是產業和財富對女人的成功有著巨大的積極意義。古語說：「無恆產則無恆心。」當女人擁有自己的家園和產業時，才會因自豪而珍惜，才會更有信心、更加努力。

第六條祕訣的實質是：為將來而投資。在古代，通常的方式是把錢財埋藏起來，時至今日，女人已經有了更好的選擇：投資於多種保險事業。

第七條祕訣與前面六條不同，它討論的主題不是金錢，而是金錢的主人。不是每個人都能賺到錢的，要做到這一點，妳必須有強烈的信念和慾望，必須不斷充實自己，必須不斷進步。

把這幾條祕訣運用到現實生活中，妳會發現，自己的經濟狀況不再是一塌糊塗，妳會發現原來管理自己的錢財也可以有這麼大的樂趣，而更重要的是生活品質的提高給妳帶來的那份成就感。

養成儲蓄的好習慣。每月發薪後就將其中的一定數目，比如薪水的 20% 存入銀行，從此絕不輕易動用這筆錢，那麼若干年後這就將是一筆可觀的財富。如果不這樣做，這筆錢將很容易的被花掉，而妳也不會感到生活寬裕了多少，千萬不要等到月底看剩下多少錢時才來儲蓄。

學會精明的消費。由於個人收入水準、生活方式的差異，「精明」二字的解釋也各有不同，所以消費時千萬不要隨潮流。要記住，適合別人的不一定適合自己。記下妳花費的每一筆錢：三餐開銷、著裝打扮、交通費用、娛樂費用……分類記錄可以讓妳看清自己在消費上存在哪些不夠理性的地方，有些冤枉錢可以不花，只有清楚這些，妳才能有的放矢的做好「節流」。

多種投資。女性對於需要冒險精神、判斷力和財經知識的投資方案總是有點敬而遠之 —— 認為它太麻煩。但是當她們簡單的將錢存入銀行而不去考慮投資回報和通貨膨脹的問題，或太過投機而使自己的財產處於極大的損失危險之中時，她們卻忽略了這將給她們帶來更大的麻煩。

擁有自己的住所。在大城市工作打拼，住所是生存的一大難題。每一個

單身女人，如果具備能力，且條件成熟，擁有自己的住所要比每月繳納高額租金划算得多。購買住房是一種建立終生資產的行動，所以應當深思熟慮。在採取任何獲得不動產的行動之前，都應當考慮好自己的資金支付能力和支付方式等問題。

學會未雨綢繆。為了應對意外的花銷，平時就要存出一項專門的應急款，這樣才不會在突然需要用錢時動用定期存款而損失利息。

把工作當作最好的投資。雖然操盤投資理財，不失為女性致富的一種途徑，但讓妳獲得財富並獲得成就感的還應該是妳的工作。畢竟，以工作表現得到高報酬，在工作職位上能不斷學習成長是一條最踏實穩健的投資理財之路。

當妳學會打理自己的財富，妳就會發現：妳所擁有的幼苗在逐漸長高、長大。錢能生錢，善於理財的人最能體會這一點。

身為一個積極看待人生的女人，不但要過好現在的每一分，更要計劃好將來的每一秒，不要守著陳舊的觀念誤認為理財很難很複雜，其實只要擠出逛街 1/10 的時間，拿出關注容顏 1/10 的精力用於理財，妳就可以成為花得開心、賺得舒心的聰慧女人，因為理財其實並不難。理財離女人並不遙遠，不要扼殺金錢天生具有的擴張能力，用理財技巧使它流動起來，助妳盡情享受金錢帶來的快樂。

快快行動起來，從現在開始學習理財，好好規劃妳的「錢」途，為了今天的美麗和明日的精彩！

不只當美女，還要當財女

獨立的經濟條件和獨立的個性同樣重要，它是女性人格獨立和事業發展的物質基礎。

「我現在還年輕，用不著理財。」

「我工作太忙，沒時間理財！」

「我不是理財那塊料，不會！」

「我賺錢很多，用不著理財！」

「我把錢存銀行不就是理財了嗎！」

「我的錢還不夠花呢，哪有財可理呀？」

上述言論都是女性對於理財的各種誤解。一直以來，女性在理財上給人的印象，要麼是斤斤計較存著小錢，要麼就是衝動消費不知收斂。

多家銀行及投資顧問公司的調查普遍發現：由於女性多半必須兼顧家庭與就業，使用的投資工具多以定期存款、購買保險等較消極保守的投資理財工具為主。相對於男性來說，要保守得多，當然，收效也微小得多。

若在經濟不景氣的投資環境中，女性保守心態下的投資績效可能相對較優，但面對瞬息萬變的新經濟環境，女性如不改變投資的心態與行為，在理財上終將成為弱者。

現代社會投資方式日趨多樣，許多女性總是覺得投資理財是件困難的事，懶得投入心思，但需要提醒妳的是，妳也許已經存在了多方面的金錢需求——

妳的工作技能可能已不合時代需求；

家庭狀況可能會面臨改變；

妳的父母還需要妳的照顧。

最近有調查顯示，20 ～ 50 歲的女性目前最想擁有的是「財富」，而過去 10 年最後悔沒做的一件事情則是「沒有做好理財規劃」。

在現代社會，妳是一個美女、才女還不夠，想做一個獨立自主的現代女性，妳還得是一個「財女」── 高財商的女性。

人的一生都離不開對錢的需求，唯有妳自己才能真正掌握自己的財務安全。因此妳不僅要懂得賺錢，還要懂得理財，學會投資，為自己計劃一個安全美好的未來。

從現在開始，妳就要消除自己對理財的誤解，把自己修練成一個新型「財女」。

蔡小慧快 30 歲了，單身的她現為一家廣告公司主管，每月收入為 32,000 元左右，可以說是個收入較為豐厚的單身貴族。

幾年前，她以銀行代款方式購買了一套面積約為 20 坪的小兩房，由於她房屋所在的區域整體租賃價格高，因此她採用的是以租代養的投資模式。她目前自己住一間，另一間以每月 15,000 元租出去，這樣她每月只需為房子花費 5,000 元左右。

蔡小慧的平時開支很有節制，除去房屋貸款、吃飯、購物等基本生活開支外，每月大概有 12,000 元的剩餘。因為她很注重儲蓄，工作這幾年，已經有將近 15 萬元的存款。

可是去年，蔡小慧不幸遇到了一次車禍，做了一次不大不小的手術。由於肇事方的經濟能力十分有限，僅能支付很少的補償，她不得不在醫療、整

形、修養中自己掏腰包。這次事故讓她憑空損失了好幾萬塊。

蔡小慧一直很懊悔、很生氣，不過不是生肇事者的氣，而是生自己的氣。當初保險業務員幾次三番的勸說自己買保險，可是自己只想存錢不想花錢，於是任何一個險種都沒買。

假如當初買了保險，這次事故的損失則要小得多。這真是「辛辛苦苦三十年，一夜回到解放前」！

吸取了這次教訓，蔡小慧出院後，馬上去保險公司辦理了意外傷害險。同時，朋友建議她最好還是把醫療保險也保了，以解除後顧之憂。

朋友對她分析說，現階段醫療費用在不斷上升，如果出現意外，患了重大疾病，則需要一次性支出較多的醫療費用。

蔡小慧所在公司並沒有為其購買商業團體保險，因此她為自己購買重大傷病保險和醫療險勢在必行。

蔡小慧認為朋友分析得很對，便欣然同意為自己購買了醫療保險。

在買這些保險的過程中，蔡小慧對理財又有了進一步的認識。她想，如果自己的事業還需要發展，那就需要更多的資金，這些資金如果靠自己的薪水來存，恐怕需要太長的時間，容易錯過投資、創業等事業發展的時機。

還有，自己現在有一定的工作能力，生活不是問題，可是萬一哪一天遇到了特殊情況，或是老的時候，急需用錢，恐怕自己在銀行中的積蓄就不夠用了。

這麼一想，不覺讓蔡小慧有種強烈的危機感，覺得自己現在必須要學會並進行理財和投資了，她首先就再為自己買一份長照保險，好讓自己的老年生活無憂。

　　另外，由於現在是自己收入較為豐厚，又沒有家庭的負擔，處於人生的「收大於支」的階段。這正是投資賺錢的好時候，就要趁這個時間，讓自己在銀行裡的錢活起來，不能讓它們躺在銀行的保險箱裡越躺越「瘦」。

　　因此她不再把每個月生活的剩餘資金一分不剩的存入銀行了，而是把其中的少部分存進銀行，而拿出多的部分用於基金定期定額投資計劃。

　　目前她已經將現有儲蓄資金根據市場情況，分別投放在安全性較好的銀行美金、外匯理財產品，開放式基金或理財型保險產品中，這些組合投資將使她獲得持續穩健的回報，為今後的婚姻生活和子女教育儲備一定的資產。

　　蔡小慧的理財觀念的轉變是可喜可賀的，但這是在她得到了一定的生活教訓，付出了不小的代價之後才學到的。我們則應該吸取她的教訓，不要等到這種情況發生，應提早施行自己的理財行動。

　　「吃不窮，用不窮，不會盤算一世窮。」我們的祖父母和父母那兩代人，都不同程度的感受過貧窮和飢餓，所以他們很早就懂得累積家財有多重要。

　　其實，錢對多數女人而言，不全是為了物質享受，可以自由自在做自己想做的事才是最重要的。理財並非單純的意味著財富的增值，同時也代表了我們的一種生活方式和生活態度。

　　追求財富的最大化，固然是絕大多數人的共同理財目標，但是在追求這一切的同時，我們女性朋友則更注重的是在於發現生活的美、追求生活的美、感受生活的美。

　　如今，越來越多的金融工具走進我們的生活，「用智慧創造財富，讓財富累積財富」成為了新時代女性追求財富、追求自由、享受生活的口號。

　　「積穀防飢」雖然老套，卻也經典，未雨綢繆，防患於未然，也是為了保

障我們的生活品質，在遭遇突發情況時不至於讓我們措手不及。

因此，財富的累積應從現在開始，利用自己的優勢，理性理財，做個新時代的「財女」！

月光公主與百萬負婆

經濟獨立的女人才有真正的自由與尊嚴。現今社會，會賺錢的女人比比皆是，經常陷入財政困惑的也同樣多，看著周圍的朋友們或貧或富的生活，為什麼不試著給自己做一份理財計劃，讓經濟擺脫入不敷出的困境呢？

不當「月光」公主

小梅身材好、氣質好、容貌好，不過就是個冰山美人，性格孤傲。月收入 30,000 元，每月雷打不動的給父母 10,000 元，剩餘 20,000 元由自己支配。小梅穿衣倒不是很講究，但要求絕對舒適，反正人長得出眾，什麼樣的衣服穿到身上都有氣質。

每月 20,000 元的生活費，對於沒有任何負擔的她而言應該是綽綽有餘的，但是公司有免費午餐她不享用，有宿舍她不住，跟公司的好朋友一起租了個兩房，每月 10,000 元租金，一人 5,000 元，剩餘的錢主要是用來享口福，鼎泰豐、必勝客永遠也吃不夠，夏天的晚上時不時去吃宵夜，附帶逛街買小飾品。她的短髮每月必修，偶爾玩得晚了或者累了就搭計程車……不到一個月 20,000 元必花光。工作快三年了，還是一到月底就只好回家蹭飯吃。

「月光」公主的生活雖然隨意但並不瀟灑，不知道這種得過且過、過一天算一天的日子什麼時候才能結束，小梅不去想也懶得想。

125

不當「負婆」

　　嵐嵐是一個非常討人喜歡又善良得一塌糊塗的人。父母只有她一個女兒，她的公司離家不遠，平時在家吃住，快 30,000 元的工資由自己支配。準確的說嵐嵐是個五官端正、皮膚白皙的女孩子，但是身材稍顯胖。雖然屢次減肥屢次失敗，但至今還是單身的她總是樂呵呵的，一副快樂天使的樣子。她從不亂買衣服，但穿的檔次卻不低。一般都是去商場買名牌子貨，鞋子和衣服雖然不時髦、不另類，但質地、品質都不差。由於皮膚天生就比較好，在護膚品上也沒有花費太多。本來，這樣的女孩每個月都有充裕的錢用來作一些理財計劃，可是偏偏她的一大嗜好就是買小禮物送給家人和朋友，她喜歡看到別人收到禮物時高興的模樣。她經常給父母和爺爺買東西，好朋友的生日她也從不忘記。每個月有什麼特別的日子，她都記得清清楚楚。原本這樣也不會讓她的經濟垮掉，但她突然貸款買了一輛車，原因是特別喜歡那個新穎的車型，當然，用途沒有想像中的大。原本快樂的天使，轉眼成了沒有存款的「負婆」，連偶爾買禮物的錢也不得不節省下來了。

　　「用未來的錢享受美好的今天」是現今消費投資最時髦的概念，盲目進行過度消費必然使日常生活受到嚴重的干擾，貸款消費好像不應該出現在理財方式裡，其實不然。其一，貸款消費在平民一族的一生中是不可避免的，像買房就不可避免要使用它；其二，適量的貸款消費可以滿足人們的精神需求，當然這是需要物質作為代價的。總之，我們只要掌握好「度」就行了，要小心避免貸款貸成了「百萬負婆」。

理財越早越好

　　「月光公主」也好，「百萬負婆」也罷，無論收入多少，女人花錢常是沒有

規律可循的，特別是年輕的時候，不管收入高低都有解決不完的財務問題。

　　既然這是一個通病，那趁我們還年輕要盡快改善它。財富這種東西，妳不理它，它就不理妳。為了給將來打基礎，不至於遇到意外事故時手足無措，適當的存錢、了解一下理財知識或者進行一些低風險的投資，都是非常好的選擇。

　　我們不僅要努力的創造好生活，也要給自己足夠的保障。經濟後盾是所有女人最大的安全感來源。

每一個單身女人都應該立即著手做的 10 件事

　　任何年齡的女人都應該學會自己理財，從 4 ～ 60 歲，隨時都可以實施自己的理財計劃。

　　記住，此時，正是開始理財的好時機。

1　立即開始進行儲蓄，在最短的時間裡保證擁有不低於兩萬元的定期儲蓄。

2　擬訂切實可行的理財計劃並堅持下去，不要讓妳的情緒破壞它。

3　申請自己的活期存款帳戶和個人支票。

4　不要在太多的異性朋友身上花費太多的時間和金錢，妳還有很多重要的事情需要做。

5　嘗試一次股票交易，或者購買一份保險，比如純保障型的壽險或者重大疾病等健康險。

6　了解妳的所有支出，時刻掌握妳的財務狀況，避免出現入不敷出的情況。

7　為未來三年的學習和進修儲備資金。

8　準備將來結婚的費用，當然不包括嫁妝。

9　適當的時機考慮貸款買房和購車。

10　杜絕在血拼時出現一擲千金的情緒化消費。

讓投資成為一種習慣

裝雞蛋最好的辦法，是不把所有的雞蛋裝在一個籃子裡，這樣才比較保險。同樣的，投資問題也要掌握這一個原則──「不把雞蛋放在一個籃子裡」。這是分散風險的至理名言。

在投資活動中，風險是無法迴避的，但妳可以盡可能的讓未來投資都在妳可以接受的風險程度內運行。

比如銀行存款和國債，儘管收益只有1%～2%，但其資金卻具備相當大的安全性，因此經常成為一些風險承受能力較低的人群的首選；而信託收益3%～5%，應該比較適中，但投資該類產品需要放棄一年到三五年不等的資金變現權利，而且要承擔信託公司違規的風險；股票是風險程度較高的投資，但其高收益同樣得到大家認同，如果趕上上升段，收益30%甚至50%的投資者也不在少數，但要不幸趕上了下降走勢，那資金腰斬再腰斬的事情也不是新聞；開放式基金的最終投資目標同樣是股票，但與直接投資股票不同的是，它是借助專家的眼光理財，讓理財經理幫妳設定投資組合，因此風險降低了一個級別，但與此同時，妳也不得不放棄可能得到的更大收益，因此同樣收益也下降了一個級別。

同樣是股票投資，在不同產品中也大有差異。績優股的風險比較小，但這些股票由於炒作空間不大，股價相對比較平穩，收益水準也屬於中等。而那些具備了一定概念的，適合短期炒作的品種可能獲益空間比較大，但同時也蘊藏著比較大的風險。

由此可見，風險和收益是永遠解不開的結，如果妳追求安全，妳將獲得

更低的收益，而在長期投資中，妳也會為承擔風險而獲得補償。

　　既然風險無法迴避，就不要去迴避它。妳完全可以透過組合投資來設定一種風險，從而使得未來投資都在妳可接受的風險程度內運行。

　　如果我們把投資理財比喻為打仗，就可以依據自己的實際情況將資金分成「守、防、攻、戰」四種形式的投資。用作「守」的資金，應主要用於銀行儲蓄、置產、買保險等方面；起「防禦」作用的資金，則應用於購買國債、企業債券、投資基金、信託產品等；「進攻」性資金可以用於股票，買外匯等；用作「激戰」的資金可拿來炒期貨。

　　對這四類資金的動用也應該掌握一個比例。一般來說，30%的資金用於「守」，30%的資金用於「防」，這樣就有60%的資金用來自保。另有30%的資金用於「攻」，只能把10%左右的資金用在絕對投機、短線炒作的「激戰」上。

　　適時調整化解風險。影響投資理財活動的因素是千變萬化的，所以在確定理財目標之後，在合理配置資金運用的基礎上，還必須根據各種因素的變化，適時的調整資產結構，才能達到提高收益、化解風險的目的，比如說，妳雖然確定了一個投資股票和投資債券的個別資金比例，但不應該死守這個比例，而是要根據各種因素的變化，較為靈活的調整這個比例。

　　當然，這一點的掌握並不像說起來這麼容易。需要不斷的嘗試，需要不斷的吸收知識，聽取專家的建議，提高自己的投資技巧。

　　投資無法避免「憂慮」，但「憂慮」卻可避免衝動投資。就個性而言，女性天生比男性多一分謹慎。是否進行某項投資，女性往往會小心行事，並對可能的風險心生憂慮。有的時候，可能顯得過於缺乏自信，但「憂慮」

確實減少了女性犯錯誤的機會。在調整自己的投資組合時，女性應該更謹慎一些。

投資需要豐富的知識。有人把投資當作賭博，覺得賠和賺就是個人運氣的問題。這是極其錯誤的，懷著這樣的心態去投資，無異於「瞎貓碰到死耗子」，成功的機率小而又小。投資是智者的遊戲，至少關於理財的大量術語就必須很清楚、很明瞭，一些簡單的收益計算、風險測評技巧也應該掌握。如果要投資股票市場，連一些公司的基本財務狀況都不熟悉，怎能作出正確的選擇呢？我們雖然不用像理財專家那麼專業，但至少不能一無所知，盲目進行投資。

投資離不開交流與協作。女性是非常樂於溝通和交流的，相比於總是擺出一副高深莫測的臉孔，把自己當作專家的男人，女性更有謙虛和合作精神。透過開放性的相互交流、相互分析、相互指導，女性將獲益匪淺。

投資應注意養老收益。不要覺得年老力衰是很遙遠的事，現在無須考慮。妳的輕率有可能導致多年積蓄在若干年後被疾病和衰老掏空。女人應當把養老當作頭等大事來對待，在投資組合中不能不考慮到。建立妳的個人養老帳戶是明智之舉。跳槽，白領麗人們早已司空見慣，但千萬要記住：換工作的時候，要將養老基金從原來的帳戶轉入新的帳戶，而不是全部取出，這也更有助於養老計劃的實施。

投資應成為一種習慣。投資對於每個女性來說，都是一個充滿挑戰性的課題，誰也不可能一蹴而就。但如果妳把投資視為一種習慣，妳就會慢慢的愛上它。剛開始，妳可能比較保守，只敢涉獵最基本的股票、債券、基金，即便失敗也不要氣餒，告訴自己只是在訓練，久而久之，隨著經驗的豐富與技巧的提高，妳也可以把部分資金投在風險係數較高的領域，妳也可以在多

種投資工具中尋找到一個最佳的平衡。在投資上，女人可以像打扮自己一樣得心應手。

至今還是單身的鄭佳欣今年 27 歲，在一家大型物流公司擔任部門經理，事業處於剛剛起步階段。

為了給自己充電，鄭佳欣打算在職讀企業管理碩士，這需要一筆不菲的費用。如何協調收支平衡呢？

鄭佳欣透過客觀的分析認為，自己的事業雖然剛開始起步，但承擔風險能力強，可以在高風險、高收益的股票投資上投入較大比例；而攻讀在職企業管理碩士的巨額學費，則可以透過貸款方式解決，只要投資收益高於貸款利息，就是划算的。

鄭佳欣透過聽取專家建議，為自己設計了以下的理財方案：

開通元大證卷「投資先生」，運用 50 萬左右（一般是資產的 60%）的儲蓄進行股票投資，在投資時機不明朗時，可以將資金留在元大銀行帳戶；元大銀行還贈送「點金靈」等股票投資諮詢服務，幫助她提高投資成功率。

將 20 萬元左右（一般是資產的 30%）的資金購買元大銀行代售的各種開放式基金，分散投資風險。

申請「幸福貸款」系列的助學、升學貸款 40 萬元，用以繳納攻讀在職企業管理碩士的學費。

存 1 年期定期存款 10 萬元，這部分儲蓄是作為應付突發事件的應急儲備金，還可以獲得定期利息收益。

流動現金儲備不必超過 25,000 元，最大限度的提高資金運用效率。

事實證明，這個投資組合是安全而有效的，鄭佳欣可以更放心的投入到

工作和學習中去。

對於女性投資，逃避風險不如適當的承擔風險。一味的迴避風險，將使自己的資產大大貶值，根本實現不了穩健保值的初衷。有段時間，借股市行情不好的機會，很多債券基金都熱炒自己的「安全」概念。可後來債市和債券基金的大跌，說明了安全的投資其實是不存在的。透過股票基金長期有規劃的投資股市，將是普通女性累積財富的好機會。

將雞蛋放在不同的籃子裡，是一切理財的基礎，也是幸福生活的保障。

妳可以將 30% 左右的資金用於儲蓄。隨時想用的錢存成活期，固定收入除生活費外存成零存整付，大筆暫時不用的現金可以存本取息，有計劃目標時可以選擇三個月、半年、一年、二年、三年、五年期儲蓄。

將 30% 左右的資金用於購買債卷。其優點是收益率比定期儲蓄高，兌現也不難，只需到銀行辦理提前支取即可。缺點是固定利率債券支付的配息率是固定的。多年以後，通貨膨脹可能會侵蝕您未來現金流以及到期獲得的本金的購買力，因此您的實際收益可能會下跌。

將 10% 左右的資金用於投保。投保未出「險情」時如同儲蓄，出了「險情」則受益匪淺。雖說保險好處多，但現在它仍不能完全與銀行儲蓄相比，儲蓄可以隨時支取，保險則是在保值增值的同時，在發生意外事故後才能給予賠償，保險不能不保，也不能過量。

將 10% 以內的資金用於購買股票。股票的流動性很好，基本上可以隨時兌現，而且收益率較高，但風險也很大，出於穩妥心理少量購買，即使損失也很有限，即使上漲也不要狂追資金。在投資問題上，女人應始終保持一顆平常心、不貪心、不急功近利，才能立於不敗之地。

　　將剩下的資金用於日常消費或其他投資，比如一些未來可能增值的藝術品等等，當然是在自己能力許可範圍之內，這類投資出於愛好的成分較多，也許透過欣賞傑作陶冶情操本身也可算作一項不錯的人生投資。

　　不同的女人一定會有不同的投資策略，選擇不同的投資組合，在投資理財上走出一條具有自己特色的路。只要時刻掌握流動性、安全性、收益性相結合的原則，就一定能達到不錯的效果。就像李嘉誠的一句名言：「根據投資的法則，不要把所有的雞蛋放在一個籃子裡。」才能讓妳的財富安全快速的實現增值。

理智女人的理財法

　　進入 21 世紀，隨著經濟領域交換關係泛化到整個社會，夫妻之間的財產關係正在發生深刻的變化：AA 制、分家產、婚前財產公證等冷冰冰的時尚單詞正在深人家庭腹地；從一而終、恥於言利已經不再是家庭關係的固有特點。

1. 單身女人應該掌握的理財技巧

　　俗話說：「女人取錢不能手心向上，而應手心向下。」說的其實不只是賺錢，而是一種生活態度。貧或者富，在當今社會已不可以被簡單定義。唯一可以定義的則是我們生活的基調 —— 捉襟見肘還是優雅從容，其實全看妳用怎樣的態度為生活「買單」……從月薪 18,000 元承載生活夢想，到月入萬元卻如履薄冰，下面的幾種方法告訴妳，為了理想中的生活，我們還需要哪些「修煉」。

◎零存整付法

　　單身女人一切吃穿用度皆要自己操持，一日三餐、基本日用品、騎個腳踏車、坐趟公車、一本令人心動的小說、一場賞心悅目的電影、一件價廉物美的衣物……錢款進出錢包的頻率相當高，因此一日下來，妳會發現妳的錢包裡多了許多零錢（50 元以下），此時妳可將其悉數取出，專門置放一處，以後如法炮製，日日堅持，一個月、一季或半年上銀行換成大鈔結算一次，此時平常不善存錢的妳，便會驚喜的發現每日取出存放的、無足輕重的零錢已彙聚成一筆可觀的數目。

◎忍者神龜法

　　如今不少單身女性注重時尚，追求品牌，購買名牌物品慾望十足，但狂熱擁戴名牌的結果，只會使自己陷入入不敷出的窘境。因此在面對名牌衝動時，妳要學會忍，要將有限的財力用在刀刃上。事實上，只要妳做個有心人，完全可在各種不同的打折銷售時期，花上原價幾分之一的價錢，購得妳心儀的名牌。

◎健康省錢法

　　許多單身女人自恃年輕體健，對一些自認為的小疾病不看病不吃藥，以為會省下不少醫藥費，實際上這是「貪小失大」的短視行為。一兩次硬撐，也許讓妳蒙混過關，倘若一次延誤治療，小病耽誤成重病，糟蹋了身體不說，驚人的醫藥費還會將妳原本不多的積蓄一掃而光。因此單身青年朋友一定要珍惜自己的身體，日常加強鍛鍊身體，遇有疾病苗頭應趁早治療。

◎平安賺錢法

單身女人一人獨居，自我照顧，尤要注重安全理財法。日常用電用氣、防火防盜都要做好十分的安全防範工作，常用設備如腳踏車、熱水器、瓦斯爐、插座等如有老化、破損應及時更換，不可為省錢而將就。

◎潛力發掘法

也許妳目前所從事的職業未必能用到妳的全部技能，或是妳能輕鬆完成本職工作，尚餘有大量精力，此時妳便要克服惰性，充分發揮潛力，趁著年輕單身時多多努力，如文筆好的可從事業餘創作，學有財務知識的不妨做第二職業等等，這不僅對妳的本職工作大有裨益，同時也會累積可觀的資本。

◎完美投資法

經過綜合運用上述五法的「開源、節流」，妳已是個擁有一定資產的單身女人，此時理財的重點便要轉向投資。如強迫儲蓄投資，有條件可將資產的一部分作為頭期款購買房產，不足部分向銀行貸款，強迫不善定期存錢的妳按期還款付息，其餘資產可投資於國債、基金或申購新股等風險性較低而回報頗高的項目，將收益用於加快還貸。如果妳具備相關的知識，又有較強的風險意識，就可嘗試將資產的70%投入風險較高的積極型投資（如股票），餘下的30%用於保守型的投資（如國債、定存）。還可將資產分為五份，分別投資國債、保險、股票、定期儲蓄或活期儲蓄，風險投資、保險投資、應急用錢皆可照顧得到。

2. 單身女人理智理財九字祕笈

單身女性在理財上要避免盲從，首先要辨認自己身處在哪一個人生階段，有哪些相應的需求，然後要明確風險底線，要知道每種投資都是有風險的，而自己能夠承受的底線是多少？

逢年過節，百貨公司的各種活動鋪天蓋地，各家商戶無不推出各種計劃，想盡辦法吸引女性消費者，除了利用無息分期付款來吸引年輕族群之外，更推出各種折扣方案，送禮抽獎活動等，讓眾多女性一買為快，同時也掏空了錢包。

其實，賺錢很辛苦，買些東西慰勞自己也是理所當然，但是，如果不懂得節制，看到中意的東西，毫不遲疑的就刷、刷、刷，最後的結果，可能就只是把辛苦賺來的薪水買在淘汰率極高的流行商品上了。若是動用到信用卡的循環利息，那更是每個月只能望著信用卡帳單發愁。

因此，與其先甘後苦，不如徹底執行理財九字箴言：「先儲蓄、再投資、後消費」。控制消費，提高財商，對女性朋友來說，是更划算、更長遠的消費方式。

衝動性的即興購物，很容易讓女性朋友陷入不自覺的消費擴張，甚至進一步動用循環利息，使自己的財務出現窘境。因此，女性朋友可以有計劃的列出整年度中金額較大的支出，例如，百貨公司年終慶典優惠時，希望買些名牌包包犒賞自己，預計換個輕薄短小、功能超強的手機，每季預計花費 1 萬元在置裝費上等；再依據個人的收入，適當的分配儲蓄金額。如果發現收入不足以負擔開支，就要調整縮減消費慾望，按照重要性來排序，絕對不要貪圖一時的滿足，等到信用卡帳單一來，就懊惱不已，感嘆「早知如此，何

必當初」。

　　有計劃的消費，不但可以因此而得到滿足感，更可以證明自己能持之以恆的儲蓄而獲得成就感，逐漸擺脫「月光族」的命運，為未來的人生計劃，比如再教育、投資、買房、成婚等，做些儲備。

　　時尚的單身女性，除了對流行事物嗅覺敏感之外，相信也喜歡可隱匿身分、又能輕鬆搜尋商品、或成為優良買賣家的網路。連上網路，在鍵盤上輕鬆打上關鍵字，只要喜歡又能負擔得起，就可以買到全球限量的物品，或是電視上某些女星所愛不釋手的衣飾，成交速度之快、手續之簡便，簡直是輕而易舉。

　　但是，網路不只提供妳花錢的管道，更大的功能還在於幫助妳「存錢投資」。透過網路，妳可以用定期定額投資的方式，自動從您所設定的帳戶中扣款，投資於一些證券投資基金，養成長期投資的習慣。只要掌握基金網路交易的功能，就可以自行選擇每月當中任一天作為您投資的日子。薪水入帳日就是很好的時機。薪水一下來，就將部分金額轉入基金投資，這樣可以養成長期投資的習慣，不會因為有錢就亂花而成為「月光族」了。如此貼心的設計，可以讓單身女性不必擔心因為忙碌而忘記投資，耽誤了理財大計，也能因此一步步成為聰明的理財專家。

「想要」不是「需要」

　　妳是否經常在漫無目的的逛街時走進一家專賣店，錢包一掏而空後才後悔怎麼又亂花了錢？

　　妳是否在心情沮喪時總愛用購物來發洩一通，靜下心才發現買回許多無

用的東西？

妳是否被店員小姐的讚美弄得飄飄然，誰知妳買下的衣服穿回家卻顯得那麼不合身？

妳是否一看見打折促銷就按捺不住，一口氣買下大批衣服，其實很多妳並不需要？

妳是否⋯⋯

女人消費，是真正的「血拼」，在購物時，女人一改文靜、優雅的面貌，時不時便會被衝動主宰。電影《最愛女人購物狂》中張柏芝飾演的方芳芳便是此中翹楚，控制不住的消費慾讓她完全無視自己的經濟能力，瘋狂追求頂級品牌，紀梵希、古馳、范倫鐵諾、亞曼尼⋯⋯刷爆多張卡，淪落到失業的地步。

電影中的人物固然有些誇張，但試問我們每一個女人，有誰能在面對精美的服飾、化妝品的時候，還能保持住一分冷靜。這個花花世界給了女人太多的誘惑，女人在目眩神迷之時自然將手中的錢包乖乖奉上。

至今仍選擇單身的女人們，停止揮霍金錢吧！請妳想一想，有很多時候妳已經不是在消費，而是在浪費。衣櫃裡那一堆堆再也穿不出去的衣服，門後那一隻只落滿灰塵的鞋盒，還有妳永遠乾癟的錢包，難道還不足以讓妳清醒過來嗎？

我們該如何去除揮霍金錢的習慣呢？一個解決的辦法就是以積極的用錢態度去取代消極的態度。

妳不應該對自己說：「我該不該買這東西？」而應該問：「這東西的價錢，是不是在我這個月花錢的預算金額內？是否正是我所要花的錢？」

換句話說，妳要問問自己，到底有多麼想要花這筆錢來買這東西，而不僅僅是告訴自己能不能花這筆錢。

「我不應該花這筆錢。」因為它是消極的資訊，所以容易被忽略，這也是人類的心理。然而消極的輸入會迫使我們合理化我們的購買行為，比如「這東西顏色很漂亮」、「這東西正在打折」和「我真的很想要這東西」等說法，就是一些很普遍的例子。其實，若透過選擇性的消費，妳想要花錢的本能還是能夠得到滿足的。這就像一個正在減肥的女人必須減少熱量的吸收，但每天卻又還可以吃一點冰淇淋一樣，妳不必試著去完全改變生活方式，而且也不必強迫自己克服心理上的排斥感。

不要誤以為選擇性消費很簡單，其實它並不簡單，它需要不斷的練習。給自己一些選擇，先列出物品的優先順序，然後再列出一個購物清單。（當我們去超市時會列出清單，為什麼買其他東西時不會如此）問問自己，用同樣的金額，還可以購買哪些東西？至少去比較三個不同商品的價格、服務和品質，妳將會看到什麼事情發生？

妳的消費是可以掌控的，無視習慣、衝動，或者是廣告，妳將能夠購買真正想要的東西。如果養成了這個習慣，能夠聰明的消費並存下所省下來的錢，妳很快也可能成為富翁。

要養成好的消費習慣，就要在消費前多問自己幾個「W」。

為什麼要買（Why），問問自己是否必須買這件東西，它合乎需要嗎？妳的經濟收入和財務狀況能否負擔得起；

什麼時間去買（When），何必非要追趕流行，流行的如果是有價值的，自然能經得起時間的考驗，到時再買也不為晚，價格卻已有一定的下降。換

季購買也是一個不錯的辦法；

　　去哪兒買（Where），同樣的商品在街邊店鋪和大商場出售的價格差異是很大的，即使對同一地方的幾家店鋪，也要「貨比三家」，不讓自己吃虧；

　　以什麼方式去買（How），借著打折、促銷時機購物很好，但一定要看清，不要落入商家的陷阱，沒有買到便宜不說，還白白吃虧；

　　和什麼人去買（Whom），如果妳是一個易衝動又愛面子，低不下頭來砍價的女人，不妨請朋友中的一位購物高手做伴，看看人家是怎麼精打細算、討價還價的，和高手一起「血拼」，既不會多花冤枉錢，又能鍛鍊好的消費習慣。

　　32 歲的單身女子李晶是一個「折扣犧牲品」的典型。最近要搬家，她整理時居然從角落裡翻出十幾雙鞋，有些還是嶄新的。李晶回想起它們的來歷，「換季打折」、「買二贈一」、「斷碼處理」……當時覺得真實惠啊，這麼便宜。結果「換季打折」到能穿的時候早就跟不上潮流，式樣老舊；「買二贈一」穿了沒幾天就斷線開膠；「斷碼處理」不是走不了多久，就是太磨腳……當時沒覺得什麼，反正便宜，不穿也沒關係，現在翻出來卻是這麼一大堆，扔了確實可惜，留著又有什麼用呢？她害怕節儉的父母不高興，背著他們悄悄把鞋都扔掉了……

　　每一個單身女人都應該培養良好的消費習慣，不要再放縱自己的慾望。誰都可能有過偶爾的透支，但不要讓透支成為習慣，量入為出是快樂的根本所在。花錢沒有錯，花錢可以買到妳需要的東西，可以享受人生。但花錢也是一種態度及風格，想尊重妳的錢，就要知道如何花錢。少花點、多省點，讓妳的財富累積起來，而不是悄悄從指縫間溜走。

第五章
來場柏拉圖式戀愛

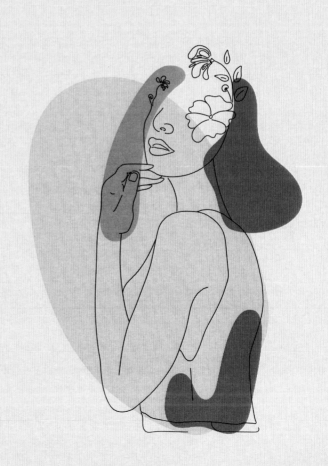

拒絕與「狼」共舞

性騷擾是單身女人的一大難以啟齒的話題。很多單身女人都受過不同程度的性騷擾，遭到過侮辱，也常是男人尋開心的對象。

這些性騷擾主要來自下面幾個方面。讓我們聽聽這幾位單身女性正面臨著怎樣的「性騷擾」。

來自同事和上司的性騷擾

在我們辦公室內，男性占了大半，幾個女同事，不是年歲大了，就是其貌不揚者，我稍微出色點。所以，我成了獵物或揩油的對象。常常，我的肩頭會莫名其妙的被哥們意氣的一拍，或在遞東西時，手無故被緊握住，來不及喊一聲就又鬆開了。我那修得很短的髮型也成了機會，摸一摸頭髮，說聲：「頭髮都跟我差不多長了，一點兒也不溫柔。」沒有一點兒邪念的樣子。妳翻臉了，他又說聲：「這麼小氣，不過開個玩笑嘛！」自下台階走人。不過以後仍是屢改屢犯，擦邊球一個又一個。妳總不能每次都板著個臉孔吧，因為很多事還要求助於他們，也得罪不起。

也有深度尋開心的。一次，隨一位上司出差。剛開始他還板著個嚴肅的臉孔，車子開出大約半個小時後，他就裝著很關心我的樣子，問這問那。我跟他少有接觸，聽說他為人還算正派，所以我對他敬重有加，有問必答。當我們的話題越來越投機時，他挪了挪身子，同時一隻手很輕的挽在了我的腰上。路過一個修理店，司機下車去買汽車配件，剛帶上車門，這位上司已急不可待的一把抱住我，一股熱浪撲面直襲過來……

每天，我發現自己就像打仗似的，小心的周旋應付這些披著羊皮的狼。

在保護自己的同時，盡量不去得罪他們。拮据的生活，讓我無法放棄這份人人覬覦的工作。我是一隻可憐的羔羊，如履薄冰的生活在這群「狼」中。

我不是一個水性楊花的女人，但有時候我不得不違背自己的心願演戲。我感覺自己就好像生活在一個箱子裡，四處都插上了電網，靠不得，碰不得，又逃不脫。

來自前夫的性騷擾

我已經和他離了婚，有一段時間裡恨死他了，他也同樣恨我。但最近他又來找我，他說要與我恢復婚姻關係。我的心裡亂極了，不知道該不該答應他。我突然發現，原來我還愛著他。他看出了我的猶豫，就總來找我，接下來就對我動手動腳。我本來想拒絕他，但是一想到我們有可能再成為夫妻，拒絕的話就難以說出口。更糟糕的是，與他離婚後我一直獨居，好像把那種事情忘了，現在讓他一撩撥那股情慾就升了起來。我控制不住自己，就半推半就的答應了他的要求。雖然發生關係了，但我心裡還是很矛盾，我們以前是夫妻，現在都不是了，我該怎麼辦？

來自無名電話的性騷擾

做女人難，做離婚女人更難。面對離婚這場災難，已經讓我承受了太多的痛苦和不幸。然而，離婚後面對來自各方面的壓力和困擾更讓我無法承受。尤其讓我痛苦的是每天晚上的騷擾電話。自從離婚後，我幾乎每天晚上都要接到一些男人的騷擾電話，電話裡說的一些汙言穢語不堪入耳，妳放下電話，他一會兒又打過來，讓妳無法入睡。後來，我每天回到家裡就把電話拔掉。但父母年邁，我怕有什麼意外發生只好有接上線，我該怎麼辦呢？

143

由以上事例可見，自保，以及如何防止性騷擾也是單身女人必修的課程之一。那麼，究竟該怎樣的行為可以認定是性騷擾呢？怎樣可以避免性騷擾呢？

1. 常見性騷擾的行為

◎身體的接觸

不必要的接觸或撫摸他人的身體，故意擦撞，強行搭肩膀或手臂，故意緊貼他人等。

★　典型例子：在公共汽車上，故意緊貼著對方的身體；在街道上故意接近他人，產生身體上的接觸或碰撞等。

◎言語的接觸

不必要而故意談論有關性的話題，詢問個人的性隱私、性生活，對別人的衣著、外表和身材給予有關性方面的評語，故意講述色情笑話、故事等。

★　典型例子：以電話調查為藉口，詢問有關性的問題；「妳今天穿得很性感啊！」等有關性方面的評論。

◎非言語的行為

故意吹口哨或發出接吻的聲音，身體或手的動作具有性的暗示，用曖昧的眼光打量他人，展示與性有關的物品，比如色情書刊、海報等。

★　典型例子：對路過的女性吹口哨或發出尖叫聲；在室內公開張貼色情海報等。

◎以性作為賄賂或要脅的行為

以同意性服務作為藉口，來換取一些利益，甚至以威脅的手段，強迫進行性行為。

★ 典型例子：老師暗示要求約會，作為承諾及格或加分的條件；上司以職位的升遷、調遷，來要脅他人同意進行性服務等。

因此，性騷擾不單局限於身體上的接觸，一些不禮貌而帶有性意識的言語、動作甚至聲音如吹口哨等，而令他人有不舒服、不安、焦慮、尷尬、侮辱或不被尊重的感覺，令受者感到不愉快，都屬於性騷擾。

2. 巧妙應對性騷擾

◎公共場所防止性騷擾

當在公共場所遇到性騷擾時，要及時避開此地，換個位置。並對有性騷擾企圖的人暗示，把妳的拒絕態度表示得明確而堅定，告訴對方，妳對他的言行感到非常厭煩，若他一意孤行下去將產生嚴重的後果，對他是不利的。

◎消除貪小便宜的心理

這種情況多發生在老闆對員工或上司對下屬，尤以對女祕書居多。騷擾者大都受過較好的教育，騷擾時雖然也多出於遊戲心態，卻比一般遊戲者的表現要「高級」且「彬彬有禮」。此種騷擾者大都把女性視為「消費品」，且因為明顯的利益關係，他甚至認為女人喜歡這種騷擾，並把這種騷擾當作自己的「專利」。因此，單身女人在外面不要輕易接受異性的邀請與饋贈，應警惕與個人工作、學習、業績不相符的獎賞和提拔。

◎避免與過分關心妳隱私的人交往過密

對於那些總是探詢妳個人隱私，過分迎合奉承討好妳，甚至對妳的目光和舉止有異樣的異性，應引起警覺，盡量避免與其單獨相處。

◎不要與陌生人講話

外出時，尤其在陌生的環境，若有陌生的男性搭訕，不要理睬。要注意那些不懷好意的尾隨者，必要時採取躲避措施。

◎對付電話性騷擾

對付電話性騷擾，應該立刻更換電話號碼，對新電話號碼要嚴格保密，對必須告訴電話號碼的人，一定告訴他們必須對妳的電話號碼保密，不能將電話號碼洩露給他人。電話要安裝來電顯示設定，以便作為將來的法律依據。

◎掌握與前夫接觸的尺度

在與前夫交流時，妳盡量保持自己的「防線」而不要被其他因素削弱了自己的意志。妳的苦衷是可以被人理解的。也許妳對過去的感情忘不掉；也許妳不想失去重修舊好的機會，也不想再失去他。也許獨居生活使妳的性慾慢慢累積起來，一有突破口就要尋找發洩。妳既抵抗不住來自未來新生活的誘惑，又抵抗不住來自自己體內的衝動，於是就順從了對方的要求。

其實，這些理由並不是很充分的，一個情竇已開的少女，面對自己心愛的人也有同樣的理由獻出肉體，但她往往不會那樣做，因為她要顧及到法律和社會規範，更要為自己將來的生活負責，所以要控制住自己內心的本能衝

動。單純讓一個人控制本能衝動，也許是困難的，但如果有比它更重要的因素要考慮，這種控制就容易做到了。

面對妳將要選擇為終身伴侶的人，妳首先要從各方面了解他，而不是匆忙以身相許。有的男人看中了一個女人，為了拴住她的心，就千方百計的想與她發生性關係，試圖用先占其身的方法達到再占其心的目的。有的女人找到了一個中意的男子，便主動委身於他，以便造成既成事實，以便促成婚姻。以上兩種想法都是錯誤的。如果男方是帶著這種想法來找女方的，或者女方是帶著這種想法去接觸男方，那麼對方就完全應該拿出勇氣加以拒絕，否則即便結成婚姻，也會為日後破裂留下危機。

另外，有一種情況特別值得女性的注意。有的男性對女性的興趣主要在於性方面，一旦達到目的，興趣就會大減，即便原先有過婚姻打算，如今也會拋到腦後。如果遇到這種情況，女性更應該持謹慎態度，不要輕易作出讓步。

當然，我們也承認離婚夫妻重建關係時期的特殊性。他們已經有過性結合，現在所缺乏的是感情，他們就不會像少男少女那樣羞澀。如果說我們對年輕人的婚前性行為可以寬恕的話，那麼對他們就更應該理解。而真正的問題還在於他們自己，不管是男方還是女方，都應該把重建婚姻關係看作是極為嚴肅的事情，妳們急待解決的是感情重新融洽，而絕不是性，如果妳們僅僅是為了解決單方面或雙方面的性需要而重新走到一起，原先的矛盾仍然存在，那麼妳們的婚姻還是會再一次破裂的。

◎拒絕來訪的男性客人。

為了避免自己受到性騷擾者的侵害，對於來訪的男性客人最好是將他拒

之門外。如果來訪的是同事或上司，妳可以要他有事在公司談。如果是朋友最好是約在外面的咖啡廳或其他公共場所見面交談。如果是鄰居，妳可以拿好鑰匙鎖上門，在外面交談。

為了預防性騷擾，年輕女性在日常生活中應避免穿袒胸露背或超短裙之類的服飾去人群擁擠或僻靜的地方。對於有些不可避免要接觸的人，一旦發覺他有性騷擾的企圖時，要採取各種措施予以抗拒。更重要的是，每一個年輕女性都要增加一些有關性騷擾方面的知識，以維護自身利益。

關於愛的表達方式

有一個女孩自殺了，屍檢發現她懷有身孕。原來這個女孩半年前交了個男朋友，並且和他同居了。可是，沒多久，她的男友與她分手了。當時，她只是痛苦，並不知道自己已經懷孕了。後來，她發現自己懷孕了，就去找已經分手的男友，但是男友不見她，她自己又不敢去墮胎，越想越覺得沒臉見人，便留下一封遺書自殺了。

婚前性行為常使女性蒙受比男人更大的損失。儘管如此，還是有不少女人在男友的甜言蜜語下，理性的防禦陣的被攻破。因而，女性自重自愛，避免婚前性行為顯得尤為重要。

下面一些方法也許能夠幫助女人築起堅實的心理堤壩：

1. 避免「好奇心」

好奇探祕，這種心理多見於年輕的少女。她們似乎不明白性行為、懷孕是怎麼回事，不了解和男友單獨在一起會發生什麼情況，只不過朦朧的意識到「性」的存在。

她們認為和男友在一起會充滿甜蜜感。因此，她們很少拒絕來自男友的要求，甚至不拒絕男友提出的性要求，直到懷孕、流產才後悔萬分。

女性要避免婚前性行為，在與男人交往中，避免好奇探祕是十分重要的。

2. 不要輕信男人

有些心地善良、缺乏主見的女人常常輕信男人。

她們認為貞操十分重要，絕不應該輕易送給別人，可是，自己的男友非同一般，他對自己是認真的，為自己能得到他的崇拜而受寵若驚，甚至被男友甜言蜜語所陶醉、誘惑，堅信其愛情的專一，經不住男友軟磨硬泡，輕信其性壓抑的苦惱。

因此，當男友提出性要求時，擔心拒絕會傷了男友的心，只好成全他。戀愛中的女人絕不能過分輕信男人，遷就他們的過分要求。

3. 不要輕信男人的諾言

大部分男人在向女人提出性要求之前，常以婚姻許諾，這對女人來說，是十分有效的心理攻勢。因為兩個即將結婚的男女有婚前性行為，就算一旦敗露，也只不過時間早晚而已。那樣想的話，女性貞操的防線就徹底崩潰了。

在現實中，男人最終信守諾言的只有 50%，這點應該引起未婚女性的高度注意。

4. 不能用性行為作為了解男人的手段

許多大齡女性，感到擇偶很難，因而對結婚持慎重態度。她們願意與自己滿意的男友在婚前發生性行為，以了解對方的性功能。

在現代醫學發達的今天，大齡女性可以用婚前體檢的辦法來實現了解男友性功能這一目的。

5. 別用性回報男人

有些女人為男人的執著追求及柔情蜜語所打動，感激他的傾慕、愛戀之情，尤其是當他為自己或自己的親屬解決了困難或作出犧牲時，常常會於心不忍。因此，對他提出的要求感到盛情難卻，就把滿足其性慾當做答謝其深情厚誼的方式。

戀愛中的女人切不可萌生這種心理狀態。

6. 不要用性表達妳的愛

有些女人認為男友符合自己的理想要求並對其愛之甚深，或者自己的條件比男友差，在男友提出要用實際行動來表達自己的愛時，常常獻出自己的貞操來表示對男友的愛。她們以為這樣能加固雙方的凝聚力，其實這種表示常常會適得其反。

戀愛中的女性千萬記住，愛的表達方式豐富多彩，切不可用性的方式！

小心「一夜成名」

當單身浪潮襲來時，越來越多的優秀女性捲入其中。城市單身女性如今正逐漸成為一個獨立族群，一個社會符號。除了一般人印象中的有文化、收

入好、獨立性強，這個族群還有什麼妳未知又想知的特點呢？她們的單身生活是愜意還是焦慮呢？看了這個「城市單身女性排行榜」網路上調查，妳也許會更清晰的認識她們。

近九成人性生活不空白

在對待性的態度方面，「離這次調查最近一次的性生活是多久以前的事情」，回答「太久了，不記得了」和「一週內」的人各占 34％，只有 13％ 的人回答是「白堊紀」。也就是說接近九成的女性雖然是單身，但性生活並不空白。那麼「和性伴侶上床時平均認識了多長時間」呢？回答「半年以上」的有四成，但令人意外的是回答「幾個月」的也有三成。「與妳發生過性關係的人數」，回答「1 個」的占 36％，而回答「2 ～ 9 個」的達到 48％，超過「1 個」暫列首位。

妳認為安全的性就是有效避孕和不得性病嗎？錯，性的安全來自於各方面：在性愛過程中遭遇性暴力、在性關係結束後被侵犯性隱私，都屬於非安全的性。它們所帶來的傷害遠遠超過意外懷孕和性病給我們帶來的痛苦，因為性暴力和性隱私侵害傷害的不只是女人的身體，更多的是女人的心靈、精神和名譽。因為我們是人，而且是有慾望的女人，所以即使我們暫時單身，也有理由尋找屬於自己的性生活。而當單身女子選擇一款好的保險套的同時，更重要的是選擇安全的性夥伴和一種適合自己的性愛方式。

對於女人來說，沒有性高潮的性愛是無趣的，為了獲得它就得去做愛，就一定會有風險，由於個體的差異誰都知道，不管與任何人發生性關係，都不可能是 100％ 的安全。既然無法獲得 100％ 的安全，那就去一步步的努力把危險性降到最低。

安全性愛 5 步

第 1 步　要求對方正確使用保險套，儘管有 70% 的人表示可以接受做愛時不使用保險套，但是保險套的防性病、避孕雙重功效無疑使它成為專業人士最為推崇的避孕用具。另外，人群中約有 8% 的人對乳膠過敏，如果妳剛好屬於這一類，去挑選使用普通藥店就可以買到的聚胺酯材質的保險套，將會是上上之選。至於正確使用保險套，那當然不用說了。

第 2 步　自己在性的方面是屬於要求比較多的嗎？不用煩惱。了解自己真實的性需要，是獲得安全性愛的第二步。

第 3 步　選擇能接受妳觀點的性夥伴：提醒妳一點，人的性觀念是在生活環境、教育背景等因素影響下長期形成的，不要試圖改變對方的性觀念，也不要把自己的性觀念強加給對方。

第 4 步了解性夥伴是否有暴力傾向，除非妳喜歡 SM。以下這個心理專家推薦的簡單測試，將幫助妳了解妳的性伴侶是否有暴力傾向：

問題 1：他生氣時都做些什麼？常常威脅著要摔東西、捶牆、弄壞物品等等，正是顯示他缺乏自制力的危險訊號。

問題 2：他的情緒呈兩極化？情緒兩極化是人格不成熟的一種反映。

問題 3：他是否來自一個暴力家庭？在暴力家庭中成長的孩子，往往也只學會了以暴力解決問題。

問題 4：他企圖使妳在其控制之下嗎？比如，管束妳如何穿著、如何過日子，甚至可能到了讓妳覺得沒有他，妳就不能做決定的程度。

第 5 步：保護自己的性隱私是一種美德，如果妳沒有山窮水盡到要拿性經歷來換錢，或者確實有不得已的苦衷，好好保護和珍藏妳的性隱私

吧！當然，如果妳和妳的性伴侶都技術一流，並且不在乎世俗的眼光，那另當別論。

單身女子安全性愛方式推薦

自慰

自慰，永遠都是單身女子安全性愛不可少的一個部分，王家衛的電影《墮落天使》裡有一段著名的自慰場面，畫面色彩非常唯美：穿著旗袍的女殺手李嘉欣美麗的身軀在《忘記他》的詭異歌聲中輾轉扭曲，從一開始的顫抖到最後的激情迸發，始終沒有一句語言。僅從安全性角度而言，自慰無疑是最高的，具有其他任何方式無法比擬的高度。由於加入更多的性幻想成分，所以精神層面盡可能達到最高享受，不過卻完全沒有與性伴侶的交流。人不能沒有交流，何況是性這件大事上。

固定性伴侶

雖然單身女性固定性伴侶不是一件容易的事，搞不好就會惹出種種麻煩來，但是從安全來說，相對固定的性伴侶還是會讓安全係數增加，遺憾的是，一旦性伴侶固定，情感問題就隨之而來，如果妳的單身狀況可以接受改變還算好事，但是如果對方是有家室或者不適合結婚者就會比較痛苦。交流，會導致感情麻煩。時間一長，激情也容易消退。

空中性愛

僅從各資料上看，目前是最適合單身女子的性愛模式。由於單身女子多在乎聲響，所以此種私密性比較強的性愛模式很快風靡，但是安全指數並沒

有想像中那樣高，比如，在電話性愛時，對方進行惡意錄音；或者視訊性愛時被對方偷錄，傳播到網際網路上，那妳可就「一夜成名」了！

超級性幻想

此處所說超級性幻想是一種理想中的性愛模式，有興趣可以嘗試一下。由於完全依靠性幻想，憑藉精神的性高潮來帶動肉體的歡娛，操作起來難度會比較大，尤其對於女性來說。也許某個男人看一幅裸體畫就會輕易射精，但是女人卻最多只是溼潤，剩下的還要靠其他方式來完成。嚴格來說，這種方法成功率很低。

妳的健教老師在哭泣

1. 性感等於性挑逗

很多女性認為性感無非就是露肩低胸秀美腿，衣料能少盡量少，還要盡量輕薄通透，激起男人們無窮的性慾，流連忘返，樂不思蜀的把頭撞到電線桿上。這種想法的女人們，先打五十大板！

什麼是性感？性感不是「性」，不是為了激起異性情慾的穿著打扮，它是一個更深層次和更立體的展現個人氣質，內在智慧和獨特魅力的方式。可透過人的視覺，聽覺，嗅覺，觸覺等方式來展現。穿得少不是性感，街頭的乞丐，穿的夠少吧，性感嗎？裸露也不是性感，不過是肉感。性感是一種比美麗還要更具個人魅力的個人風采展現，性感決不是以挑逗異性為目的。

2. 口交百分百安全

愛滋病透過口交傳播的可能性很小，但是性病可能就不一定了，比如淋病和皰疹。最新研究發現，有 6 個甚至更多口交伴侶的女性患有口腔癌的可能性較大。專家建議用帶香味的口交保險套保護妳。

3. 懷孕的時候不能有性愛

除非妳的醫生不同意妳這樣做，不然直到妳分娩前，妳都可以有性愛。研究發現，孕期性愛可以降低早產機率。有些女性甚至在孕期時容易達到高潮，這可能是因為激素水準的改變。體位很重要，建議採取女上位。

4. 只有單身女性才會手淫

最新研究發現，40%和伴侶住在一起的女性會手淫。而且手淫女性和伴侶的性生活要比未手淫的女性更加和諧。

只是荷爾蒙過剩罷了

單身女人拒絕一夜情的 3 個理由

妳 28 歲還是 30 歲？妳剛剛和同居男友分手？或是剛剛離婚？沒錯，他帶走了讓妳生厭的個性，卻也帶走了一個讓妳滿足的男性身體。妳不願意夜夜無所事事，最後抱著毛絨玩具入夢。妳喜歡性生活 —— 這個年齡的女人非常渴望美妙的性高潮。可是，妳的 Mr. Right 卻還沒有出現。

怎麼辦呢？如果高潮就是妳喜歡的全部，妳不介意墮落和不道德的生活方式，好像妳所追求的只不過是個花心的性伴侶。那麼妳如何才能阻止自己墮落呢？這裡沒有什麼靈丹妙藥，只是我們應該更好的了解一下妳尋找一夜

情的動機。

性的渴望

不要迴避現實，妳的確很容易被性的氣息和彌漫著汗水的悸動所引誘，沒有什麼能阻擋妳的性慾，即使妳看出了眼前的這個陌生男人意味著麻煩。

為了在朋友面前炫耀

在性愛這件事上妳確實落後了。妳不能忍受一個又一個夜晚抱著筆電追劇，而沒有熱辣的性故事 —— 所以妳做愛了。可悲的是，這樣做唯一的好處就是能向妳的女朋友們誇耀。

失戀後的性

這是失戀後的報復心理在作怪，不是因為妳真的對陌生男人感興趣，更多的是因為妳正處於瘋狂狀態。妳真的不知道自己在做什麼，或者為什麼做，妳只是知道這樣感覺很好，而且能激怒妳的前男友。的確，有些人在什麼地方得罪了妳，但這是妳尋求平衡的可怕方式。記住 —— 性不是報復的最好方法。

一夜情的 3 種美麗幻想

一夜情似乎應該很快樂，而且，某些小說和電影也把它描述得很刺激。可是，很多女性卻說，幾天後，那些剩下來的回憶會讓自己冒一身冷汗。

1. 一夜情真的能增強我們的性能力？

一夜情真的可以用來提醒我們自己仍然充滿魅力？或者它是身體放鬆

的需要？

　　其實呢，一夜情什麼也不是，只要妳明白這樣的事實——一夜情後，生活大致上還是和以前一樣，仍然沒有人給妳打電話，沒有人在星期六的晚上邀請妳吃晚飯，沒有人給妳送花並對與妳美妙的做愛表示感謝。唯一改變的是，有更多的荷爾蒙在妳身體裡湧動，妳只能是更多的去想關於做愛的事情，渴望做愛，考慮怎樣才能得到更多。

　　而每當此時妳會發現，妳只能用本能去思考，這很不可思議，不是嗎？性，不但與身體有關，也與精神有關，它能把妳帶入另外一個天地。如果乾柴烈火相遇，發生了性關係，那麼很好！但是首先我們要確定妳是否真的是一個隨便做愛的女人，如果妳不是的話，妳就好像踏進了一個情感的雷區，出來時會帶著滿身的傷疤。

2. 如果我們有了良辰美景，他也許能借我肩膀靠靠？

　　也許現在妳還是想不通，妳所想的就是達到做愛的高潮。每個人都知道，經常進行絕妙的性生活是非常非常愉快的。問問妳自己：除了性慾沒有其他的原因和他睡覺嗎？沒有，不是因為妳特別想和這個男人交往？也許妳已經和一個伴侶相守了太長時間，想找一個新伴侶的興奮讓妳因性慾而瘋狂。

　　如果這時他再三回來，而且要求得更多，危險的訊號燈就開始閃爍了，妳認為他回來是因為對妳的無限迷戀，他認為他回來是要感受最後一次幻覺的混亂。

　　妳開始在意他了，這不是妳預計的一夜情的一部分。妳發現自己坐在那裡打量著電話，為這個男人梳洗打扮，妳突然意識到——他並不想和妳在一

起，妳只是他用完就丟的做愛對象。當他玩夠了離去後，妳感覺自己完全被遺棄了。是的，女人就這麼容易混淆肉體的親密與精神的親密。

知道嗎，不管性有多麼美妙，妳永遠也不能依靠他的肩膀，不要欺騙自己說妳不會的。當然，妳可以請他過來看看妳想買的車，但不要期望他會有空。也許他來了，但是，妳最好做一個候補計劃，因為有可能他不想讓妳們的關係與其他更有意義的事情相混淆。

也許他會同意妳的提議陪妳去 —— 但始終期待妳的感激 —— 每當涉及此事時，他總在一開始就表明，只有事情不會變得複雜時他才會做。那麼妳也許會問，我怎麼會讓事情變得複雜呢，我和妳一樣在遊戲愛情。但是，直到深夜妳獨自回到家裡，待在一個黑漆漆的角落裡妳才會發覺 —— 事情真的就變複雜了。

3. 我和他有著對等的性慾，我並不吃虧！

是的，一開始妳們有著對等的性慾，妳以為妳占了上風。哼，不一定！

這場遊戲中的男主角通常會怎樣想呢？一直以來男人就認為性是他們的戰利品，如果得到它，還有妳，他就已經「得分」了。他們也許一次、兩次甚至許多次都激情澎湃的來到妳身邊，但當興奮逐漸減弱時，他就會小心起來，並不再回來。如果妳沒有做好準備，這會讓妳跌跌撞撞的來到傷心的山頂，感覺焦躁不安。而且，當妳再主動撥通他的電話後，他會說，「謝謝，但不要再繼續了。」

很多時候，在一夜情中陷落的女人只能以眼淚收場，一夜情成了她最骯髒和痛苦的回憶。這是單身生活一個非常現實的一部分。

最後讓我們以一句名言收場：

「為什麼一夜的激情過後，我們總會感到令人坐立不安的煩躁 —— 感覺好像是剛經過考試，現在必須等待結果一樣。」

　　　　　　　　　　　—— 摘自海倫 · 菲爾丁《BJ 的單身日記》

第五章　來場柏拉圖式戀愛

第六章
做個懂愛的女人

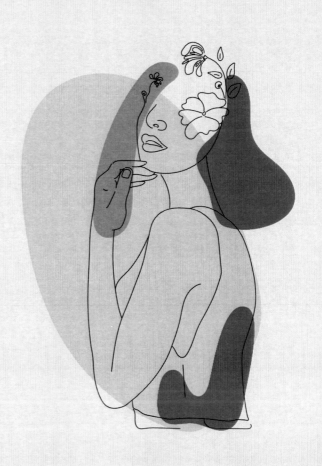

選擇，但不苛求

　　伊莉莎白·巴蕾特在十幾歲時得了肺病，也許是肺結核，這只是猜測因為真實的病源不明。在接下來的日子裡，她的家人把她看作需要被人照料的病弱者。1840 年，她的弟弟愛德華之死（在一次帆船事故中遇難）給她原本就健康不佳的身體狀況造成嚴重的影響。在未來的幾年裡她幾乎沒有離開過臥室。但她飽含激情的詩作，叩動了她表兄的朋友年輕詩人白朗寧的心扉。他給伊莉莎白寫了一封熱情洋溢的信，從此兩人建立了親密的友誼。1848 年，伊莉莎白 29 歲時，比她小 6 歲的白朗寧慎重的向她求婚，遭到了拒絕。在伊莉莎白看來，這不過是白朗寧一時的狂熱，頂多是出於對她的同情和憐憫！然而，伊莉莎白錯怪了他。白朗寧情願把自己真實的愛情獻給志同道合的人，因此，儘管遭到了伊莉莎白的拒絕，他仍然用行動繼續表白自己磊落的心跡。後來，伊莉莎白終於讀懂了白朗寧的心。到他第三次求愛時，她欣然打開了塵封已久的心靈之門。這種經過時間考驗的愛情，給了伊莉莎白巨大的力量。她透過鍛鍊，竟然奇蹟般的擺脫了 20 多年片刻不離的病床，能夠徒步下地行走了。他們的愛情如源源不絕的噴泉，賦予伊莉莎白的詩作新的生命。在以後同白朗寧朝夕相處的 15 年中，伊莉莎白才思橫溢，佳作不斷。她那獻給白朗寧的《十四行詩集》，既是愛情的獻禮，也是幸福的奏鳴曲，多少年來眾口交響，一直為人們爭相傳頌。

　　女人比男人更崇尚浪漫，她們往往對戀愛抱著太多幻想，等到這種不食人間煙火的愛情與現實接軌後，她們不再相信愛情，或者對戀愛抱著消極的態度。但女人要記住：戀愛乃人生大事，千萬不能採取隨意馬虎的態度。愛情的種子要結出家庭幸福之果，需要時間的栽培和澆灌。

　　那麼，在戀愛問題上女人要注意哪些問題呢？

　　首先，不要被「一見鍾情」迷惑。年輕的女性，感情豐富，愛的琴弦很容易撥動，正因如此，就更需要謹慎的對待愛情。有的年輕女性傾心於「一見鍾情」，雖然在文藝作品中確有「一見鍾情」式的美滿婚姻，像《西廂記》中的張生和鶯鶯，《魂斷藍橋》中的羅伊上尉和瑪拉，但現實生活中由「一見鍾情」結成百年伉儷的畢竟很少。許多婚姻悲劇往往是由「一見鍾情」開始的。大家熟知的俄羅斯著名詩人普希金，在一次舞會上與莫斯科第一美人娜塔莉婭邂逅，兩人一見鍾情，甚至沒有經過「閃電戀愛」，就走進了婚姻的殿堂。婚後，娜塔莉婭醉心於社交尋歡，成天向普希金要這要那，並且不時的要求普希金陪她出門做客。天才詩人的才華被一見鍾情的婚姻漸漸抹殺，最後他的生命也毀於因娜塔莉婭而引起的野蠻決鬥之下。

　　愛情越是經過歲月的磨鍊，越能顯現出純潔的本色，也就越能持久的沁人心脾。

　　其次，要明白愛情絕不能湊合。愛情的價值在於經得起時間的考驗，因而它先天的對立面就是「將就湊合」。一位 55 歲的女性與她的丈夫走進了法院，法院判決他們離婚。這一天她等了整整 30 年！25 歲那年，她遭遇了失戀的打擊，很草率的就把自己嫁了出去，婚後，她就開始後悔。夫妻倆總是吵架，她想這就是命，湊合著過吧！後來是為了孩子小湊合，再後來還是為了孩子大湊合。總之，這一湊合就是 30 年。人一輩子能有幾個 30 年呢？

　　在《簡‧愛》中，當簡‧愛的表哥、牧師聖約翰向她求愛的時候，儘管牧師曾經救過她的命，而當時孤單的簡‧愛也確實需要愛情，但她還是斷然拒絕了聖約翰的愛，因為她清楚的懂得愛情不能湊合，而恩惠是應該並可以用別的形式給予報答的。她說：「我答應作你的傳教伴侶，但不能作為妻

子，我不能嫁給你。」這在當時確實令兩人都很痛苦，但如果勉強湊合，兩人的痛苦勢必更大。

生活中可以湊合的事情很多，衣、食、住、行都可以，但愛情絕不可以湊合。

當妳已選了幾個朋友都不如意，再選下去唯恐引起負面輿論時，當妳曾受過人家的恩惠想以身相許來報答時，或同情對方的不幸遭遇想以愛情來慰藉對方時，當妳抵擋不住對方的甜言蜜語和百般乞求，或有短處被抓在對方手裡唯恐醜事外揚時，特別是當妳的親朋好友、父母出來保媒，而妳確實不滿意對方時，妳要切記：「將就湊合」的選擇，雖能使妳暫時擺脫眼前的痛苦，但同時又會把妳牽進更大更長的痛苦之中。

最後，要選擇愛情，但不苛求愛情。我們並不是說戀愛場上無限制的選擇是正確的。身為女人，不要以心中白馬王子的標準去要求現實中的戀人。盡善盡美的人，過去沒有，今後也不會出現。要知道志同道合才是愛情的主要基礎。有共同的追求，再加上性格、愛好、習慣等方面的默契、包容，就能滋生出甜美的愛情。如果能以這兩條為擇偶的標準，而不苛求對方的外表、出身甚至身高、體重，那麼，戀愛成功的機率還是很大的。

身為女人要理智的審度自己感情的性質：不是愛情不要誤解為愛情；是愛情，就要對自己也對對方負責。當下列情況發生時，這種態度尤需慎重。

第一，當妳被多人追求時，這時妳就面臨著這樣的選擇：在這麼多追求者中，妳需要謹慎的但又不拖延的確定妳的戀愛對象。如果妳拿不定主意，那麼在妳作出決定之前，妳應該和所有的「他」都無一例外的保持普通朋友關係，既不能因為喜歡妳的人多而飄飄然，也不能因為煩惱而隨便選擇一個算了。一旦「選中」以後，妳應盡快向「落選者」表明妳的鮮明態度。模棱兩

可是不可取的，這樣既延誤了別人另找對象的時間，也勢必使妳的戀愛生活複雜化，甚至帶來不堪設想的後果。

第二，當妳傾心的他已心有所屬時，如果妳知道對方已與他人確定了戀愛關係，那妳理應退出，不應成為「第三者」。如果對方與她，也只是與妳一樣，並未確定戀愛關係，那妳自然可以向對方表達妳的愛慕之情。但是，應該落落大方。對對手採取嫉妒乃至誹謗的態度，顯然是不道德的。一旦對方在選擇中篩掉了妳，妳就應該愉快的向對方說聲「再見」。身為女人，要知道被人拒絕也是很正常的事。

有些女人不能接受被人拒絕的事實，這時要學會疏導自己內心的情感，輕鬆的面對生活。

第三，當妳同時對幾個男性有好感時。妳應該按照自己的擇偶標準，度量哪一個更適合成為妳的終身伴侶，從而有意識的把妳的好感上升到受理智支配的愛慕之情。同時，也就需要嚴格的把妳與其他人的關係限制在普通朋友關係的範圍內。若是用曖昧的態度，同時發展和幾個男性的戀愛關係，無疑是不道德的。對自己，對別人，都沒有好處，到頭來只能造成彼此痛苦。

愛妳的人和妳愛的人

有一首歌叫《愛妳的人和妳愛的人》，歌詞是這樣寫的：

愛妳的人永遠在妳的身後默默注視著妳，關心著妳……

妳為了妳愛的人付出一切無怨無悔

愛妳的人願為妳付出所有痴心絕對

妳想和妳愛的人共歷風雨比翼雙飛

愛妳的人想和妳同抗艱險生死相對

妳想讓妳愛的人平平安安快樂相隨

愛妳的人想讓妳高高興興如魚得水

妳想和妳愛的人坐在山頂仰望流星的淚

愛妳的人想和妳一同觀望落葉淒美

愛與被愛都是同樣的唯美，學會面對

這首歌唱得是那麼唯美，卻那麼無奈，自信的單身女人不需要也絕不會渴望這樣的愛情，她們要愛自己的人同時是自己的所愛，她們要的是生活中兩者真真切切的統一。

首先，她們要明確的判斷對方是否喜歡自己。只要把各種資訊集合起來，加以整理，妳就會從中發現一些特別之處證明他是愛妳的。一般來說，這些特別之處表現在以下若干方面：

（1）他對妳的事情極為關心

妳的學習、生活、工作情況、興趣、愛好，他都表現出非常濃厚的興趣，經常詢問，極為關心。這種關心甚至表現為極為瑣碎的小事上，妳新剪了頭髮或化了淡妝、新穿一件衣服，他都會加以點評或誇讚。妳過去在某種場合下說的某句話，妳本人都忘記了，他卻還記得。更不用說，在妳生病、情緒不好時，他會忙前忙後，比誰都關心妳。

（2）他對妳的家庭、親友和童年往事感興趣

一般人交往，對對方的家庭、籍貫、過去的生活經歷也會偶爾問及，但都是禮貌性的聊天或介紹性的，如果是喜歡妳的異性，會經常提及這些話

題，而且聽得認真、問得仔細，甚至包括妳的性格特點、工作情況都會問及，對妳過去的生活經歷不管有無意義都會不厭其煩的了解。

(3) 他特別注意妳與異性的交往

妳與任何一位異性的交往都會在他的監視之下，如他會經常漫不經心卻有意的問：「某某某是不是妳的男友呀？」、「妳與某某某很般配嘛！」帶有明顯的醋意。

(4) 他經常尋機與妳在一起

有事沒事，總愛黏著妳，即使是參加集體活動時，也總要占據最靠近妳的位置，唱歌第一個邀妳對唱，跳舞時會主動坐在妳身邊。總之，帶有明顯的傾向性。

(5) 他主動把妳帶入他的生活圈子

向他的親友、同事、同學介紹妳，把妳帶入他的生活圈子，明顯讓妳感到他在自己的生活圈子中「隆重」推出妳，讓妳與他的朋友、同學來往，在他們中間「亮相」，這表明他對妳感覺已經很特別了。

(6) 他漫不經心的送點小禮物

這是一種慣用伎倆，似乎是隨意的給妳一些小禮物或者說是別人給的，他雖然用轉手給妳為藉口，實則是他精心購置的，如果他經常有這種小禮物，而且小禮物總是很對妳的心思，讓妳很喜歡，那麼，這就是很特別的小禮物了。

(7) 他對妳的求助有求必應

妳要求他幫忙辦點小事，他從不推辭，就是費九牛二虎之力也要辦成，除非實在是無力辦到的事。對為妳辦事他不但熱情有加，而且感到特別高興，一旦沒辦成，極為懊喪，總是不斷的檢討自己無能。

(8) 他總有很多事要妳幫忙

他似乎事特別多，這也找妳，那也找妳，明顯不用妳幫忙的事，也要煩妳一下，但實際上沒有哪一件真的算一件事，只是多了一次說話或在一起的機會而已。

如果以上幾點能得到肯定的答案，那不用說，他一定是對妳動心了。

這時候，妳還需要判定他值不值得妳愛，值不值得妳託付終生，這也是需要掌握技巧的：

(1) 去他家看一看他的生活方式和生活用品

他的家裡擺滿書還是掛滿球賽優勝獎狀？是否擺著與家人的合影？不經消毒妳敢用他的廁所嗎？家裡凌亂不堪嗎？可能他一時沒空收拾房間，但如果他就是不愛整潔，那他將很難改變惡習。妳必須做出決定，妳能與這樣的男人生活在一起嗎？妳能忍受長期生活在如此髒亂的環境中嗎？

(2) 觀察他結交的朋友

妳不可能喜歡他所有的朋友，但如果妳不喜歡他的大多數朋友，這就提醒妳他不適合。男人的朋友圈最能反應他的品味。男子結交一些女友也不是壞事，這有助於他理解女性的弱點和生理特點，表明他能與異性交流。但如

果他只有女朋友而沒有男朋友妳就要當心了。這樣的男子極有可能時常受到其他男性的威脅，他需要在異性面前堅定自信心。

(3) 約會時帶上親友的孩子

他如果嫌孩子麻煩，拒絕對孩子親近，那他永遠不會成為好父親。如果他非但不討厭小孩，還樂於與小孩交談甚至伏身聽孩子說話，趴在地板上與小孩一起遊戲，這男人無疑將成為一個好父親，妳可以與他發展關係。

(4) 看他的時間觀念

約他 8 點見面 9 點才到，說明他沒把妳放在心上。他覺得自己的時間比妳的時間更重要，這實際上是他缺乏對妳的尊重。

(5) 聽他說什麼

在自己女友面前充滿溫情的談自己的家庭，這種男人最能打動女士。他希望妳與他共用歡樂或分擔痛苦，這將是可靠的伴侶。只顧自己滔滔不絕，而不顧妳是否感興趣，這人比較自私。還有一類男人喜歡對別人品頭論足，看不起任何人，聽信傳言，甚至對別人的遭遇幸災樂禍。這種男人趁早離他遠點。

(6) 看他如何評價以前的女友

講女友壞話的男人靠不住。既然曾經相愛，為什麼要詆毀其名譽，尊重自己以前的女友，才是大度的男人。如果他總是在妳面前說前女友的壞話，說明他仍然惦念她，舊情難忘。

（7）見見他母親

對母親不好的男人，妳最好別去親近他。男人對母親的態度就能說明他對女性的態度。尊重母親的男人，他同樣懂得愛自己的妻子。但是，如果男人過分依戀母親，言聽計從，很可能有戀母情結，沒有男子漢氣概。

（8）看他對金錢的態度

男人對金錢的態度往往表明他的權力欲。有的男人總是搶著付帳，這並不能證明他大方，反而表明他想控制女友；而吝嗇小氣的男人的情感方面，也注定斤斤計較。至於揮霍無度，經常透支，甚至負債累累的男人，妳千萬不可與他交往。

（9）看他對自己的工作是否滿意

從一定意義上講，男人對工作的態度就是對生活的態度：凡是在工作上稍不順心就跳槽的男人，幾乎可以預料有朝一日，當夫妻關係出現一點點挫折時他也會一走了之。

（10）他是否精神健康

愛諷刺別人的男人總是借貶低別人抬高自己。這類男人缺乏細微的情感，心理不健康。還有些男人無緣無故發火，有時朝著電視節目喊叫，還可能對餐廳服務員沒禮貌。他可能在精神方面潛藏著隱患，有發展成憂鬱症的危險。

當妳確信對方對妳有意，而妳亦有情時，就該表達愛意了，雖說這已是很簡單、水到渠成的事，但表達愛意對於女孩是必須要講究技巧的。如果妳

想獲得這份愛就必須技巧性的表達出自己的愛意，捅破隔在彼此心中的那張紙，揭開愛的帷幕，以便雙方攜手共渡愛的海洋。

比如電影《歸心似箭》中，玉貞與在她家養傷的戰士魏得勝互生愛慕但都未表達，一天，魏得勝搶著幫玉貞挑水，玉貞撒嬌的說：「好，讓你挑，你給我挑一輩子。」這種一語雙關式的表達方式非常適合女人。其實，女人應委婉、含蓄的表達自己的愛意。這樣才能增添愛情的藝術性和浪漫感，也有助於愛情的成功。

再比如將軍馮玉祥的愛情故事就很有意思：當時他採用了徵婚的辦法，許多姑娘聞風而至，馮玉祥將軍每見一位，都要問同樣一個問題：「妳為什麼和我結婚？」許多如花似玉的姑娘不是回答「妳的官大，結婚後好做大官太太」，就是說「妳的錢多，結了婚好享福」。他失望了。這時，來了一個不同凡響的姑娘，他問：「妳喜歡我什麼？」姑娘回答：「什麼也不喜歡，」這讓馮玉祥將軍很奇怪：「那妳為什麼到我這裡來？」那位姑娘說：「老天怕妳在人間做壞事，特意讓我來管管你。」馮玉祥將軍哈哈大笑，立即喜歡上這位豪爽、機智的姑娘，與她喜結良緣。

總結一下，女人大膽追求愛情的過程可以稱為「三部曲」：首先確定對方是否愛妳，其次確定對方值不值得妳愛，最後藝術化的表達妳的愛。掌握好這三個節奏，妳一定會成功獲得自己所追求的真愛。

在告白之前

日本電影《四月物語》講述的是一個發生在 17 歲美麗少女榆野卯月身上的「愛的奇蹟」，因為暗戀學長，成績不佳的她努力考取了學長所在的武藏野大學。影片的開始便是女孩站在飄滿櫻花的東京街頭，開始了她嚮往已久

的大學生活，也開始了她對愛情的執著追尋。鏡頭一直以一個旁觀者的身分注視著這個內心被愛的祕密填得滿滿的女孩的日常生活，從她搬入東京的新居，到她在新班級裡做自我介紹，到她參加釣魚社的活動，到她在電影院外被陌生男子尾隨……直到她被在書店打工的學長認出後，她才終於有勇氣伴著淋漓的雨聲對學長說出「對我來說，你是很出名的。」在這一場痛快淋漓的大雨中，影片緩慢平淡的節奏突然因為女孩祕密的揭開而掀起了高潮，而電影也就此走向了尾聲。故事很唯美，看上去又很傷感。今日女性追求屬於自己的一份愛情，不應該再這麼吃力，這麼無助，這麼被動。

愛，除了心靈的感應與感覺外，還應有行動的表白，不論是愛或者被愛，都是一件幸福的事。但幸福不是等來的，它需要努力，需要創造。如果妳還相信「女人只要安靜等待，真命天子就會從天而降」的神話，就明顯已經和現在這個觀念開放的社會脫節了。隨著女性地位的逐步提高，自卑、怯懦不應和新時代的女性相伴。如果愛，就要敢於表白。

表白對於一份愛情的開始十分重要。因為驕傲放不下面子，不肯先向對方示愛，這又何必呢？在人類沒學會心電感應這種先進技術的時候，期待不說對方也能懂是不可能的。示愛並不是示弱，假如這段感情幸運的開始了，先示愛的一方也並不就是低人一等，敢於表白的人才能掌握自己的情感軌跡，做個感情的勝者。

當妳遇到自己喜歡的人，在什麼都沒有開始時，如果就以為「他不一定喜歡我」，那麼妳可能會真的失去他，失去任何一個可以選擇的機會。

大可不必害怕被拒絕，妳應該做的是克服自己自卑不安的想法和自愧不如的心理。不要坐在手機旁猶豫不決，事實上，只要妳勇敢的撥一次電話，事情就會完全解決了，妳也就將徹底擺脫憂心如焚的處境。即使遭到拒絕，

也不算是什麼大不了的事情，妳只要保持輕鬆、寬容的心情就能渡過情緒不穩定的日子，如果妳什麼都不去做，卻只是終日停留在忐忑不安中，猜測他的心意，又有什麼意義呢，為什麼不給自己一點主動權呢？

被拒絕並不代表妳有什麼過失，也許他心中另有所屬，而他恰恰是個忠誠的愛人；也許他目前為事業忙得焦頭爛額，根本無暇分心經營愛情；也許他最近情緒不佳，偏偏妳又撞在槍口上。所有這些都與妳無關，不要因為被拒絕就覺得被判了死刑，失去了追求愛情和幸福生活的勇氣。

表白是一種藝術，只有聰明的女人才能運用自如。妳當然希望妳的表白能得到對方的接受，從此開始一段美好的情緣，但是表白成功必須具備起碼的前提條件和諸多有利因素。

在表白之前，首先應當對自己做一番客觀的衡量，也就是對自己的情況進行理性的分析和評價。主要包括自我形象、思想情趣、生活作風、價值體系、學識才華等。只有清楚的認識自己，才能明確的為自己心儀的對象「畫像」。人無完人，千萬不要自我感覺太過良好，而忽略了自己的種種缺陷，也許正是這些缺陷成為別人拒絕妳的原因。太過自負的女人一旦遭到拒絕，那種痛苦是不言而喻的。

在表白之前，應當盡可能的了解對方。如果妳對心儀的對象連最起碼的認識都沒有，單憑一些工作、住址、年齡之類的表面資訊，是無法觸及對方的心靈深處的，這樣的表白很淺薄，也許妳就是被對方英俊的外表或一擲千金的豪氣所吸引，當然對方也不難看出這點。這種表白如果被拒絕反而是件好事，最危險的就是碰上獵豔高手，將錯就錯，趁機玩弄女人於股掌之上，這個女人的命運就十分悲慘了。

在表白之前，應當選定場合、情境，浪漫優雅的環境絕對比嘈雜喧鬧的

場合容易使人動情；柔和的光線要比酒吧炫目的霓虹光更能激發他的柔情，清閒的假日、休息日要比緊張的工作日令他覺得放鬆。當然，愛是自然天成的，本無需太過刻意，有時候，就是那平常的日子，不經意的一瞬間，妳的勇氣突然來臨，妳的愛意很自然的湧出心扉，那就讓他感受到妳的愛。把妳的愛表達出來，不要再藏進心裡。

　　妳若愛上了某人，就應該努力去追求，但出於女性特有的羞怯心理，不便坦白直率的向對方表示，可以透過許多別出心裁的方式把心思傳遞給對方。

　　妳可以用迷人的微笑替妳表白。有時候，不甚得體的表白話語還不如技巧性的運用肢體語言來的有效。微笑和眼神都能傳遞妳對他的情意。嘴角微揚，展現出妳最迷人的魅力，深情的目光互視，移開，互視……如果他心中對妳也早已充滿好感，他很快就能接收到這些愛的資訊。

　　妳可以用精巧的小信箋替妳表白。寫上幾句情意綿綿的話，卡片的精緻代表了妳的品味，動人的話語可以讓他感受到妳的才情、細膩。雖然電子郵件更為快捷方便，但愛情不是速食品，表白也需要花一些小心思。看到這可愛的小禮物，他怎會不在驚喜中感到一陣甜蜜。

　　妳可以借別人的口替妳表白。這樣對他說：「我爸爸經常誇你。」他一定會很有興趣的問：「是嗎？誇我什麼？」、「說你人品好，能幹又謙虛，是個好男孩。」其實這些都是妳的心裡話，只是靦腆的妳不肯直接對他說罷了。如果他很聰明，當然知道妳話中蘊含的意思，如果他對妳很有好感，他是不會無動於衷的。

　　表白，開啟妳的愛情之門。表白，也許從此帶給妳一生的幸福。向他打開心扉，勇敢的表白吧，不要讓有緣相聚的人就此錯失。

　　是的，勇敢的表白吧，妳愛的那個人也許也在為怎麼開口而猶豫不決，妳不要再守株待兔，不要再錯失良機，去創造吧！敞開妳閉塞而狹小的內心世界吧！它能容納生命中更多美好的東西。

闖進兩人世界的第三人

　　有一個大家都很熟悉的笑話：有個病重的男人要離開人世的時候，他把妻子和情婦都叫到了自己的床前。面對傷心哭泣的情婦，他拿出了一片枯黃的樹葉，說：「這是我們第一次見面時，飄落在妳肩頭的樹葉，我一直保存著，把它視為我生命中最寶貴的東西，現在我把它送給妳，作為我們愛情的見證。」然後，他又拿出一本存摺，對身邊的妻子說：「我們爭吵了一輩子，以後也不用再吵了，這個存摺給妳，和孩子們好好生活吧。」

　　聰明的女人，絕對不會去做那個只得到一片枯葉的戀人。

婚姻是兩個人的世界

　　婚姻生活是非血緣關係的人和人之間能達到的最親密的交流方式，男女雙方不僅僅是靈與肉的結合，更是一種全心的付出。男女相識相戀，往往經歷過很長時間的磨合，最後在確信對方是自己想要共度一生的人時，才會從愛情走向婚姻，開始在婚姻的圍城中相依為命，相濡以沫。

　　婚姻是最好的學校，女人是最好的老師，她能讓一個幼稚的男孩變成一個成熟的男人，而男人卻往往讓一位美麗的少女變成了「黃臉婆」。

　　如果有一天他覺得寂寞了、厭倦了，在他走出圍城攻打別的城池時，長期以來被妻子訓練出來的對待女人的經驗，他都會不自覺的開始驗證。

　　他的溫柔體貼、他的成熟穩重，都只能俘獲無知純情少女的心扉，贏得

她們的欣賞和傾慕，永遠得不到真正聰明女人的愛情。聰明的女人心知肚明，這個男人不管如何優秀，在他的身上早已被另外一個女人貼上了標籤：「私人所有，生人勿近。」遇上這樣的一個男人，她只會遠遠的欣賞一下，也會透過這個男人向調教他的女人致以心靈敬禮。

婚姻從來就是兩個人的世界，具有強烈的排外性，因此，遇上一個有家室的男人，聰明女人只會遺憾，只會哀嘆「恨不能早相逢」，但絕不會嘗試著去靠近，她明白，遊戲規則早已注定，自己永遠是那個不受歡迎的人。

識破已婚男人的謊言

在遇到已婚男人時，聰明女人懂得遠離，保持「安全距離」；在面對已婚男人的追求時，更懂得看穿他們的華麗謊言，看穿他們愛情幌子背後的自私與虛偽。

婚姻生活有一段很難避免的倦怠期，人們常籠統的稱為「七年之癢」，漫長的時光消磨了生活的激情，女人把自己埋進家務和孩子中間，無所事事的男人卻會向外尋求新鮮刺激，也許是為了找一個枯燥無味婚姻的「調味品」，也許是為了嘗試安全節約的「婚外性」，也許……這樣的男人再優秀出眾，聰明的女人也會嗤之以鼻，看都不會看上一眼。她能夠預想到愛上這種人的最後結局，付出真情卻永遠沒有結果，她不過是他生命裡的過客，可以談愛情，卻不能奢求長相廝守。

已婚男人與初涉情場的男孩不一樣，他甚至能利用自己已婚的身分來捕獲獵物，他的妻子不理解他，他非常痛苦；他對自己的妻子已經不再有感情了，但是為了孩子他又不能離開她……女人天生具有母性，越是清純的女人越容易把自己當成聖母，他的痛苦與落寞甚至有可能引起她百般的憐愛，甚

至想把他從那個老女人的魔掌下解救出來。而事實是，男人更現實，他再討厭原來的「黃臉婆」，也會因為多年的生活慣性、孩子和財產等各方面的原因而不願離婚。他們夢想的是坐享齊人之福，當然，小三要守本分，千萬不要妄想有一天登堂入室。

權衡介入的代價

小女生們往往容易衝動，敢愛敢恨，自認為有無窮的魅力，能夠讓那男人家中的「黃臉婆」一敗塗地。她們信奉一個原則：愛情的力量無法估量的，足以驚天地泣鬼神，足以戰勝一切困難。成熟的女人永遠不會這樣頭腦發熱，她會時時權衡事情的得失利弊：如果讓家庭破裂來成全自己的愛情，這樣的愛情有未來嗎？如果他為此而離婚，和自己重組家庭，他的孩子怎麼辦……

介入一椿婚姻的代價非常大，妳首先就過不了自己這一關。更何況，未來面對的困難會更大。他與妻子也曾經相愛，如今他不愛舊人戀新人，那麼誰能保證他的「曾經」不是自己的「未來」？一旦走進這樣的婚姻，誰能擔保自己不會成為下一個被取代的人呢？須知到手的東西會立時失去價值，不復從前的愛若珍寶。最後的結果大多是歷經千辛萬苦，卻爭到了一個千瘡百孔的債主，他甚至還在沾沾自喜兩個女人為自己爭個妳死我活。愛情太短，生活太長，往後那麼長的歲月，妳將有足夠的日子盯著那道傷痕。

嫁入家門可能只是戰役的第一站，未來面對的情況更多更複雜，不僅是他和他的孩子，還有他眾多的親友。每次露面都說不定有人在暗中為新人打分，與他的前妻進行對比，就算所有人都承認新人勝舊人，但是這樣的榮耀本身就讓人尷尬。

　　如果遇見的是一位喪偶或是離異的優秀男人，尚且要考慮再三，因為嫁給一個有婚史的男人，面對的道德審判和社會評價，要比嫁給一個未婚男人大得多。其實夫妻之間哪有那麼多深仇大恨以至於不能繼續共處一個屋簷，只怪時間磨淡一切，婚姻逐漸成了雞肋。於是恰好在那麼一個時候，第三個人出現，一場好戲，忠奸立刻分明，這樣的虛名恐怕要背負一生了。就算女人不在乎別人的眼光，那麼可以不在乎他嗎？夫妻之間再相愛都會吵架，再相愛都難免有摩擦，當他在沉默中黯然神傷時，女人難免不會猜疑他是在後悔嗎？想像著他心裡很可能在懷念前妻，自己脆弱的心能承受嗎？當女人哭訴「我為了妳付出那麼多」的時候，如果他也說「但妳也拆了我整個家」的時候，自己會受得了嗎？妳還有退路嗎？

　　婚姻是豪賭，嫁給誰都有輸有贏，但是嫁給已婚男人卻是一出開始就注定要輸的賭局，因為在開場之前妳就輸了立場、亮了底牌，這樣的賭博聰明的女人是絕不會參與其中的。

　　沒有將來的承諾是一陣風，沒有忠貞的愛情是一片雲，風花雪月的情懷看似美麗，其實還是虛無縹緲一場空。每一個女人都渴望在萬丈紅塵中找到屬於自己的那一份真情，但是遇上已婚的男人，就應該立刻躲得遠遠的，因為他或許能給妳很多東西，包括金錢和權力，唯獨不能給的就是真情。

　　「天涯何處無芳草，何必單戀一枝花？」與其在與已婚男人的糾纏中被傷得遍體鱗傷，還不如拿出那份愛的勇氣來，尋找屬於自己的 Mr. Right。

男人最美麗的謊言

　　紅顏知己，曾經是一個讓人產生無限遐想的名詞，美麗出眾可稱之為紅顏，善解人意才算得上知己。這四個字不知蘊涵了多少美麗的愛情故事，才

子佳人的紅袖添香，英雄美女的生死相隨，痴心兒女的兩情相悅……即使不能長相廝守，也是魂牽夢縈；即使愛到心碎，也是無怨無悔；即使無名無分，也是心甘情願。

一個紅顏知己，比花解語，比玉生香，是古往今來男性給予所鍾愛女子的最高稱謂。而對於女人而言，她們心底一直都珍藏著一份不食人間煙火的浪漫情愫，能成為心愛男人的紅顏知己，曾經是她們的渴望，她們的榮耀。

新的時代裡，紅顏知己被賦予了新的內涵，成為一種新式男女友誼的代名詞，比友誼多一些，比愛情少一些，在妻子、戀人、朋友之外的所謂「第四種感情」。

美麗的謊言

男人和女人之間有沒有純潔的友誼，這個問題曾引起過很大的爭論，各執一詞，誰也不能說服誰。沒有純潔的友誼，也許就意味著有不純潔的友誼，於是便派生了「紅顏」、「藍顏」之說，友誼被抹上了幾分曖昧的緋色，紅顏知己也從一個深情款款的戀人變成了一個不食情愛煙火的聖女。

現代有人如此界定紅顏知己：「做紅顏知己最重要的是恪守界限。給他適可而止的關照，但不給他深情，不讓他感到妳會愛上他的威脅，也不讓他產生愛上妳的衝動與熱情，這是做紅顏知己的技巧……紅顏知己全是些絕頂聰明的女人，她們心底裡最明白：一個女人要想在男人的生命裡永恆，要不就做他的母親，不然就做他永遠也得不到的紅顏知己，懂他，但就是不屬於他……」

真正絕頂聰慧的女人恐怕永遠不會去做這樣的紅顏知己。

聰明的女人即使暫時單身，但她的生命中不乏各種異性，在親情、愛情

之外，她也懂得培養與異性之間的友情，可以約在一起聊聊天，互訴生活中的煩惱事，卻拒絕做別人的「紅顏知己」，她明白，知己是個很危險的關係，就像是懸崖邊的舞蹈，稍微向前一步，就會玩火自焚、粉身碎骨。

不管人們如何為紅顏知己辯護，她的身分始終尷尬：她與妻子不同，妻子能夠理直氣壯的擁有整個男人，相依相伴一生；她也與戀人不同，男人與戀人彼此需要，合則聚不合則分。而紅顏知己，扮演的始終是個替補角色，她恪守自己的本分，不能相守也不可相伴，在男人需要傾訴而又不好向妻子、戀人傾訴的時候，她帶著盈盈的微笑，耐心聆聽，做他煩惱的垃圾桶。她的蘭心慧質，她的溫言軟語，只是他煩惱時的救命稻草，而所有的快樂與幸福，都會與妻子、戀人分享，紅顏知己是最了解他的旁觀者，永遠也不能介入他的生活。相對於妻子得到的永恆溫馨、戀人得到的瞬間燦爛，紅顏知己獲得的只是一份虛無的榮耀。

所以說，所謂的紅顏知己，只不過是男人最美麗的謊言，也是女人對自己最美麗的謊言。

面對這個謊言，應該勇敢的質問男人：憑什麼在有了一個「當你臥病在床與痛苦激戰的時候，拉著你的手慌張無措淚流滿面、怕你痛、怕你死，恨不得替你痛，替你死」的老婆後，還要有一個「理解你，願意為你默默分擔，讓你靈魂不再孤寂，令你欣慰」的紅顏知己？情感付出雖然永遠是個不等式，但是不等也是有個限度的，女人如果足夠聰明，就不會讓自己的付出沒有任何回報。

想想看，病痛時，他可以當著很多人的面，與自己的老婆上演一齣患難夫妻相濡以沫的悲情好戲，淚裡帶笑，無所顧忌秀恩愛，而紅顏知己，只能站在一個陰暗的角落，在心底默默的為他祝福，卻不能有自己任何的表示。

即使一個關懷的眼光，一句窩心的話語，也要顧忌來自四面八方投射過來的現實和殘酷。

付出了所有的柔情，女人得到的是什麼？既不能像戀人一樣在風雨過後在他懷裡撒嬌賴皮，也不能像老婆一樣夜裡 10 點過後理直氣壯的催著他回家。

想想看，妳只能給他適可而止的關懷，卻不能給他深情，不能讓他感到妳有愛上他的威脅；妳不能提及妳的牽掛、妳的焦慮、妳的氣惱；妳也不能無拘無束的陳述自己的故事，將自己的生命和他的生命連接在一起，更無法將自己介入他的命運轉折之中，既不能彼此相愛，也不能真實擁有對方。

完全無限期的付出，不能求任何回報的奉獻，絕不要如此為難自己，把生命裡的一部分交付給一個不相干的男人。明知是個無底洞，還一廂情願的往裡面跳，這樣的女人是笨女人，這樣的紅顏知己，不做也罷。

有如此的情懷，還不如一心一意的用來尋找一份只屬於自己的愛情，收獲實實在在的幸福。

女人，要的是被愛和細心的呵護，切莫為了「紅顏知己」的虛名而貽誤終生。

當愛已成往事

一個女孩失戀分手了，哭著去見上帝。上帝問她：「妳為什麼這麼難過？」

「他離開我了。」

「妳還愛他嗎？」

女孩重重的點了點頭。

「那他還愛妳嗎？」

女孩想了想，哭了。

上帝笑著說：「那麼該哭的人是他，妳只不過是失去了一個不愛妳的人。而他失去的是一個深愛他的人。」

這個故事恰如其分的告訴我們，分手了，請不要哭泣！當愛已成往事，瀟灑的和他說「再見」吧！

善待分手就是善待自己。誰都有可能失敗，誰都有可能抓不住命運的舵，要給自己一個改正錯誤的機會。何況後來發生的錯，並不能證明一開始妳就是錯的。事物總在變化之中，何況人的感情。

通常女人失戀分手以後會有哪些心理呢？

首先，不願面對 —— 相信「他會回來的」。妳傷心但充滿希望的等待他，只要樓道裡的電梯一動或者電話鈴一響，就會想：會是他嗎？但他可能永遠不會再回來了！

其次，憤怒 ——「他是個徹頭徹尾的混蛋！」妳不再哭泣，卻氣得發抖。只要有機會，妳會毫不猶豫的進行報復。但是，在憤怒之後的冷靜期，痛苦會再次光臨妳的內心。

再次，糾纏 ——「他的家裡有燈光。」妳像幽靈一樣遊蕩在他身邊，卻不知道自己到底想要幹什麼？自由是每個人的權利；如果我們不尊重這條真理，最後失去的是自己的尊嚴。

第四，蔑視 ——「不管怎樣，這個傢伙一文不值。」為了避免太受傷，我們本能的去挑對方的毛病。

第五，自憐 ——「他從沒愛過我，今後也不會有人真的愛我。」別再自虐了。妳昏天黑地的睡覺，毫無節制的大吃，誰會心疼妳呢？沒有人！

第六，妥協 ——「如果我再減掉兩公斤，他一定會回來的。」只要我付諸行動，他一定會改變主意，哪怕他已經有了新的女朋友。

凡事不必太在意，更不需去強求，就讓一切隨緣。逃避，不一定躲得過；面對，不一定最難過；孤獨，不一定不快樂；得到，不一定能長久；失去，不一定不再擁有。可能因為某個理由而傷心難過，但，妳卻能找個理由讓自己快樂，兩個人不能快樂，不如一個人快樂；兩個人痛苦，不如成全一個人的快樂。

善待分手

有人說，覺得失戀痛苦的女人，是因為在感情中付出太多，很難接受必須回頭的事實。也有人說，失戀給人的感覺就像嘴裡長了潰瘍，越痛越要去舔，越舔卻又越痛。

失戀之於女人到底是什麼？10 個女人，絕對有 10 種不同的感受。但現在的女人在一點上越來越有共識了 —— 失戀不能失態。我可以失去這個男人，但絕對不能因為這個男人而喪失對未來生活的判斷，絕對不能因為這段感情而喪失對愛情的期待和嚮往，絕對不能因為這個男人的「不選擇」就對自己的美麗來一個全盤否定。

美麗，可以有若干方式。如果一個女人在她失戀的時候也可以微笑著、美麗著、繼續著，這種美麗才是永遠的美麗。

越來越多的女人在叫囂「沒有愛情寧可去死」，但其實，不是每一個女人的愛情都順利。妳身邊的閨中密友、妳的死黨甚至妳自己，或許正在經受著

失戀的打擊。只是「人在江湖」，不可能再像從前的女人那樣一哭二鬧三上吊。傷不傷心？傷心！難不難過？難過！鬱不鬱悶？鬱悶至極！但女人們或許可以選擇夜晚在家哭得死去活來，清晨醒來，依然要全副武裝的去江湖打拼。

迷戀一個人，就像是著了魔一樣，不由自主，再怎麼聰明的女人，也會不惜一切掏空自己所有的感情。著魔就仿佛是噩夢，但是噩夢終有醒來的一天。失戀的女人照樣可以光鮮豔麗繼續生活，就像多年前的一本書所說的：「生命，比我們預料的要頑強。」

就算失戀，也請妳做個美麗女人吧！

愛情就像一根橡皮筋，相愛的時候兩個人把它拉得緊緊的。不愛了，任何一個人先放手，留下的那一個都會被反彈回來的橡皮筋狠狠擊痛。索性，在他放手的時候，妳也同時鬆手。

當他說：「我們還是分開比較好……」時，妳只需輕輕一笑，說：「好，走的時候把門鎖好，鑰匙留下。」

他說：「有事給我打電話，我的手機會一直開著的。」妳只要淡淡的拒絕：「不必了，這個電話我不會再打。」

愛情是一場戰役，相愛時妳的對手是那個男人，分手了，對手就是妳自己。戰勝自己，把所有他的資訊都徹底的從記憶裡刪去，重新開始新的生活，妳才是真正的贏家。

善待分手首先就是善待已經分手的他。既已分手，再糾纏往事，再去論青紅皂白都是沒有意義的。妳想去說清，就只能平添煩惱。誰會心甘情願承認自己錯了，誰都覺得自己委屈。尤其是男人，他即使是心裡有愧，嘴上也

絕不會認的。

善待分手其實也就是善待自己的過去。畢竟妳們曾經相愛過，曾經相互給予過慰藉，曾經在一個屋簷下躲過風雨，看過彩虹。妳徹底否定他，不也等於徹底否定自己的過去嗎？而且否定了，心情又能好轉嗎？恐怕會更沮喪。

善待分手也就是善待未來。只有心平氣和的將過去安置好，才可能在較短的時間裡振作起精神，開始新的生活。分手又不是患了感情絕症，只是一次失誤而已。只要妳冷靜下來，就可以為自己開出藥方，治好自己的失誤。

說到底，善待分手就是善待自己。不要一味的埋怨自己軟弱，埋怨自己無能，埋怨自己瞎了眼看錯了人……

妳有沒有發現：

失戀讓妳年輕五歲，妳會發現自己原來是很天真幼稚的。

失戀的時候，妳的朋友會特別多。

失戀給了妳一個藉口，妳可以去嘗試妳平時不敢嘗試的事情：獨自在酒吧買醉、與陌生人調情等等。

失戀有可能使妳從此開始關注自己的事業。

沒有失戀，怎麼能光明正大的換一個男人？

沒有一次又一次的失戀，怎麼能成為情場高手？

失戀不是好玩的，讓我們疼痛，讓我們委屈得痛哭，讓我們失去一切慾望。其實失戀的感覺很像我們小時候玩的跳房子遊戲，每一格都必須被跳過去，才能到達目的地。

因此，我們可以大步的、快速的穿越必經之路，到達自由的勝利彼岸。

把失戀當作一場收穫

　　妳的戀愛雖然現在走入了歧途，或許它正是妳出席正式場合前的小試新裝，正是由於失戀的幫助，才使得妳在正式的愛情開幕典禮上獲得衣著得體的效果。

1. 減肥好時機

　　失戀帶來的心理沮喪，也許可以讓妳連著好幾天不會過量攝食，為了打發晚上和週末的寂寞時間，妳也許會選擇做一些運動。在跑步機上瘋狂蹬踏的時候，妳會暫時忘記失戀帶給妳的不快，得到情緒上的發洩。所以，運動的增加，定量的飲食，讓失戀不失為減肥的一種好方法。也許妳好幾年不能成功的減肥計劃，就在他離開妳時悄然開始。想像一下，人人羨慕的姣好身材……也許，事情並不是妳以為的那樣糟糕。

2. 工作上更加出色

　　下班後迷茫不知所措的妳，無意中增加了在公司用功的時間，對加班也表現出前所未有的熱情，這些老闆都會看在眼裡。感情的事或許不是妳一個人所能全部控制的，而工作卻是實實在在妳可以做好的。當妳看見自己名片上的頭銜改變了，妳的金融卡上存款增加了，心情總不會太壞吧？

3. 隨心所欲的生活

　　也許妳並不是一個完美主義者，可是在他面前，妳總是力求完美。他說，妳長髮披肩的樣子很好看，於是，不管周圍女孩的頭髮有多短多前衛，妳都假裝視而不見；他說妳穿裙子的時候看上去很有女人味，於是，妳剛拿

出來的牛仔褲又被擺回衣櫥。失戀正好給了妳一個隨心所欲的機會，當妳自由灑脫的走在街上，看見那些穿著馬甲小裙，做出小鳥依人狀的同齡女孩，會不會另有一種快樂呢？

4. 儲備妳的夢想基金

試問自己，戀愛時妳為他花過多少錢？妳是不是在他生日的時候，送過日系皮夾，是不是在情人節的晚上送過絨毛的格子圍巾，抑或在妳發薪水的日子，請他吃過法式大餐？沒有了這些開銷，妳會發現自己的錢包漸漸鼓脹起來。以往的夢想，比如去馬爾地夫度假，買一個香奈兒的手提包、換一個更大的公寓……自然離妳越來越近。

5. 更有時間學習

面對競爭的社會，工作後的繼續學習當然是不可避免的。只是以前有那麼多的事情：男友要請妳吃日本料理啦、和男友約好逛街啦、和男友去看最新的熱門電影啦等等，即使妳推辭了那些約會，去上進修，也仍然擺脫不了「身在曹營心在漢」的狀態。現在的妳正好有空餘的時間為自己補充能量。要知道，生活裡感情並不是唯一。妳在失戀的那段日子裡為工作做下的努力，很有可能成為妳事業轉折的一個契機。

6. 更多男人在等著妳

當妳和以前的男友關係那麼甜蜜的時候，很少有人會自討沒趣，向妳表示好感，落得一鼻子灰。而如今護花使者消失，名花易主誰都躍躍欲試。妳會發現，那些平時只與妳做公事交談的男同事們，開始在休息時端著茶來到妳的辦公桌前，與妳聊天。下班時，也會有人尋找了各種藉口，與妳同路。

週末時，有不同的朋友約請妳參加各式的派對，在派對上，當然會有機會認識不同的異性朋友。

7.變得更有女人味

　　戀愛使人成長，而失戀則可以使妳成為成熟的女人。當妳從一個傻裡傻氣的無知少女變成一個了解男人的成熟女人，妳散發出來的氣質更加嫵媚而有女人味。這樣的改變不是一身性感的衣服還有一頭波浪的捲髮就能造就出來的，所以，當妳和同齡女孩走在一起，而別人誇妳更有女人味時，就謝謝失戀吧！

8.離戀愛高手又近一步

　　妳會發現妳的第六感越來越靈。記得紐約的心理學家曾說：「當妳新認識一位異性時，妳的最初直覺往往出奇的準確，但識別這種訊號往往需要相當的經驗，只有在妳數次忽略了自身與生俱來的警報之後，才會發現妳的直覺實際上比妳的知覺更管用。」

　　不僅如此，每一次的失戀都能教給妳有價值的一課。或者是與異性交往的信心和技巧，或者是對自身的了解，要知道每個男人都有自己的戀愛方式，約會的男士越多，妳的經驗就越豐富。

妳不是仙杜瑞拉

　　看多了灰姑娘的故事，聽多了麻雀變鳳凰的傳說，但也見多了灰姑娘嫁給王子後的生活裡找不到光明的音符，只剩下惆悵的灰暗，更見多了落魄的鳳凰不如雞。當許多女孩紛紛驕傲得如同公主般宣揚自己的「婚嫁主義」

—— 嫁個有錢人時，我們只看到了那些卑微的女孩踮起腳尖，還沒有觸摸到高貴的模樣，就學著女王一樣俯視自己的領域，那有限的領域裡，自己既是王也是奴。女孩的最終歸宿並不是嫁個有錢的男人，而是成為一個讓有錢男人膜拜的智慧女人。什麼沒房沒車的男人不嫁，這話說得太俗了，有太多的事實證明，嫁給一個金飯碗後，妳就只是關在金碧輝煌宮殿裡的傀儡。想嫁個有錢的男人，女孩們一定要有資本，不然給妳一雙水晶鞋，它也只是太大或太小，永遠都不合腳！

不嫁有錢的男人，因為嫁個有錢的男人不一定就有幸福的生活，嫁個有錢的男人不一定他就只屬於妳。錢只是一個概念，所謂的非嫁有錢人不可的言論，在這個社會裡已經越來越膚淺了。婚姻跟愛情不一樣，愛情裡是被激情染成五彩繽紛的色調的，而婚姻則只是躲在各色調背後的洗盡鉛華。愛情可以如童話般美麗或憂傷，而婚姻則就是美麗或憂傷背後的單色系。在這個物質與金錢占主導地位的社會裡，人們太過於嚮往慾望，忽略了太多觸手可及的感動。有個女人曾悲哀的說：「好男人都被誰給嫁走了？」當她發出如此感言的時候，已經徘徊於三十歲的生日前了，也許我們該這樣回答她：「好男人就是被妳們這種好高騖遠的女人給糟蹋了！」

有人說：「男人你沒房沒車，我憑什麼嫁給你？」也有人說：「堅決不嫁沒房沒車的男人！」這話讓人聽起來有種酸溜溜的感覺，而實際上則展現出了人們對情感世界表露出來的匱乏，如果嫁與娶真的與金錢沾邊的話，那也只能說男人娶了一頭金豬，女人嫁了金房與金車。沒有性的愛情能夠清楚的看到單純的昇華，而沒有錢的婚姻則能更好的展現出鮮明的溫暖。在愛情面前我們可以幸福的像個小王子或小公主，而在婚姻裡它只推崇著一個字：家。而家的完美與否只與溫暖有關，家永遠都是幸福的溫暖港灣，如果家只是塗

抹著金色的富麗堂皇，那縱使擁抱著全世界的財富也感覺不到的溫暖，一個女人，需要的是溫存與溫暖，而不是冷冰冰的銀子。

幸福的指數就真的與男人擁有金錢的多少成正比嗎？幸福是什麼？幸福就是一個人從內心深處泛起的呵護；幸福就是他擁有的不多，卻願意把最好的給妳；幸福就是他能夠逗妳笑，用他的肢體用他的言語，而不是用大把的物質；幸福就是當妳站在街頭冷得微微顫抖的時候，他把自己的衣服披在妳肩上；幸福只是一個眼神一句話語，能夠讓心裡微微感到甜蜜，淡淡的，可以不強烈，但一定不特別華麗。是的，幸福與金錢會有一定的關係，但它們不是相輔相成的，脫離了一方它們仍舊可以倔強的存在。聰明的女人會找一個潛力股，而不是去尋找那些已經沒有上升空間的優質股。聰明的女人會知道金錢全是假的，能力才是真的。

有錢的男人有多少是好男人？有多少有錢的男人能夠做到在事業與家庭之間很好的權衡？太少了，很多男人都是徘徊在偽裝與虛偽的邊緣，錢成為了他們揮霍的資本，他們可以在自己孩子面前是一個嚴格的父親，而在外面的小姐面前成為一條被戲耍的狗，他們可以在下屬面前裝出一副威嚴樣，但在小三面前裝一副熊樣。在金錢的世界裡，情感充滿迷亂，當女孩只為了嫁個有錢的男人，而委屈自己扮成他喜歡的類型，這就是一種幸福嗎？妳擁有著他給的錢，同時，還要與別的女人一起擁有他的身體與靈魂。一個女人，可千萬不能委屈自己。

不嫁有錢的男人，只是因為金錢與性不是幸福的起點或終點，身為一個簡單的女人，想要擁有簡單的幸福與性福，如果嫁給一個有錢的男人，而自己則只是憑著一時的美麗得到那張結婚證書的，總有一天徘徊於夜色逗留於小白臉之間的富婆裡，也會有妳的身影。女人一定要保持本色，可以對錢動

心，但不能對錢動身；可以為了錢而去認識男人，但不能為了錢而去嫁給一個男人。

婚前 10 戒

婚姻幸福的兩人需要花相當長的時間來完成令雙方都感到滿意的性調整。一段時間的婚前試驗怎麼能成為雙方協調的可靠標準呢？這不僅需要時間，還需要永久感、安全感，需要雙方協作以喚起女人的完全性覺醒。這需要一種最充分意義上的婚姻感，以使性對夫妻雙方具有完全的意義。

戀人之間婚前性關係的危險，一方面是削弱了彼此間的感情，另一方面則是因關係過密而受到傷害。

小布拉德教授在談到婚前的戀愛時說：「當一對戀人選擇『發生關係』的時候，就要有所準備，因為在發生關係的過程中，這個具有浪漫色彩的泡泡可能破裂。」

他們令對方神往的神祕感，因肉體上的親密而煙消雲散。一旦他們超過極限，他們各自對另一方懷有的浪漫色彩和興趣可能會消失。促使戀人結婚的理想化程度因性經驗而大為削弱。

當戀人們把性行為推遲到結婚的時候，他們就能把精力集中在彼此的個人素養和社會能力上。婚前貞操能夠增強戀人之間的尊重與愛慕，從而使雙方的品格在婚姻中得到完全的表現。

當妳們彼此相愛的時候，妳們該做什麼呢？妳們不必做任何事情。妳現在可能在戀愛，但這並不意味著妳必須在性上表現這種熱情。

愛既不以性行為為滿足，也不以婚姻為滿足，除非妳要找一連串的配

偶，否則妳是不會一見異性就要匆匆結婚的。喜歡誰就和誰睡覺，即便不是道德淪喪，也是荒謬可笑的。

當然，妳將愛妳與之結婚的那個人。日換星移改變不了婚姻愛情的獨特風采。其主要原因在於婚姻愛情是透過性行為來表現的。把性生活留給婚姻，使妳們得到某種特殊的東西，以供彼此分享。而這種東西任何其他人是得不到的。

另外，婚前我們最好遵循「婚前十戒」。

第一戒：不要過早的讓親家見面

本以為，雙方的父母見了面，走得近一點對自己是好事，其實這是天大的錯誤。彼此熟悉之後，會逐漸由於生活習慣的不同，產生誤解，比較嚴重的就會誰也看不慣誰，最後難辦的是妳自己。最好的就是該結婚了，雙方親家再見面，保持在客氣狀態最好。結婚後最好也少見面。俗話說：「距離產生美。」

第二戒：不要對未來婆家養成購物偏愛

不能在結婚前的節日裡經常給公公婆婆買東西。長時間這樣，就會逐漸讓男友習慣的認為給他媽、他爸買東西是理所當然的事，形成女孩子嫁人就要以婆家為主的觀念。建議節日買東西時雙方一家一份，養成習慣婚後才好辦。

第三戒：婚前不要過於熱情的承擔婆家的家務

不要結婚前就主動承擔做飯、打掃、洗衣服等事情，女孩子要保持一定的矜持，不然會讓婆婆以為妳對她兒子太過在乎，或者妳對她們家庭太過在

乎。適當的做一些，但不要太投入。

第四戒：不要在婆家過多的談自己娘家的事

說者無意聽者有心，不要和婆婆談及自己娘家的事，覺得無聊就談談電視劇、談談時事。自己家的事，婆家越少知道越好。尤其是有姐妹兄弟，父母給誰買房了、誰買車了等等。日後當妳們買房、買車時，婆婆就會關注，妳自己是否得到娘家的資助了。

第五戒：不用太早和婆家見面

當妳認為妳們的感情進展得很順利穩定了，才考慮和婆家見面。見過之後，也不要成天待在婆家，不然會讓他們覺得妳太在乎和他們家兒子的關係，女孩子該矜持點的時候就要保持。

第六戒：婚前絕不在婆家過夜

過早的在婆家過夜，理由同第三戒，有過之而無不及！

第七戒：婚前發生性行為被婆家人知曉

理由還用說嗎，讓婆家人瞧不起。趕上個事多的婆婆，妳就死定了！

第八戒：大年三十去婆家過年

婚後有的是時間，現在還是多陪陪自己的爸媽吧！理由同第三戒！

第九戒：學會說「不！」

當婆婆在在言語上或是行為上有對妳或是妳家人不禮貌的時候，或是提

出無理的要求時，及時禮貌的制止、回絕。不要一味採取忍讓、迴避的方式。明白什麼叫變本加屬嗎？當然自己要講理、有禮貌，保持淑女風範，不卑不亢。

第十戒：婚前給婆家花錢不要太大方

妳要過的是長久日子，一次給完，以後呢？舉例來說：這次小叔上大學沒錢，妳贊助個幾萬，下次小姑也有事，妳給少了，就麻煩了，因此保持勻速發展最好。

「得不到的東西才是最好、最美的。」明白了這個道理，就不要輕易在婚前獻出妳的一切。

從塵埃裡開出花來

女人為情而生，為愛而死。情與愛，是一個女人最不可或缺的精神食糧，是女人生命的支柱。

然而，戀愛中的女人容易盲目，以為只要一切都順從他就可以獲得他永遠的愛戀。其實不然，當他膩了妳的一貫順從和忍耐時，他就會覺得妳淡而無味。愛情應該是雙方的付出，要在互相愛戀的前提下，互相慰藉，互相理解，互相體貼，而不是一廂情願。

戀愛中的女人常常為了一份心跳的感覺而忽視很多生活細節，即使偶爾感覺到了一些不妥也會以種種理由為對方開脫，終於有一天發現這個讓自己傾心付出的男人並不是真的愛自己。

女人應該睜開雙眼談戀愛，跟著感覺走只會在甜膩的愛情中越走越遠，喪失自我。在選擇愛情的另一半時，更是應該擦亮雙眼，看看對方是否值

得妳真心的投入，如果答案是否定的，那麼就應該立刻從這段感情中抽離而出，免得受到更大的傷害，千萬不要被一時的甜蜜沖昏了頭腦，那樣只會後悔莫及。

跟與妳差距太大的男人說再見。假如他各方面的條件都比妳差，他的自尊心會讓他甘心擁有一個什麼都高過自己的戀人嗎？妳的出色更會激發一些沒素養的男人的叛逆心理，變相的從精神上虐待妳，這樣的一段感情痛苦肯定要大於快樂。假如他的條件很高，簡直是過於優秀了，妳能保證今後的每一天他都能像今天這樣溫柔的對妳嗎？妳難道不擔心有太多比妳強的女子在覬覦妳的位置？這樣的感情毫無安全感可言，千萬不要因為虛榮心一時得到滿足就格外珍視它，把自己置於一個很低的位置。

跟「大男子主義」的男人說再見。這種男人具有很強的優越感，打心眼裡覺得女人只是個副產品，做他的妻子就應該理所當然成為他的附庸，緊緊跟著他，為他服務，誇張一點說，他需要的不是愛人，而是女傭。他對女性沒有尊重的習慣，更不會平等相待，他的意見就是妳們兩個人的意見，他才不想聽到從妳口中傳來不同的聲音。這種感情令人窒息，企圖得到這種男人的真愛，幾乎是不可能的任務。

跟愛吃醋的男人說再見。這種男人自卑感過於強烈，非常害怕失去妳，妳身邊的每一個男人都會成為他的假想敵，他給妳的愛就像一座監獄，妳不能和任何男人多打一個招呼，多說一句話，手機裡全是他「查勤」的簡訊，下班晚五分鐘也要接受他沒完沒了的盤問……也許妳覺得這是他愛妳的表現，但是妳失去的，可是他對妳的信任和最起碼的尊重。

跟拈花惹草的男人說再見。如果說前面幾種男人總還有一點可取之處，那麼風流成性的男人則應該立刻打入拒絕往來的黑名單。愛情是脆弱的，沒

有忠誠的泉水澆灌和滋潤，很快便會枯萎。這種男人卻色心不改，到處追逐美女，新鮮感一過去，便又開始尋找新的對象。他們沒有一點對愛情負責的態度和打算，仗著自己有些錢，或者有點小名聲招蜂引蝶，心態非常卑劣。

總之，只有睜開雙眼，用妳的蘭心蕙質去看穿男人光鮮外表下的內心是否隱藏著汙穢，妳才不至於浪費自己彌足珍貴的感情。妳的愛情是智慧的，是清醒的，只留給最值得妳愛的那個人。

張愛玲，中國現代女作家，一位孤僻的天才。她與胡蘭成的愛情悲歌，至今仍令人唏噓不已。

張愛玲與胡蘭成相識時，胡是有妻室的，並且因政治原因曾在南京入獄。她卻對這一切都不以為意，只覺得愛是自己的，其餘的都是別人的，無需考慮。在渾然不覺中，她在愛情這個問題上失去了慧眼，喪失了判斷力，只是盲目的、投入的去愛。

胡蘭成在張愛玲面前從不掩飾自己的浪子本性，張愛玲明知他不愛家、不愛國、諸事荒唐毫無所謂，但依然覺得他會好好愛自己。甚至當胡蘭成告訴她自己是個沒有離愁的人時，張愛玲也只是一味的欣賞，不曾想到人若冷酷至此，不是無情又是什麼？

在送給胡蘭成的第一張照片後面，張愛玲寫道：「見了他，她變得很低很低，低到塵埃裡，但她心裡是歡喜的，從塵埃裡開出花來。」愛讓高傲的她變得謙卑至此，然而她卻沒有想過，一個男人得知已經徹底征服了面前的女人，便會很容易對她失去興趣，不再神魂顛倒。愛與謙卑可以在心裡，卻沒必要告訴他。愛到一百分，只告訴他十分即可，否則太多的愛便會令他不自覺的看輕了妳。

　　婚後不到兩年，胡蘭成在武漢娶了護士周訓德，在溫州又與范秀美有了情事。他以張愛玲通透豁達慷慨為由，明目張膽的欺負她。張愛玲去溫州看胡蘭成，胡蘭成不喜反怒，還說什麼：「夫妻患難相從，千里迢迢特為來看我，此是世人之事，但愛玲也這樣，我只覺不宜。」胡蘭成將張愛玲安排在火車站旁邊的一個小旅館裡，白天陪她，晚上陪范秀美。儘管胡蘭成沒有告訴張愛玲自己與范秀美的關係，然而聰明如她，怎會不一望即知。她黯然離去。

　　經過一年半長時間的考慮，張愛玲寫信給胡蘭成，提出分手。「我已經不喜歡你了，你是早已經不喜歡我了。這次的決心，是我經過一年半的長時間考慮的。彼時惟以小吉故，不欲增加你的困難。你不要來尋我，即或寫信來，我亦是不看的了。」後來胡蘭成曾寫信給張愛玲的好友，流露挽留之意，張愛玲也沒有回信。這段曠世絕戀最終以暗淡的結局收尾。

　　聰明如張愛玲，亦會在愛情中犯種種錯誤，亦會遭遇曠世浪子，亦會傷心萎謝，實在令人嘆息。在愛情中迷失了自我，沒有把握好愛的分寸，是她無法收穫美好愛情的原因之一。

　　愛情應該有分寸，應該保持適當的溫度和距離，才能使雙方永遠如沐春風，永遠不產生厭倦。

　　永遠不多說愛妳。女人永遠不要讓男人知道妳愛他，他會因此而自大。

　　適度保持神祕感。不要讓男人輕易看透自己，從而採用各種伎倆將女人玩弄於股掌之間。

　　不要遷就太多。誰也不欠誰的，妳愛他是他的福氣。在戀愛中兩個人都是主角，要有自己的主見，懂得適當拒絕。

　　不要天天廝混。愛情的生命力是有限的，要讓愛情壽命長一點就要保持適當的距離。

　　不要把他當成生活的全部。要有自己的社交圈子，別一談戀愛就原地蒸發，和所有的朋友都斷了來往，這只會讓妳的生活越來越狹窄。

　　不要在愛情中迷失自己。愛情是有一定原則的，即使在愛情中女人也不能失去了自己。

　　女人是最容易在愛情中丟失自己的，多少女性為了愛情而把自己完全改變。在一段新的愛情展開時，為了得到心愛的人的喜愛，女人往往讓自己表現得如他喜歡的樣子，說他愛聽的話，穿他喜歡的衣服，做他喜歡的事。但是過一段時間以後，妳突然感覺到妳已經不是原來的自己了，而當初他選擇妳也許就因為妳有妳獨特的味道，但現在妳卻失去了被他看中的東西。

　　傳說有一種荊棘鳥。牠自離巢就開始尋找荊棘樹，歷經千辛萬苦找到之後，便把自己的身體扎在最長、最鋒利的荊棘枝上，然後，牠放開歌喉，唱出一生中唯一的一曲，這歌聲宛如天籟，凡塵任何生靈都不可能發出如此美妙的聲音。這聲音是小鳥用生命換來的，也許最美好的東西都是用最深刻的痛楚換來的。如果女人追求愛情也像這荊棘鳥般執著和痴迷，為了愛義無反顧的付出全部，卻讓自己傷痕累累、痛不欲生。

　　有多少或悲或喜的愛情故事，就有多少痴心女子的情淚。女人本不該讓自己淪為愛情的奴隸，任人擺布。盲目的愛著，最後只能以痛苦結束。自憐自傷的女人多麼可悲，早知今日，為何不在這段感情產生之時就理智的看清可能的後果，果斷的選擇是繼續還是放棄。

　　一個出色的女人，她的愛是理智的愛，但不缺乏激情；她的愛是執著的

愛，但不做情感的俘虜。睜開雙眼談戀愛，才不會在情路上迷失自我。

「回頭草」是什麼品種

　　雨玲認為自己是個比較不一般的女人。比如在十年沒見過面的好友不遠萬里打來電話細訴衷腸之時，好友那邊哭得淚水漣漣，她這邊煩得恨不得掛掉電話。說好聽的，她這人比較鎮定，頭腦冷靜，意志力強，不輕易為別人的情緒所感動；不好聽的，她是個沒心沒肺的人。

　　此時，那邊女友已這樣恨恨的罵道：「妳這人，真是沒心沒肺！」她急了：「誰沒心沒肺呀？妳和妳男友那點經歷，我耳朵都快聽爛了，十年過去，妳還在說，拜託妳能不能眼睛朝前看啊？那麼多好男人在前面向妳招手，妳偏要吃回頭草！」她終於借著怒氣說出了心裡話。

　　是啊，好女怎麼能吃「回頭草」呢？「回頭草」是些什麼品種？那都是些被過去的故事啃得參差不齊，至少以前自己啃食的時候也覺得口感不佳的劣質草種，也許是個當年英俊，如今卻不得志的小公務員（好草一旦敗下來，比一般的草顏色更難看，年輕時英俊的男人，如果沒有風度和修養撐著，一旦凋謝，簡直慘不忍睹）；也許是個當年老實，如今有點小權力就得意忘形的小小經理（如果他真有了出息，他還會找妳嗎？別忘了，妳也不過是他的回頭草而已）。這樣的回頭草，嚼食起來，不覺得乾苦無味嗎？

　　兩個有過一段感情故事卻因種種原因沒有走到一起的人，十年過後再在一起悔恨當初，追憶似水年華，女的說我當年對不起你，男的說妳現在還好嗎，這樣的故事妳聽都不要聽。在今天這個十倍速的網路時代，兩個抱著陳年往事不撒手的中年男女，感覺上怎麼聽怎麼像兩個扮家家酒的孩童。真的見面又怎麼樣？把過去再重溫一遍又怎麼樣？只能讓心靈再蒼涼一次，讓自

己再無聊一回。

如果一個女人，有著幸福的家庭，有著蒸蒸日上的事業，有著充盈的自信，有著廣泛的興趣愛好，有著豐富的修養學識，有著良好的人際交流，她哪來的時間去翻舊相冊，去回憶當年某個男人對她有過那麼一點非分之想？她又怎麼可能像個怨婦一樣，無事可做的琢磨「回頭草」的滋味如何？

愛吃「回頭草」的女人，一定有著那麼一點自卑，只能從「回頭草」身上找回一點昔日的驕傲；她的生活可能平淡無味，才讓她無限眷戀舊日的美好；又或者，她根本沒有自己的事業，沒有了自己的生活重心，她當然有充足的精力去循找舊日的痕跡。

人說，憶舊是一種衰老的表現，吃「回頭草」是一種加速女人衰老的毒藥。不過，吃「回頭草」的女人本身可能就有一點病態，要不然放著前面那麼肥美的鮮草不敢碰，屢屢回頭做什麼？有本事的話，我們就勇往直前，向鮮嫩可口的「新草」衝過去，吃他個片草不留，這才是個堅強的女人。

我其實是非自願「落單」

日前有調查顯示，30 ～ 39 歲女性近半數未婚，並且這些比例仍然處於上升趨勢。都市女性單身潮，已經成了一個社會問題。

毋庸置疑，都市單身女性比例的上升，與我們所處的都市生活密切相關：高壓力、高強度的工作狀態，女性知識層次和能力的不斷提高，窄小的交友圈，以及都市人的生活壓力……被稱為「知性女子」的歌手劉若英，就在歌裡唱著「喜歡的人不出現，出現的人不喜歡，我想我會一輩子孤單。」但是，「女性單身情歌」，難道就一定要這麼淒淒慘慘嗎？為什麼不試圖換一個花

樣，變出幾個漂亮的花腔？

要打破這種「女性單身」的狀態，女性自身在心態上的調整和適應，比盲目的多方面出擊來得更為重要。都市單身女性的生活方式和固定觀念，在相當大的程度上決定了過於狹隘的擇偶範圍，只是她們自己沒有意識到而已，或者已經意識到了，卻不願意採取積極的行動。

頑疾1：生活在圈內

「今天在捷運上見到一個帥哥，帥！有型！很喜歡！」單身女性在日常生活中經常會有這樣的「豔遇」，但可惜的是，這種緣分也只是捷運上的幾分鐘而已，下了捷運，兩個人混入茫茫人海，各奔東西，從此不再相見。

「看到一個網友說，可以隨身準備點小紙條，無論是路上、車上還是捷運上，見到心儀的男性，就把自己的聯絡方式遞上去，我也這麼試過一次。」26歲的品言坦言，在無數次的鼓足勇氣後，她終於送出了第一張紙條，但當時就發現對方把自己當成了很隨便的女人。「他剛開始愣了一下，然後拿著紙條就在下一站倉皇下車了，這之後也沒跟我聯絡過。」

有科學家分析說，男女身上各有400種化學元素，而要400種元素完全契合的男女才會相愛。而人類具有的技能是，用0.4秒的時間，就能完成一系列複雜的元素鑑別——因此，我們經常說的「一見鍾情」，並不缺乏人體科學依據。

但在大都市裡，這種擇友方式卻遭遇了太多的尷尬。很多單身女性都在抱怨，早起上班，衝出家門進入捷運公車，抬頭遍是陌生的面龐，即使這當中可能有妳心儀的對象，但妳們沒有辦法相識。在辦公室裡呢，男同事太過熟悉，缺少發展感情的強大動力。而這兩個場所，其實是目前都市女性出沒

最多的地方。

〔藥方〕：廣撒網巧抓魚

　　治癒這種頑疾的方式之一，就是讓自己的生活豐富多彩，培養一些除了工作以外的個人愛好，從而擴大交友圈子。畢竟，擁有共同愛好的兩個人，擦出愛情火花的機率較高，相處過程中也會有更多的共同語言，這種默契可以直接延伸到婚姻中去。另外，傳統女性一向引以為榮的含蓄內斂，也應該隨著生活方式的變化而改變，快節奏的生活更需要敞開心扉，而不是坐等一份浪漫姻緣降臨到自己頭上。

　　前不久，在上海流行一時的「單身腕帶」，就是一種可愛的嘗試。單身男女透過佩戴特別的單身標誌物，以表明自己的身分，從而給更多異性注意自己的機會。這種腕帶採用純手工製作，黑色的底子，上面織有醒目的紅色大寫字母 M，這是男性（man）、女性（woman）和結婚（marry）三個英語單詞中都帶有的字母，寓意深刻。

頑疾 2：女大難擇偶

　　「我都這把年紀了，怎麼也得找個比我大點、功成名就的男人吧？」就職於一家外資企業的趙小姐如是說。她今年 34 歲，單身且無男友。「我現在是公司的專案主管，奮鬥到現在才發現，只有工作，沒有家庭，我在這個城市顯得落單了。」她已經在市中心買了房子，60 坪的新居現在已經成了她選擇對象的累贅 —— 她受不了找一個沒有房子或房子比自己現有住房小的男性。同樣的，以她的月薪，已經屬於高收入者，她也接受不了月薪低於自己的男性。

「朋友也介紹過有我要求的經濟基礎的，但他們給我的印象實在不敢恭維。我這樣的學歷，對長相也還有自信，總之不能找個差太多的吧？」看出來了嗎？趙小姐的要求，又加碼了。

在我們身邊，當然不乏事業心強的女人，她們把青春獻給了事業，到了大齡卻發現自己還沒有歸宿。這些女人通常擁有一定的工作經驗、經濟實力和社會閱歷，她們把主要尋覓目標，放在和自己處於同一水平線上的男人身上。但她們不得不痛苦的面對這樣的現實：她們想要的男人，通常已經成了有婦之夫；還有一些未結婚的同齡男士，人家更傾向於尋找年輕點的女孩子。

〔藥方〕：姐弟戀有何不可

姐弟戀，這個名詞曾一度被人嘲笑，但至今已成為一個見多不怪的普遍現象。原因很簡單，在現今情況下，隨著女性社會地位的逐漸上升，她們有獨立的經濟能力，能夠負擔起自己的生活所需而不用像過去那樣依附男人，在工作能力上，她們甚至會超過自己的男性同事。因此，她們完全可以依照自己的意願，選擇戀愛和婚姻的對象。

年輕男性的活力和陽光可以給女性帶來快樂，成熟女性也可以照顧到年輕男性。尤其是既然有如此多成功的姐弟戀案例，為什麼不能讓這個新事物發展到妳自己身上呢？其實，唯一的阻礙，不過是外來的輿論壓力。有來自雙方父母的，畢竟這個新事物對長輩來說，還需要時間去適應；有來自好友的，他們可能不願意看到自己的朋友找一個年輕男性，並把這種想法強加到大齡女性身上。種種顧慮，讓大齡女性止步不前。

「大齡女性需要改變自己的心態，努力按照自己的想法行事，讓事實證明妳是對的。畢竟，鞋子穿在妳的腳上，任何外人都無法取代妳的感受。」這

才是合情又合理的建議。

頑疾3：「錢程」或「前程」

都市中當然不乏擁有名車大房的鑽石王老五，心氣越來越高的都市女性們，逐漸的不再把那些住在窄小出租屋裡的小夥子們當回事了。「現在的女人太現實，只看重錢，難怪她們找不到男朋友。」男人們通常這樣自我解嘲，但另一方面，的確有大量的單身女性因此耽誤了好時光。

辦公族雅晴，23歲，她姐姐因為找到了有錢老公而成為家裡的榮耀，父母經常會把姐姐拿出來當榜樣。雅晴怎麼也不敢想像，如果自己帶個窮小子回家，在親友面前會有多難堪。於是，在選擇男朋友時，她第一個要把關的就是對方的存摺。「實際上我要求的真不高，有一間三房兩衛的房子，地點能在市中心，再有輛車就可以了，月薪也不能低於十萬吧。」雅晴這種「真的不高」的要求，已經嚇跑了不少男青年了。畢竟，相較於她那做老闆的姐夫，這個要求確實不高，但對於那些還處於發展奮鬥期的同齡男孩來說，簡直就是高不可攀了。

〔藥方〕：投資一個潛力股

白岩松曾經說過，現在女孩子大多追求的是績優股男人，而對於潛力股卻不在意，如果女孩子們能轉變心態，獲取幸福的機率會高出很多。原因很簡單，沒有付出就沒有回報，真正的投資家會把資金投在潛力股，並花時間陪它一起成長，如此才會名利雙收。想輕鬆過上好日子，這沒什麼不對，但總夢想坐享其成，就多少有些「投機」成分了。

檢驗妳眼光的時候到了。希望結束單身生活的女性，不妨擦亮眼睛，尋

找真正可以攜手的男子，投入感情和時間，栽培愛情之花。

頑疾 4：高學歷高壓力

目前風行的一個擇偶公式是：女大學生要嫁給男碩士，女碩士要嫁給男博士，女博士要嫁給 ── 一看來只能多拿幾個博士學位了。

我們周遭聚集了許多高學歷的女人，她們花費了青春換來學歷，具有超過大多數人的知識儲備，同時她們也有了傲氣，不再甘心與學歷低於自己的男士為伍。

今年 28 歲的怡平是某知名大學的博士，畢業後儘管工作順風順水，但隨著身邊的女友們紛紛找到了各自的歸宿，她才發現自己竟然處於沒有人敢要的境地。「一個朋友介紹的男人，照片看上去不錯，但首次見面他竟在看一本娛樂八卦的小雜誌，我就感到差距太大了。」談話中，這位數學博士大講堆疊數論，大談自己參觀美國貝爾公司時的感受，但她發現對方唯一感興趣的，卻是雜誌上的填字遊戲。「後來他也沒興趣聽了，這次會面後，我們就再也沒有聯繫過對方。」

〔藥方〕：學會欣賞不同

俗話說：「人外有人，山外有山。」妳會做科學研究，但不一定能做好飯菜；妳會掃除電腦病毒，不一定能收拾好家務；妳擅長微積分，不一定能欣賞法國藝術電影 ── 高學歷的單身女性，完全可以利用自己的智商，不斷發現別人身上的亮點，並達到優勢互補、共同進步的雙贏效果。博士文憑不是萬能的，生活裡還有柴米油鹽和風花雪月呢！

總之，以上這些情況都是造成許多女性「落單」的原因。其實只要有足

夠的勇氣就一定能儘早踏出這個圈子，早日與自己的 Mr. Right 相遇。

第七章
享受生活中的每一秒

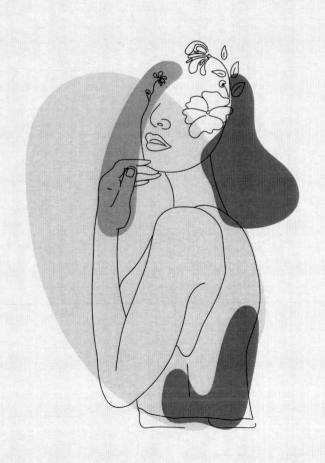

來自心靈的「神韻」之美

　　在單身女人的心目中，優雅有著特殊的內涵：優雅是自己擁有的最美麗的衣裳。用拆字法對「優雅」進行分析的話，「優」所指的是一個人內在的品格、涵養、氣度、心態所具有的完美狀態，而「雅」則是妳內心所處的完美狀態的外顯，是妳那優雅的舉止、文雅的談吐和高雅的形象。因此，優雅實際上是內在和外在完美結合的產物，要找回我們生活中的優雅，就必須從內、外兩方面共同著手。

　　真正的優雅是來自內心的「神韻」之美，是充實的內心世界、質樸的心靈付諸於外的真摯表現，是自信的完美個性的展現。而所有的這些都來自於妳所受的教育、妳的自身修養以及妳對美好天性的培養與發展。但是同時必須注意的是，真正的優雅是裝不出來的，最真誠的往往是最動人的。它是妳完美的自信個性的展現，要知道妳要做的不是奧黛麗‧赫本或張曼玉，而是做妳自己，培養那份真正屬於妳自己的優雅氣質。只要妳自信自己是優雅的，並時刻提醒自己這一點，那麼，妳的優雅必定會閃耀出屬於自己的光芒。

　　擁有優雅內心的妳必定也會具有優雅的儀態，但是在平常的生活中經常聽到有人抱怨說：「我也希望自己長裙拖地、步履輕盈、神情高貴的行走在華麗的宮殿裡面，展現無限的優雅；我也希望在落日沙灘、椰樹搖曳的美麗畫面中悠閒的躺在長椅上，展現迷人的優雅啊，可是，我沒有金錢，也沒有時間，更糟糕的是，現代社會這麼緊張快速的生活節奏已經不允許有優雅生存的空間了，為了趕時間上班我只能在擁擠的公車上大口大口的啃手裡的漢堡而不顧任何不雅，妳怎能要求我端坐桌前，舉止文雅的一小片一小片撕好手

中的麵包，再從容的放進嘴裡呢？總而言之，對現代女性（尤其是上班族）談優雅是一種奢侈！」

確實，忙碌的生活節奏、為生存而奔忙的壓力，讓現代的單身女性無法生活得悠閒、精緻，但是，我們至少應該在現實的生活背景下盡可能的活出優雅品味來。

實際上，優雅的展現方式有很多種，一個眼神、一句話語、一個動作、一抹微笑，無不讓妳優雅萬分。曾聽人說起過俄羅斯女郎的浪漫與優雅，哪怕她貧困得只剩下一個盧布，也要為自己買一枝玫瑰花，而不是幾塊可以充飢的麵包，這樣的優雅讓人吃驚，甚至想流淚。所以，不要以沒有時間和金錢為理由而允許自己喪失能讓妳魅力指數大增的優雅，正所謂「只要有心，立地成佛」，只要留意，優雅無處不在。

如果在日常生活中注意以下幾個方面，優雅於妳而言就不會是那麼遙遠的事情了。

走路姿態從容恬靜；在與人交談交流時，態度一定要誠懇、熱情，表現得落落大方，溫文爾雅；穿著衣飾合時宜，服飾要整齊清潔，優雅大方；談話平靜溫柔，不可滔滔不絕，粗聲大氣，語驚四座，爭得面紅耳赤；行動適度，落落大方；和氣謙遜，舉止適宜。

有什麼辦法可以減輕無休止的壓力，營造一個優雅的妳呢？

每週至少一次，關上電視，聽一曲優美的莫札特小夜曲或外國經典爵士樂等柔情似水的輕音樂。

不要偏愛廉價化妝品。妳應該擁有至少一種以上優質香水。

選用聲音悅耳的鬧鐘來叫醒妳。由一個既設計美觀又聲音柔和的鬧鐘每

天早晨把妳從睡夢中喚醒，開始美好的一天。

舉辦晚宴時，妳不必親自下廚，可事先從各餐廳預訂一桌精美的飯菜；或者是請哪位想露兩手的朋友代勞，這樣妳就可以遠離滿是油煙的廚房，保持著優雅的儀態來好好招待客人了。

購買溼紙巾時，最好買那些帶清新味道的溼紙巾。其他女性隨身用品也應注意情調和色澤，尤其是粉紅色的物件給人的感覺最有情調。

堅持定時做健身運動，而不要在工作得筋疲力盡之後，徑直去洗三溫暖。

盡量經常微笑。沒有比快樂的、開朗的面容更令人喜愛的了。

優雅的魅力不是模仿人或跟著時尚的東西就能得來的，它是靠從自身的各個方面一點一點修煉出來的，女人在交際場上適度展現自己迷人的優雅，能讓自己光彩照人。優雅是女人最美麗的衣裳，穿上她，再普通的女人也會神采奕奕。

音樂是心事最浪漫的表達

美妙的音樂，帶給人們的是美的享受，情的陶冶，心的傳遞。

聽音樂的時候，可以讓人忘記一切。忘記痛苦，忘記挫折，忘記寂寞，忘記悲傷。憂鬱的時候，不妨在音樂中尋找樂趣；失意的時候，不妨在音樂中尋找自信；彷徨的時候，不妨在音樂中尋找真誠；迷惘的時候，不妨在音樂中尋找友愛。音樂，可以打開我們閉塞的心靈，獲得生命的永恆。

音樂是女性心靈的伴侶，欣賞音樂不僅可以簡單的緩釋情緒，純淨心靈，還可以成為心理治療中音樂療法的有效工具。

大量的科學實驗證明，人們在聽音樂的時候，生理會發生很多變化，例如，肌肉緊張度下降，正腎上腺素含量增加（導致身體放鬆），內啡肽物質含量增加（產生愉悅和歡欣感）等。音樂精神減壓是音樂治療的方法之一，是在音樂的生理功能的基礎上，融合心理學中的肌肉漸進放鬆訓練技術、催眠以及自由聯想技術，幫助人們達到生理和心理的深度放鬆。

1975 年，美國音樂界的知名人士凱・金太爾夫人因乳腺癌纏身，身體狀況每況愈下，瀕臨死亡的邊緣。這時候，金太爾夫人的父親不顧年邁體弱，天天堅持用鋼琴為愛女彈奏樂曲。或許是充滿愛心的旋律感動了上蒼。兩年之後奇蹟出現了，金太爾夫人戰勝了乳腺癌。康復後，她熱情似火的投身於音樂療法的活動，出任美國某癌症治療中心音樂治療隊主任。金太爾夫人彈奏吉他，自譜、自奏、自唱，引吭高歌，幫助癌症病人振奮精神，與絕症進行頑強的奮鬥。

德國科學家馬泰松致力於音樂療法幾十年，在對愛好音樂的家庭進行調查後注意到，常常聆聽舒緩音樂的家庭成員，大多舉止文雅，性情溫柔；與低沉古典音樂特別有緣的家庭成員，相互之間能夠做到和睦謙讓，彬彬有禮；對浪漫音樂特別鍾情的家庭成員，性格表現為思想活躍，熱情開朗。他由此得出結論說：「旋律具有主要的意義，並且是音樂完美的最高峰。」音樂之所以能給人以藝術的享受，並有益於健康，正是因為音樂有動人的旋律。

音樂是女人心事最時尚、最浪漫的表達，也是撫慰女人心靈的和煦之風。音樂能刺激妳的感官，激發聯想，還能使心靈得到滿足，身體得到放鬆，並且可以撫慰因生活在壓力下累積起來的緊張情緒，讓人精神振奮、歡欣、輕鬆自如。

音樂的魅力是無窮無盡的，或如《高山流水》般氣勢磅礡，或如《梅花

三弄》般婉轉纏綿，或如《二泉映月》般哀婉動人，或如《梁祝》般淒美斷腸……不一樣的時刻，不同的心事和心情，獨上西樓，望斷天涯，寂寞無處排遣的時候，或許，音樂是最好的寄託，依水而立，一曲訴盡無限心事。

工作的張力，待人的態度，接物的分寸，處事的節奏，所有這一切都有一種樂感。喧鬧、嘈雜、混亂的，自然難以容忍，唯有那些美妙得讓人如沐春風，讓人心靈淨化的天籟之音，才能與女性風格合拍，成為生活中不可或缺的重要內容。

只要妳能領悟其中的內涵，只要妳有愉悅欣賞的感受，就足夠了，因為真正的音樂其實就在妳的心裡，一旦煥發出來，妳的身心自然會情不自禁的隨音樂起舞。

對於現代單身女性而言，心靈音樂及傳統音樂都是最好的聽覺來源。在辦公室的背景音樂中，在寓所客廳環繞音響之間，或者就是一個藍芽耳機，都能讓妳隨時隨地沉浸在音樂的洗禮中，讓心靈更加寧靜與純淨。

妳可以逐步培養起自己對某位音樂家的作品，或者某種樂器，或者某個民族的音樂文化，或者某首曲子的特別愛好，從中聽出一些常人無法知覺的東西。

不過，妳的生活際遇和情緒變化也會影響妳對音樂的選擇及愛好，這種只可意會不可言傳的階段性欣賞習慣，其實正是自己成熟的心理變化造成的。

其實，妳不用刻意去講究什麼欣賞的品味與方式，音樂是非常私人、非常情緒化的東西，只要妳自己覺得好聽就可以了。

如果能什麼都不做，就讓自己很單純的享受音樂，這樣更能滋潤身心，

帶來更深層的撫慰。

　　試試看每天早晨閉上眼睛靜靜聽上 15 分鐘的音樂，再開始一天的工作，相信妳今天的心情一定會比較愉快。聽音樂時，讓思緒自由的流動，妳可以準備一本筆記，隨時寫下心中的想法。有時心中盤旋已久的問題，隨著音樂，便會從心中流出答案。重要的是，不要太刻意想要有什麼效果，在靜靜聽音樂的 15 分鐘裡，先拋開一切利害得失。睜開眼睛，妳會有驚人的發現。

幸福硬幣的正反兩面

　　西方有一句俗話說：「工作可以使一個人高貴，但也可能把他變成禽獸。」

　　我們生活在一個壓力極大的社會環境中，我們拚命的工作，是為了生活，但實際上，不管我們有意或無意、主動或被動，工作幾乎成了生活的唯一內容和支柱。一旦失去工作，我們不僅會在物質上垮掉，同時也會在精神上崩潰。而在工作中，由於各種原因，又會使我們時時感受難以解脫的束縛，經受無法避免的挫折，從而體驗到深刻的無力感與無奈。

　　既想在工作上做出一番令人刮目相看的成就，又想過著自在愜意的生活。可是，結果總是兩頭不討好，往往得到了這個，就得失去那個，很多人的現狀都是這樣的。為什麼會如此呢？原因很可能出在把工作與生活混為一談。其實，工作就是工作，生活就是生活，如果錯把謀生的工具當成人生的目標，而且太把它當成一回事，就會把自己弄得一團糟。

　　工作與生活就像妳的雙翼，只有雙翼對稱平衡，妳才不會失重，才能展翅高飛。單身的妳不要因為埋頭工作而忽視生活，也不要因為享受生活而放

213

棄工作。工作與生活雖然有時會有衝突，但並不矛盾，處理得當的話會相得益彰。只有掌握生活與工作之間的平衡，做工作與生活的雙贏家，才能收獲真正的快樂。

把工作放一放

　　根據調查，一般上班族的生活是不平衡的，從商者尤其如此。許多白領一星期工作的時間超過常規的 40 小時。經常拚命工作的人就是工作狂，過度追求盡善盡美、強迫自己、迷戀工作是工作狂的心理特徵。我們應當善於掌握工作與生活的平衡，處理好工作壓力與享受生活之間的矛盾。讀恐怖小說，在花園中工作，躺在吊床上做白日夢，都可以提高工作效率。

　　工作不是生活的唯一目的，如果妳想成為不被工作所奴役的人，不妨試著少點工作，多點遊戲。生活中一定數量的休閒能夠增加妳的財富，當然，這裡主要是指精神上的財富。如果妳在休閒上花多一點的時間，或許妳最終也會增加經濟收入。

　　在休閒時間中培養更多的興趣愛好有許多好處。工作之餘的興趣愛好有助於妳在工作中有所創新。當妳追求休閒生活時，妳的精神會從跟工作有關的問題中解脫出來，從而得到休息。

　　妳會因此關注工作以外的事情，會變得更富有創造力，能給企業提供一些有創造性的新點子。很多最有創造性的成就往往是在走神或胡思亂想中產生的。

　　工作狂很多都是因為沒有掌握好工作與生活的平衡所致。工作狂常常因為工作而損害自己的健康，丟掉了健康。下面一張表是工作狂與和諧工作者（掌握了工作與生活平衡的人）的對比，教妳如何區分工作狂與一個和諧

工作者：

　　工作狂習慣於連續工作好幾個小時，而沒時間休息。工作狂雖然拚命工作，但成績有限，考慮到這一點，可以說事實上他們大都缺乏能力。實際上，許多工作狂都被解雇了。

　　沉迷於工作是一種很嚴重的疾病，如果不及時治療，會導致心理和生理上的問題。一些調查研究表明，受人尊敬的工作狂在感情上有缺陷。工作狂對工作的著迷導致他們患有潰瘍、背部疾病、失眠、憂鬱症和心臟病，許多人甚至因此而早亡。高效能人士能夠享受工作和娛樂，所以他們是最有效率的。如果需要，他們可能會大幹一兩個星期。然而，如果僅僅是例行公事的工作，他們可能懶得做。對於和諧工作者來說，人生的成功並不局限於辦公室。要做一個有著平衡生活方式的和諧工作者，就意味著是工作在為妳服務，而不是妳為工作服務。生活和工作計劃顧問建議，要想有平衡的生活方式，必須滿足生活中的六個領域。這六個領域是：智商、身體健康、家庭、社會、精神追求和經濟狀況。

1. 工作狂診斷測試

　　（以下答案「是」越多，則危險係數越高）

(1)　對工作的狂熱和興奮程度，超過家庭和其他事情。

(2)　工作有時有薪酬，有時沒有。

(3)　將工作帶回家。

(4)　最感興趣的活動和話題是工作。

(5)　家人和友人已不再期望妳準時出現。

(6)　額外工作的理由，是擔心無人能夠替妳完成。

(7)　　不能容忍別人將工作以外的事情排在第一位。

(8)　　害怕如果不努力工作，就會失業或成為失敗者。

(9)　　別人要求妳放下手頭工作，先做其他事，妳會被激怒。

(10)　因工作而損害與家人的關係。

2. 病因分析

工作狂的病因主要有下面三種：

(1)　　真正熱愛工作或金錢，不以為苦，反以為樂，樂此不疲，激情不減。

(2)　　未能營造起真正屬於自己的生活。這樣的人，內心焦慮、無愛、無寄託，或是因為家人不在身邊，或是生活單調乏味，只有同事沒有朋友，不得不從工作中尋找樂趣，缺少與工作徹底無關只為了愉悅身心的興趣愛好。

(3)　　把工作當做逃避手段。這樣的人，影視劇中常見，在生活中有某種苦惱、不滿或自卑，為了逃避或者忘卻這些令人傷神的事，只好瘋狂的投入工作，以全情投入工作忘記煩惱憂愁。譬如，剛剛失戀之人就容易成為工作狂。

3. 處方

工作狂主要是由於工作壓力過重或者內心成就動機過強，與個人能力脫節所致，除了前幾節介紹的一些應對措施之外，下面專門為妳列舉一些處方，幫妳擺脫或者避免陷入工作狂。

- ‧　處方一：認知正確 ── 工作不是生活的全部。
- ‧　處方二：時間充裕 ── 讓自己從容完成工作。
- ‧　處方三：適當遊戲 ── 人非機器，要避免不停的工作。
- ‧　處方四：鬆弛練習 ── 了解自己身體的壓力反應（如心跳、頭痛、出風疹

等），盡量放鬆。

· 　處方五：向外求援 —— 相信他人，避免孤軍作戰。

· 　處方六：寬容自己 —— 追求完美，但又不為完美所累。

讓工作與生活達到雙贏

　　工作與生活是兩回事，應該用兩種不同的態度來看待。工作上，不管妳是老闆、員工、醫生、律師、會計、出納，妳演的只是職務的角色；而回到真實生活裡，妳要演的才是自己。

　　工作之外，我們就應該好好的享受大自然，享受生活。不要讓任何的事來影響我們。

　　只有工作與生活都成功，才算是真正的成功。假如妳只是事業成功而沒有好好享受生活，妳就不可能幸福。而假如妳事業失敗，生活沒有著落，妳也不可能幸福。工作和生活是幸福硬幣的正反兩面，只有合二為一，幸福和成功才算真正實現。

健身從不是為了男人

　　「生命在於運動」已經是一句很古老的話了，我們可以造句造出：「健康在於運動」、「青春在於運動」、「美麗在於運動」……只因為運動的狀態才是人生最飽滿最自然的狀態，它能帶給人許許多多生命中不可缺少的流光溢彩，帶給人許許多多生命裡最重要的體驗。

　　令人遺憾的是，在清晨的馬路邊上、公園裡，我們經常可以見到許多中老年人鍛鍊身體的場景，卻鮮見年輕女性的蹤影，她們甚至振振有詞的說什麼早上誰要去鍛鍊身體呀！睡懶覺才是一個人聰明的表現。其實恰恰相

反，美國一位博士的最新研究表明，一個經常參加體育鍛鍊的人，其智商也比較高。

生命在於運動。一天 24 小時，我們要分配給工作、朋友、家人、娛樂、睡眠等等，不過，我們一定要記得留點時間給運動。

在運動中釋放壓力

生活在一個壓力重重的社會裡，我們每天都會遇到這樣那樣的煩惱：壓抑的工作環境，家庭矛盾，混亂的交通，為人身安全擔心，這一切都讓我們感到壓抑、焦慮、氣憤和恐懼。當精神緊張時，身體也會處於緊張狀態，造成情緒起伏不定，頂著陰沉沉的臉與憂鬱的心情還怎麼做美女？當然要去減壓，讓自己解脫出來。

減壓最好的方式就是運動

如今，越來越多的女性已積極投身於健身運動並從中體驗到了快樂。她們游泳、跳舞、慢跑、徒步旅行，她們打羽毛球、網球、保齡球、滑雪、滑冰、攀岩，她們打高爾夫球、衝浪、潛水；她們練拳擊、空手道、瑜珈、柔道，她們騎腳踏車、騎馬、開賽車、跳爵士舞、街舞……她們透過身體運動來安撫緊張的神經，而這正是一種重要的、必須的放鬆。

經過一個階段的鍛鍊，妳也許不會精神得「飛起來」。但幾乎毫無例外的是，妳的感覺會比以前好：平靜下來，疲勞減輕了，身體得到了恢復。回想起來，鍛鍊也許正是妳在一切都亂七八糟又找不到好對策時，應當為自己所做的一件好事；某次鍛鍊讓妳感覺很好，因為妳和朋友們在一起，或是因為妳的籃球隊打了一次前所未有的出色比賽 —— 可能贏了，或者輸了；或許妳

做了一次真正的探險，其中的風險讓人興奮無比 —— 使妳渾身充滿活力。精力充沛能增強自信、獨立性，使頭腦更加平靜和富有活力；讓妳感到和自己的身體融為一體，成為一個更大的整體的一部分。

隨著全社會對健身認知的提升，為不同女性設計的健身方案，將會更具實用性和功能性；運動項目也將是充滿挑戰、刺激和冒險的，能讓妳在運動中痛快淋漓的宣洩，最大程度釋放激情，體會快感。

幾種最適合單身女性的運動

體態管理，細節成就完美

瘦並不代表好看，最重要的是身體的姿態，頸部錯位、臀部下墜，再漂亮的女人也變得不漂亮了。因此，針對不同的體型毛病，透過對各個部位的關節活動範圍、肌肉生長趨勢、脂肪堆積條件等因素的分析，採取相應的肢體動作依次對其進行調整、校正，將其管理到位，改善形態，打造優雅迷人的儀表儀態，讓女人變得亭亭玉立起來。這就是體態管理的最大作用。

體態管理的概念出現已有一段時間。簡單來說，體態管理重在改善體型和培訓身體的自我調控能力，既不同於健美操，也不同於韻律操，它融合了芭蕾、體操、民間舞等多種因素，並運用中醫經絡的原理以及針灸的知識，是一種全新的體型訓練方法，肢體動作簡單，運動柔和。一整套體態管理主要包括幾個方面的內容：一是點按穴位，二是肢體運動，這兩個方面貫穿整個體態管理的過程，其中又穿插進心理管理與儀表儀態訓練，從生理到心理再到外在，多層次多方位的對身體進行訓練，旨在打造自信而優雅的完美單身女人。

瑜珈 —— 身心合一的誘惑

瑜珈，它充滿了神祕的力量，能讓練習者身體與飲食都健康起來。專業的瑜珈指導師表示，瑜珈是配合呼吸的韻律圍繞脊椎做的有氧運動，不僅是一種生理上的鍛鍊，更是一種心理上的調節。它的原理是先讓身體安靜下來，從而令心情也平靜下來，再透過呼吸調節，對脊椎進行鍛鍊，從而令心肺功能、內分泌與呼吸功能得到改善，對身體健康有很好的促進作用。而且透過對內分泌的調節，會令鍛鍊者的口味慢慢改變，遠離油膩食物，讓身體與飲食都健康起來。

瑜珈極適合那些想減肥健身、平靜心態而又不喜歡激烈運動的女人。與此類似的運動還有 Body Balance —— 融合了瑜珈與舞蹈，可根據自身的條件選定練習的難度高低，透過舒緩的伸展與深幽的呼吸，放鬆全身肌肉，全方位的推拉脊椎，提高身體的協調和控制能力，平衡神經系統減輕壓力，調節內分泌，明晰思維。

搏擊 —— 有氧激烈並痛快著

別以為類似 Body Combat（搏擊有氧）這樣的搏擊運動只有男性才適宜，女人在練習 Body Combat 之後，妳將發現妳會變得矯健、窈窕而身手靈敏，於陰柔美之中更多了幾分健康活力之感。

現代女性所承受的生活壓力與工作壓力越來越大，選擇 Body Combat 的女性也越來越多，其中又以單身女性居多。這項運動適合對象是那些生活及工作壓力大，身體狀態較好的女孩。與此類似的運動還有跆拳道、柔道、搏擊操、Body Pump（將杠鈴槓鈴與健身結合起來）盡享運動快感，迅速燃燒脂肪、消耗熱量，有效增強骨骼密度，強化骨骼，增強免疫力，提高人體

抵抗力。

舞蹈 —— 錘煉出女人味

開啟音響，聽著最喜歡的音樂，隨著節奏自然起舞，不要害羞，我們的目的是讓身體活動起來。跳舞可以是純粹為了享受其中的樂趣，也可以是為了擺脫一天的疲勞。可以自己跳，也可以和朋友一起跳；可以在家跳，也可以到舞廳跳。可以參加舞蹈班，學習現代舞、拉丁舞、肚皮舞、即興舞，或自己發明創造。每次跳舞都將使我們的身體更有活力，更加協調、平衡，也更有女人味。無論發生什麼，無論生活變得多麼令人沮喪，都別忘了舞蹈。

總之，未來對於女性的健身會更富於想像力和創造性，它會隨著女性意識的不斷成熟，而發生變化，樹立自尊，發展個性，磨鍊意志，提高生存能力，了解自己，了解家庭……

健身絕不是為了男人

現代美女可以不必一定嚴格按照黃金比例來評分，也不必擁有絕對的天使臉孔與魔鬼身材，但一定要獨具風情，舉手投足間顧盼生輝。現代美女是不可以不運動的，運動在女性尤其是單身女性中風靡，開始是因為它能迅速改變身體外形，取悅於人，隨著對健身更深一層的認識，她們開始真正關心自己的健康。身體的健康給予家庭、社會、環境注入的蓬勃生機是不容忽視的。她們不但希望健康、自信的生存，還要實現更多的超越和夢想。

有了健康的身體，生活中的一切才有了可能；有了健康的身體，工作學習才能做好，因此健身並不單是為了有個好身材去取悅於別人。

女性強調個人魅力，比如形體魅力。如果沒有好的身體，站在別人面前

時，根本就沒法挺拔自信的展示自己。

　　人是要有精神的，身體不好，精神則無從展現出好的面貌。健康是美與效率的結合，一個女人只有健康了，她的身體，她的氣色和膚色就會很好。透出來的是一種健康的美，表現出來的是一個很好的狀態，工作中自然而然會有信心。這樣，當見客戶的時候，對方就很重視妳，因為妳出去時是代表公司的形象。落實在團隊中，有了好的身體，才不會拖團隊後腿，不會影響工作進度和工作效率。有了健康的基礎後，美才能展現出來。女人跟男人不一樣，男人健康可以透過其外在的體魄表現，而女人的健康只有透過精神，還有形體，包括氣質、修養展現出來。而且女人跟男人相比，一旦到了某個年齡，臉就開始變黃。所以，必須健身、運動。長期運動的女人自有一種超越了年齡與外貌的氣質與美的感覺，懂得用運動來塑造自己的女人，她們的神采總有一種不可比擬的飛揚。

　　現代女性尤其是單身女性，都渴望為自身樹立一個完美的、具有魅力的現代女性形象：健康的身體、勻稱的身材、光澤的肌膚、烏黑柔順的秀髮和高雅自潔的氣質。實踐告訴我們，合理的健身鍛鍊能促進人體的生長發育和健康，調整身體的身心疲勞，塑造女性健而美的風姿。沒有結實健康的身體，就不可能有人體之美。真正的美是健康的美，真正的美是健身的美。女性的身材、容貌是先天因素的遺傳和後天因素中營養、鍛鍊以及健康狀況共同作用的結果，要想青春常駐、健美持久，要想保持女性良好的體態，堅持健身鍛鍊才是不二法門。

腳步別停在喧囂的城市裡

　　女人做自己喜歡的事情，使自己的興趣廣泛一點，多涉獵一些雅的、俗

的藝術娛樂，能給人生增添無限的樂趣。

　　一個多才多藝的女人，容易產生成就感，也容易被社會接納。因為她能贏得社會的讚譽、周圍人們的欣賞；能做到厚積薄發，觸類旁通，愉快的編織自己的網路，萌生出新的樂趣；容易發現別人不易發現的智慧和美。有時，在別人一籌莫展之時，她卻能暢通無阻，勇往直前。在別人遇到危難、難以前進時，她卻能履險如夷，跨越艱辛。

　　興趣，是一個人充滿活力的表現。生活本身應該是紅橙黃綠藍靛紫，一種多色調的組合。有興趣愛好的女人，生活才有七色陽光；才能感受到生命的珍貴可愛。健康有益的興趣，能使人在潛移默化中享受生活的饋贈，接受文明的陶冶，培育良好的性格、毅力、意志等優秀心理氣質。

　　在整個人類文明史上，不少文壇俊傑、科學巨擘、商界行家、政壇精英，都有自己獨特的、豐富的事業和生活的興趣雅好。他們既是執著創造事業的人，又是富於生活情趣的性情中人。事業是他們的不朽生命，生活則是他們縱橫捭闔的精美舞台。他們在享受立業歡愉的同時，又以自己斑斕多彩、瑰美豐富的閒情雅趣，裝點著生活的藝術，拓展著獨特的才華。

　　妳可以文，可以武，可以做事，可以讀書，可以打牌，可以創造，可以翻譯，可以小品，可以巨著，可以清雅，可以不避俗，可以洋氣一點，可以土一些，可以惜陰如金，可以閒適如羽，可輕可重，可出可入，可莊可諧。只要對身心有益，無事不可為。興趣與快樂是相伴相生的。要熱情的培育興趣，積極的尋覓快樂，主動「創造」愉悅之境。

　　電影也是不錯的選擇。愛情片、音樂片、戰爭片、科幻片、動畫片、恐怖片、災難片、探險片、動作片、喜劇、戲劇、歷史劇，各有各的優點，各有各的過人之處。無論哪種電影，無論哪部電視劇，皆有其獨到之處。有條

件要看，沒有條件創造條件也要看。

音樂必不可少。重金屬搖滾、藍調爵士、鄉村民謠、古典音樂、流行音樂、民族音樂、輕音樂，能聽的最好都要聽一聽。音樂可以陶冶人的情操，這是不言而喻的。好的音樂讓人心曠神怡，感悟生活。所以，如果有時間的話，就盡量欣賞音樂吧！

愛跳舞，舞蹈給人帶來青春的活力。每當耳邊響起悠揚浪漫的舞曲，腳步總會不由自主的滑到舞池，踏著音樂的節奏配合舞伴翩然起舞，尤其是遇到合拍的舞伴，那種酣暢愉悅的感覺堪稱一流享受；而隨著震耳欲聾、節奏強勁的迪斯可音樂舞動，則可以讓妳無限放鬆……樂趣無窮的舞蹈不知不覺中為妳增添了青春的活力。

愛上網，網路給自己帶來了溫暖的友情和寫作的動力。網友之間的交流仿佛將妳帶回了少年時代，這種沒有功利色彩的友情令人們樂此不疲。

愛游泳、打乒乓球、羽毛球，這些運動項目給自己的生活增添了活力。工作學習之餘，多運動運動，不僅鍛鍊身體，還能為自己的生活帶來不可多得的樂趣，何樂而不為？

愛養花，養花不僅能陶冶情操，豐富和調解人們的精神生活，增添生活樂趣，使人心情舒暢、輕鬆愉快、消除疲勞，增進身心健康，而且花卉還可以調節氣候，淨化空氣，為人們創造出優美、清潔、舒適的工作和生活環境，使人們生活更幸福、更美好。

愛旅遊，旅遊是昇華心靈最好的法則，所以一定要滋養並支持妳的旅行夢。旅行不僅可以讓妳走遍千山萬水，走過豐厚無盡的風景，更可以讓妳充實心靈、療養心靈，從而實現個人睿智的成長。聖奧古斯丁曾說過：「世界

就像一本書，不去旅行的人唯讀到了其中的一頁。」每一次出行，都是一次心靈的歷險、一次文化的探索、一次對歷史的追尋。在我們身居的世界中，有許多地方，都在等待妳的到來，比如現代文明的發源地倫敦、文化名城巴黎、古典與宗教之城羅馬、水火交匯有如史詩的耶路撒冷、「愛情豐碑」泰姬瑪哈陵、中國的萬里長城……走進這些一生至少應去一次的人間勝地，我們可以感受到靈魂的戰慄，被現代生活節奏所壓抑的心靈也會得到撫慰、安寧和滿足。

單身女人們，別讓自己的腳步停滯在灰暗喧囂的城市裡，別讓自己的身心禁錮在無休止的工作中。當妳帶著溫軟細膩的心靈開始漫遊世界時，會發現世界真的好多彩，生活原來可以如此自由美好。

那些有益於身心健康的業餘愛好豐富了個人的日常生活，充實了個人的內心世界。而如果一個人能將自己的興趣愛好和職業連繫起來，那麼他就更能夠經營出豐富多彩、幸福歡樂的人生。

積極行動起來吧！找一項自己感興趣的事，投入妳百分之十的力量，致力於妳所動心的某項愛好，這樣妳的生活就不會再感到乏味，妳的身心就不再感到疲憊。

每天早晨一睜開眼，妳就會感覺又是一次新的誕生，因為妳的愛好裡有許許多多的迷戀正等待著妳去行動，熱切的等待著妳給它們注入更多的愛。

當女人愛上廚房

愛自己更愛廚房

曾有這樣的說法：「女人下廚，男人是動力。」換言之，就是女人下廚

常常只是為了男人。倘若果真如此，那麼，要是一個單身女人，沒有一個男人對著她做的菜狼吞虎嚥的話，是不是儘管她廚藝再好，也不會有下廚的心情？還是乾脆就不下廚，一個人待在家裡吃泡麵，抑或是約上朋友到外面去吃大餐？如果是這樣的話，那麼身為單身女人就不用再顧及自己的胃了？那樣的生活豈不是很慘澹無味？誰說單身女人不做飯？走進廚房拿起鍋鏟吧！即使妳廚藝不高，但是妳會喜歡下廚的心情。

　　孔夫子曾說過：「君子遠庖廚也。」但古人又曰：「飲食男女，人之大欲存焉。」這相互矛盾的辯證，無形中就把女人的命運同廚房緊緊的繫在了一起。廚房是什麼？廚房就是女人的另一個人生舞台，裡面有著女人不管愛與不愛都無法推脫的人生使命。

　　每當下班後，告別一起走出辦公大樓的同事，然後一個人坦坦蕩蕩的直往菜市場走去。一路上，偶爾碰上一些久未見面的朋友，妳可以放下腳步和她們聊聊，反正是單身，家裡沒人，用不著匆匆忙忙趕時間。

　　到了菜市場，看著一筐筐擺放的番茄、小黃瓜、黃瓜、冬瓜、南瓜、土豆，還有大白菜、小白菜、龍鬚菜、綠豆芽……那將是一種別樣的快樂體會。隔三岔五，輪流把它們買回家，番茄和小黃瓜，可以是蔬菜也可以是水果，心情好時還可以變成面膜，把它們切成一片片，貼在臉上，工作美容兩不誤。除了蔬菜，當然還會買些魚蛋肉類了，關愛自己的身體，當然要從吃做起。反正現在切肉殺雞剖魚這些工，菜市場上都會有人幫妳做好，只要付上少許加工費就可以了，省事省時省精力。想像一下，從菜市場逛回來，兩手提著沉沉的袋子，袋子裡是新鮮的蔬果，這時候是否會有一股成就感油然而生？

　　回家後，打開電視，穿上圍裙，捲起袖子，淘米，放入電鍋。剝菜，去

皮，洗菜。要蒸的、加熱的，放進微波爐。要炒的打開瓦斯爐。若是要做簡易的湯，就弄好一包湯料放進電磁爐裡，五分鐘不到，香味就溢出來了。然後慢慢的收撿零亂的流理台，飯做好流理台也剛好被弄得乾乾淨淨了。一個人坐在餐桌上，一邊吃著自己喜歡的飯菜，一邊看著自己喜歡的電視節目。喜歡吃多久就多久，實在吃不下，再打開電腦上網逛逛，等到有肚子餓的感覺再來吃，也不會擔心有人對妳大呼飯桶，反正胖了也是自己的身體，與別人無關。

每週煲上一兩次湯。如冬瓜排骨湯、烏骨雞湯、鱸魚湯。現殺的烏骨雞和鱸魚，分別加上一些紅棗、枸杞、桂圓、當歸和百合，用紫砂鍋慢火清燉。熬上五六個小時或是一個晚上的時間。當鍋裡自然慢慢溢出香味，在妳的小房子裡飄香四起的時候，就是該喝湯的時候了。假如湯太多了，可以把它分成一小碗一小碗，放在冰箱裡，自己想要喝的時候，拿出來加熱一下。當然，妳也可以打個電話叫上那些不愛下廚的朋友們，來家裡一起分享這道美味。

這些湯雖然不起眼，可是卻很實在，因為它夠營養，味道即使不是特別誘人，也不會很差，關鍵是特別能調理女人的身體。

可以偶爾約三五個朋友到外面吃飯，畢竟一個人的力量太有限，活在這世上，不嘗嘗各式風味怎會心甘情願呢？但是千萬別忘了：愛上下廚，更要愛上給自己做喜歡吃的美味。不知不覺就可以強身壯體，關鍵是不會脆弱，不會不堪所謂的溫柔一擊，不會為一些莫名其妙的感動而感動。愛上廚房的女人才是有能力體會生活細微快樂的女人。

幾款適合單身女人的抗衰老食品

　　獨身的女人每個細胞裡都灌滿了自由的漿液，所以，她的胃口也就隨心所欲，不會依從於規矩，而可以完全服從於心靈。但是，隨著時間的推移，還有什麼比衰老更令女人悲哀的呢？以下幾款有抗衰老作用的菜品，它們都是菜市場裡最常見的家常菜，而且製作很簡單，讓妳可以透過最簡便的飲食保養，延緩自己的衰老，讓生命中的更多時間充滿活力。

花椰菜

- 　**推薦理由**：花椰菜富含抗氧化物維生素 C 及胡蘿蔔素，十字花科的蔬菜已被科學家們證實是最好的抗衰老和抗癌食物，而魚類則是最佳蛋白質來源。
- 　**美味菜式**：花椰菜豆酥鱈魚
- 　**原料**：鱈魚一大片、花椰菜、薑、蒜
- 　**調料**：豆豉、鹽、味精、米酒、糖、胡椒粉、沙拉油
- 　**做法**：①鱈魚用適量鹽和米酒醃一下，然後上籠蒸 8～10 分鐘，取出待用。②鍋內放油，下入蔥末、薑末和搗碎的豆豉炒香，再用鹽、味精、胡椒粉調味，待豆豉炒酥後澆到加工好的鱈魚上。③花椰菜用鹽水燙熟，擺在鱈魚周圍即成。

魚肉

- 　**推薦理由**：魚肉中能攝取大量蛋白質，而青椒和紅椒是維生素 C 含量最豐富的食物（100 克青椒含有 100 毫克維生素 C），而含維生素 E 最豐富的食物就數堅果類（如松仁）。
- 　**美味菜式**：太極魚鬆
- 　**原料**：草魚、雞肉、松仁、玉米粒、胡蘿蔔、紅椒、青椒

- 調料：鹽、味精、胡椒粉、米酒、太白粉、沙拉油
- 做法：①草魚、雞肉切成小丁，魚丁用鹽、味精、米酒調味。玉米粒、胡蘿蔔丁、紅椒丁、青椒丁用沸水焯一下，待用。②雞丁、魚丁分別過油後撈起。③鍋內放少許油，下入魚丁和蔬菜丁一起炒，用鹽、味精、胡椒粉調味，最後用太白粉勾芡，取出後裝入盤子的一邊。④再用炒魚丁的方法炒雞丁，並把炒好的雞丁盛入盤子的另一邊即可。

洋蔥

- **推薦理由**：洋蔥可清血，降低膽固醇，抗衰老，而海鮮能提供大量的蛋白質，同時富含鋅。
- **美味菜式**：洋蔥海鮮湯
- **原料**：洋蔥、鮮魷魚、鮮蝦仁、蟹柳、草菇、雞蛋 3 個
- **調料**：鹽、味精、胡椒粉、米酒、高湯
- **做法**：①雞蛋打散，加鹽、味精、胡椒粉、高湯拌勻，蒸熟，取出待用。②分別將洋蔥末、草菇片、海鮮切段燙熟，撈起後放在蒸好的蛋上。③鍋內放清湯，用鹽、味精、胡椒粉、米酒調味，煮開後澆在海鮮及蛋羹上即成。

豆腐

- **推薦理由**：除了魚蝦類，豆腐也是非常好的蛋白質來源。同時，豆類食品含有一種被稱為異黃酮的化學物質，可減少強有力的雌激素活動空間。若妳擔心自己會患乳腺癌，可經常食用豆類食品。
- **美味菜式**：黃金豆腐
- **原料**：豆腐、鹹蛋黃、香蔥
- **調料**：鹽、味精、胡椒粉、沙拉油
- **做法**：①豆腐切丁，用鹽水燙一下，撈起後裝盤。②鍋內放油，下入鹹蛋黃

炒散，加適量鹽、味精、胡椒粉翻炒 1 分鐘。③將炒好的蛋黃澆在加工好的豆腐上，再撒少許蔥花即成。

讓微笑成為妳最經典的表情

快樂的女人是美麗的，心情保持快樂，呈現出的臉部表情也是放鬆的、愉快的。快樂的女人也許不是出色的女人，但她卻是掌握人生要義的女人。更重要的是，她知道怎樣熱愛生活。

女人的快樂從何而來？從溫馨的家庭，從溫暖的友誼，從富有挑戰性的工作……其實，快樂無處不在，生活中到處充滿快樂：買到自己喜歡的漂亮衣服；吃到自己想吃的美味食物；想睡的時候，睡一大覺；想玩的時候，盡情去玩；有自己喜歡的寵物，有無話不談的知己……只要有其中之一，能夠隨心所欲，就可以算有令人快樂的理由了。

快樂既不需要依靠他人，也完全不必借助外物。把重心放在他人身上，情緒完全被其掌握，失去了自我的愉悅，並不是真正的快樂。而將快樂根植於金錢和由金錢帶來的顯赫地位以及揮霍無度的生活也是完全錯誤的，一旦失去這些，所謂的「快樂」也將煙消雲散。

快樂就在我們每個人的身邊，抓住快樂，擁抱快樂，妳就是一個快樂的女人！

單身的妳努力做個快樂的女人吧，只有在快樂中才有常駐的青春、完整的自我、永恆的魅力！

快樂的花朵會點綴妳的整個人生。快樂是緊緊的抓住現在，讓昨天所有的陰霾煙消雲散，只留下理性的經驗教訓做今天快樂的基石；把明天的杞人之憂擋在門外，只讓幸福的憧憬走進自己的小屋，讓自己盡情享受當下

的人生。

做一個快樂的女人，就必須養成快樂的習慣。快樂的女人就像一縷春風，給人帶來輕鬆愉悅。

快樂是一種人生習慣，學習快樂的習慣，妳就可以成為情緒的主人而不是奴隸，快樂的習慣可使一個人不受外在環境的支配。

當然，妳得有意識的去學，並且要不斷的注意與練習。

要養成快樂的習慣，首先妳要樹立正確的生活信念。不要抱怨生活，一年 365 天不會總是晴空萬里，從容不迫的去面對狂風暴雨就好，千萬不要把光陰浪費在「老天為什麼如此不公」這種無聊的問題上。女人都應該以扎實、樂觀、豁達的態度迎接命運的挑戰。

要養成快樂的習慣，當然不能少了友情的滋潤。友誼是漫漫人生路上一盞永恆的燈，沒有友誼的人生必然是不完整的，沒有友誼的人是可憐可悲的。在痛苦時，朋友的一聲安慰能為妳驅散愁雲；在歡樂時，能與摯友共同分享，快樂也變得更加生動。

要養成快樂的習慣，就要更加勤奮的工作。在工作中，女人能感到被需要和被尊重，事業有成的女人在心理上是充實的。當然勤奮也要注意「度」，不要把自己當作機器，在完成工作之餘千萬別忘了妳還有家人、朋友，生活中還有許多值得珍視的。

要養成快樂的習慣，還要學會知足。要心存感激，為自己已擁有的一切感謝上蒼。而不要陷入無目的的攀比，比美貌、比富有、比地位……快樂的女人不會讓自己變得這樣愚蠢，她也會與人比較，但卻是比較怎樣才能更快樂充實。

最後，讓微笑成為妳最經典的表情。妳的微笑如和煦的春風，拂過所有人的心扉，每一個看見它的人，都將感受到如陽光般溫暖的快樂。

花心思在「裡子」上

僅僅 20 多年前，如果有誰花幾百甚至上千元買一件內衣，大家會覺得她腦子有病。但如今，女人在選擇內衣上似乎比外衣更在乎品牌、品味和設計。現在，走到大街上，妳會發現，內衣專賣店越來越多，內衣專櫃面積越來越大，內衣的價格越來越貴，卻很少降價打折。

捨得買高級內衣的女人是懂得關心自己、愛護自己的女人，尤其是單身的女人，更應珍愛自己。一位服裝設計師說，當女人將九分心思花在「面子」上而將一分心思花在「裡子」上時，這樣的女人多處在追求功利和虛榮的階段；當用一半的心思花在「裡子」上時，這樣的女人才變得追求品味和懂得生活情趣了。所以，看一個女人的內衣，就可以了解她的生活態度，可以知道她現階段的生活狀況和內心世界。

內衣是女人的貼身心愛之物，選擇什麼樣的內衣與女人的性情直接相關。性情安靜、穩定的女人，身體線條單薄、自然，多半會選擇純淨的白色，全棉質地，觸感滑爽，款式簡單，有少女清純特點的內衣。性情熱情奔放的女人，內衣的款式會比較浪漫、性感和開放。

有些女人偏愛黑色的內衣，認為其品質好，穿著舒適。內衣的色彩和款式可隨心境變化，可以選用不同的內衣調節情緒和內心感受。也有些人喜歡素白色、款式簡潔的內衣，讓人有一種自然舒適和放鬆的感覺。有時也可選擇加上法式蕾絲和刺繡的，既充滿貴族韻味，讓人心底充滿愉悅，易於搭配服裝，又有一種幹練自如的感覺。

在西方，女人對內衣極為重視，內衣展現身分，強調變化，增強性感，這是她們對內衣的需求。在巴黎，內衣是女人身上具有特殊意義的「飾品」，不同的女人有不同的選擇。崇尚自然或性感個性的女人，甚至不穿內衣，在她們眼裡，內衣不僅是一件衣服，更多的是一種若隱若現的內心隱語。

除了顏色和質地外，選擇內衣時，最應該看重的是造型。不管它外表裝飾有多漂亮，「墊」得有多高，關鍵是是否自然。無論是所塑造的形狀，還是本身具有的彈性和透氣度，都不應讓人感覺「假」和「憋」。

最難搭配的是透視裝。這種服飾本身就處在「華麗」和「低俗」的一線之間，多一分、少一分都會帶來截然不同的效果。一般來說，搭配這種服飾的內衣，價格不會比外衣低，品質要求美麗精緻到可以外穿。還要特別注意顏色，建議選擇同色系的搭配。

穿旗袍和晚禮服時，可選擇修身的全身塑身衣。它可使胸部集中並向上提升，收緊腹部及臀部的贅肉，整體調整身體的各部位。要注意的是如果旗袍是高衩的，內褲應選用高衩型或丁字褲。如果身材豐滿，就不能選過於緊身的款式，否則臀部會出現難看的三角褲痕跡。身材嬌小的人不適合全身塑身衣，應多選擇無吊帶胸罩。

穿職業套裝時，建議穿全身塑身衣，或側邊加高胸罩。這樣可以讓體態端莊，線條流暢幹練，突顯職業女性的職業魅力。

說到內衣，還包括襯衫和裝飾性內衣等。這類衣服的功能主要是外衣搭配，是正裝中用得最多的衣服。搭好這類內衣，最重要的是掌握好與外衣色彩的搭配。淺色系或半透明外衣要選近膚色內衣；明亮色系外衣要選淺色系內衣；深暗色系外衣要選用鄰近色的內衣。如果要表現個性化，搭配對比強烈的顏色也很好看，如黑色外衣配紅色內衣，或藍色外衣配玫瑰色內衣。不

管怎麼搭配，重要的是要合乎穿著時的場合和氣氛。

最後，提醒單身的女人們出門旅行時，一定要帶上一兩件舒適和柔軟的睡袍或睡衣，那是一份女人的溫馨，一份對自己的溫暖和貼心。

到陌生的地方「玩失蹤」

每年妳都會有幾次假期吧？在這些假期裡，挑選出幾天，到陌生的地方住上幾天吧！這肯定是令很多人夢想卻奢侈的事情，然而單身的妳應該努力過上這種生活。

只要有時間，金錢無需太多，去鄉村還是去城市由妳自己來定。現在有很多地方都設有家庭旅館，還帶有廚房什麼的，妳還可以用當地的東西學做當地的風味美食。這一定是一種妙不可言的體驗。

妳想去的地方，都是妳陌生的地方，事先了解好那裡的一切，準備充分一些，到了那裡，妳就不至於感到太陌生，說不定還會有一種親切感呢！陌生的一切，對於妳來說都是新奇的，妳的眼睛裡充滿了不一樣的事物，看都看不過來。快樂隨著新奇感布滿了妳的眼、妳的臉、妳的心。

在這幾天裡，妳像一個普通的居民一樣，漫步在街頭，流連在市場，也像當地居民一樣討價還價，把當地的特色東西一一買回「家」去，享用與往常不一樣的飲食。然後，沿著一條街又一條街不斷的走下去，只要妳喜歡，沒有什麼不可以，注意安全就行。

到了一個地方，首先要了解的就是當地的特色，看完了特色，吃完了特色，妳才不枉此行。也許妳什麼都不做，只是走走看看，注視一下這片天空，凝望一下日出日落，這就是放鬆了。只要妳高興，做什麼都好。

在這個追求品味、崇尚個性的時代，獨具特色的度假方式越來越受到人們的青睞，找一處心儀的地方過幾天不一樣的美麗生活⋯⋯

· **準備**：一般在出行之前的 15 ～ 30 天左右就開始做準備工作了：目的地的選擇，行程的安排，預定酒店，預定車、船、飛機票等等。在準備工作中會看許多書，了解當地的人文、習俗、景點和路線、交通狀況、氣候、酒店和特色餐館及周邊環境等等。

· **出行**：出行的交通工具因人而異。時間緊的、路途遠的，或是經濟比較富裕的就搭飛機。搭火車旅行的人也很多，也很方便。也可以駕車出行，比較隨心所欲，但沿途的住宿要早早就預定好。妳也可以別出心裁的騎腳踏車去旅行。

· **住宿**：旅遊旺地的酒店都得提前預定，青年旅社和家庭旅館也是如此，到了目的地再找幾乎是不可能，或者是價格高得離譜。酒店價格一般非常貴，而青年旅社和家庭旅館比較便宜。

現在比較崇尚自助旅遊的方式，旅行社也可以提供各種套餐服務，比如只提供來回的票，或是加上住宿，其他就由旅行者自己解決了，想到什麼地方玩，自己去安排。

租別墅、賓士，享受高級生活

如果以妳的收入來說，住上有屬於自己的鮮花綠地、碧藍泳池的別墅簡直是做白日夢，但住別墅又一直是妳的夢想，那也可以找一個假期實現這個夢想。花幾千元租一套這樣的別墅，在裡面住幾日，再花幾千元租輛妳喜歡的高級車，享受高級生活，盡情享受美好假日！

此後幾天，妳就可以開著喜歡的車在高速公路上飆車，躺在按摩浴缸裡暢快的洗玫瑰花瓣澡，為嬌豔欲滴的鮮花澆水，躺在後院搖椅上享受明媚陽

光的親吻。妳會感受到另一種全新的生活。

體驗魚美人的感覺

如果妳喜歡大海，喜歡與魚兒共舞，那妳可以去美麗的海邊潛水度假。當妳徐徐潛入清涼明澈的海水後，陽光被水折射成無數顆星星。五彩的魚兒，親暱的依偎在妳的身邊，成串的氣泡歡快的漂過耳際，而這時的妳也可以自由的擺動雙腳，體驗魚美人的浪漫感覺。

過幾天田園生活

手機不開，社交軟體上不露面，酒吧也找不到蹤影……整個人在朋友圈裡突然「蒸發」。這種「玩失蹤」遊戲是上班一族掙脫生活束縛、徹底放鬆身心的新穎度假方式。

找一個美麗的鄉村小鎮，過幾天田園農家生活。在那裡，盡情呼吸大自然的清新空氣，閒暇時騎馬、釣魚或者下田感受耕作的樂趣。最重要的是，還可以吃到地道的鄉村風味。

旅遊新節儉主義：異地換宿

換房旅遊近年來在歐美各國很是流行，這種度假方式既避免了異地出遊住宿的高額消費，又保證自家居所有人照看。

如果妳想去某地旅行，可以從報紙、網路搜尋此地的換房資訊，也可以在網路上和當地報紙上登個換房啟事，這樣就可以和也有此意的人士達成共識：假期換房居住！

這樣的休假，是一種徹徹底底的休假，是一種回歸自然的休假，是可以

脫離所有工作和雜務的休假。在充滿自由的單身日子裡，選擇自我恢復，展開心靈的翅膀恣意放飛吧。

脫離職場「高壓鍋」

有時候，工作就像一口鍋，把人們都放在裡面煎、炸、烘、炒，就調製出了各色人等。

眾多上班女性也在這口鍋裡，有些人被調色得漂漂亮亮的，有些人調味得有滋有味的，可有些人就像是在一口高壓鍋裡 —— 鬱悶！

高壓鍋的鍋體是我們工作的環境，人際環境、工作環境、工作任務還有家庭負擔等等，電源就是這些環境造成的壓力，而那個限壓氣塞則是我們的情緒。氣塞蓋住了，使壓力慢慢增加卻排不出去，最終形成高壓鍋模式。

生活中的高壓鍋是居家生活的好幫手，但職場上的高壓鍋就沒那麼可愛了，它的壞處頗多，先是吞噬了女性們的快樂，失去生活的樂趣，然後還得寸進尺，直接使她們的身體也受到損害，輕則讓她們處於亞健康狀態，重則導致各種疾病，為禍不小！

有一點壓力不是壞事。研究證明，人們在受到壓力時，身體就會分泌一種壓力荷爾蒙，來激發人體的活力。但如果壓力持續存在，這些荷爾蒙就會使體內器官長時間超負荷運轉，引起心臟病、高血壓等，這必定影響人的身體健康，如果工作自主性又較差的話，事情就會更糟，它會進一步的激發壓力荷爾蒙的分泌，使妳感到萬分沮喪和無奈。

看看妳的表現吧！

工作壓力太大下可能產生的三種症狀：

第七章　享受生活中的每一秒

一、心理症狀：心理失調與工作條件有重要的關係。下面列出了不同職業產生的工作壓力的典型結果：焦慮、壓力、迷惑和急躁；疲勞感、生氣、憎惡；情緒過敏和反應過敏；感情壓抑；交流的效果降低；退縮和憂鬱；孤獨感和疏遠感；厭煩和工作不滿情緒；精神疲勞和低智商工作；注意力分散；缺乏自發性和創造性；自信心不足。

二、生理症狀：心率加快，血壓增高；腎上腺素和正腎上腺素分泌增加；腸胃失調，如潰瘍；身體疲勞；心臟疾病；呼吸問題，常覺得 氣短；汗多；皮膚不好，沒有光澤等；頭痛；肌肉壓力，常常肌肉酸痛等；睡眠不好，時有失眠現象。

三、行為症狀：總是在拖延和避免工作；表現力和生產能力降低；酗酒甚至吸毒增加；工作完全跟不上進度；去醫院次數增加；為了逃避而飲食過度，導致肥胖；由於膽怯，吃得少，可能伴隨著憂鬱；沒胃口；冒險行為增加，包括不顧後果的駕車和賭博；侵犯別人，破壞公共財產。

如果出現了這些症狀，要警惕哦！妳已經深受工作高壓鍋之害了。

在辦公室裡，如果覺得工作已經壓得妳喘不過氣來了，醫生給出了十種「減壓法」：

1　把一張紙揉成一團，像投籃一樣把它投進垃圾桶裡去。

2　想像一件妳認為最有趣的事情，並持續回味一會兒。

3　在辦公室裡溜達一會兒，同時想一下妳最喜愛的飯菜。

4　站起來向窗外眺望。仔細觀察遠處的某種東西，以便一分鐘之後能夠描述出相關細節。

5　站起來，做做伸展運動。

6　從椅子上站起來，盡可能快的把妳的辦公室或辦公場地清理整齊。

7　讓自己大聲笑出來，想一件可笑的事情，逗自己笑。

8　閉上眼睛，讓頭腦中一片空白。

9　預測一下走到附近的某個地方如飲水機、洗手間或門口需要多少步，然後走走試試，看妳猜測得對不對。

10　試著回想自己衣袋或書包裡裝了什麼東西，把它們盡量寫下來。

　　當然這都是在辦公室裡的應景之策。

　　長期來看，還是要自己學會打開那個小氣塞，釋放高壓鍋裡的巨大壓力。記得有一部電影裡描述女主角感覺緊張有壓力的時候就會瘋狂購物，耗掉半個月的薪水。當然這只是偏方一個啦。下面還列舉了一些有效的辦法，不妨試一試。

　　設定自我合理的人生目標及節奏。生活的節奏不要太快了，不論狀況變得如何，時刻告訴自己：我已經足夠好了。接受自己且滿足是心理治療的最大原則。記得這個原則，並時時提醒自己，追求是無止境的，我們過的都是過程，不要為了目標那一個點而使自己整個階段都痛苦空虛了，那才是最不划算的交易。

　　一段時間內只扮演一種角色。職業女性的角色可不單一，常是多重的，但清楚的分割及定位，才能做好事情。上班時不要光想著買什麼菜，回家後就把工作暫時放一旁，有效率的生活必須明確而單純才辦得到，而效率是職業女性的必備條件之一。時時提醒自己，現實不是神話，別想去學孫悟空的三頭六臂。

　　對自己好一點。現在都講永續性發展，對自己也是哦！別虐待苛求自己，每天給自己一點獎賞：禮物、鮮花、表揚、跳舞，當然也可以去「購物」。還有，多注意自己的健康，多愛自己一些，才能把自己的生命力延長，

不易被耗盡。

及時傾倒情緒垃圾。就是及時的打開小氣塞，找個管道，吐幾口悶氣出來。家人、朋友、同事或者心理醫師都是良好的「管道」，大可以向他們傾訴。即使他們也沒有什麼很好的建議，但是只要是感覺自己已經被了解了，有人來分擔自己的問題，就已經是強有力的支持了。不要不好意思，掩飾不代表堅強，真正的堅強來自於滿足和快樂。千萬別做死要面子活受罪的傻事。

當然了，每個人都有自己的解壓方法。如果試過了各種方法都覺得現在的工作實在使自己無法從壓力中解脫出來，那就考慮跳槽吧！

買房與婚姻無關

「家」是女人一生所追求的最寶貴的東西。女人比男人更喜歡在家的問題上做文章。而對於一個單身女人而言，家的意義就更大了。在這個非常時期，「家」就是她們自己心靈的歸屬，是她們用來保護自己的庇護所；是擺脫世俗煩惱的屏障；是一個安靜又安全的地方，一個可以休養生息的安樂窩，溫暖的家，更是支撐女人生命的動力。

1. 擁有買房的想法

房子是否真的比老公重要？經歷越多、閱歷越深的女人似乎越能理性的回答這個問題。因為對於女人而言，只有當她們處在屬於她們的空間時，才會感到安適和平靜。現在的社會，男人已經不能給女人完全可靠的安全感，女人只好自己給自己安全感，有房子的女人就有安全感。房子對於她們來說，是情感的保護地，是心靈的避難所，房子就是她們最好的戀人。對於一

個隻身在外打拼的單身女孩，只有擁有了一間屬於自己的房子，才能真正有膽量去選擇任何自己喜歡的生活。

房子是生存的第一保障。對於女人來說，尤其如此。一間物質上的房子，在心理層面等同於自尊、獨立、安全感；在現實層面，則等同於投資意向、經濟收益。而無論從哪種角度出發，房子似乎都成了單身女人們生活中的最堅挺的本錢和依靠。對她們而言，買房子都是單純為了滿足自己的需要，都在實踐著「經濟獨立使女人不再依賴任何人」，買房與婚姻無關，與男人的責任無關。就像吳爾芙在《自己的房間》中所寫道的：經濟獨立可以使女人不再依賴任何人；有一間自己的屋子，女人就可以平靜而客觀的思考，以自己的性別體驗「像蜘蛛網一樣輕的附著在人生上的生活」。

現在，許多單身女性有著令人羨慕的工作和收入，她們買房只為了讓自己疲累的身心有一個安穩的歸宿。女人們要求有自己獨立的房子，這不僅是社會物質的進步，而且是女人思想的進步。有經濟條件的女人們還是要實實在在的擁有自己的房子，這並非是女人的又一精明之處，而是房子有著比男人更好更重要的 N 個理由。

能夠靠自己買房子的女人，是自信自豪自立的女人，也是對男人不再抱有幻想的女人。她再不需要把婚姻作為尋找居住地的手段。靠自己買房的單身女人更加自我、自在、自立並且努力。

自己買房，不用顧慮在房契上寫一個人還是寫兩個人的名字；

自己買房，不用擔心離婚時在財產分割問題上，該如何面對房子的問題；

自己買房，不用擔心如何處理婆媳關係、能不能擺平老公的胃；

自己買房，結婚後如果夫妻倆吵架還能有個避難所；

自己買房，面對著這個真正屬於自己的空間，有一種自己承擔責任、掌握人生的踏實感；

自己買房，在這城市才算有了根。未來結婚，若是看中更合意的房子，就把舊房租出去，剛好拿租金還房貸，又是一個經濟來源；

自己買房，可以讓生活過得更從容一些。點一盞香薰，沖一杯咖啡，擁一縷夕陽，足以讓喜愛情調的女人神魂顛倒。有了自己的房子，男人反而成了可有可無的雞肋。

2. 做個安家計劃

女人對於房子是有種情結的，有一套屬於自己的、布置優雅的溫馨房子幾乎是每一個現代女性的夢想，它更多的附屬意義是一個家甚至是一段愛情。其實她們心裡明白，家，對於一個沒有什麼大奢求而生活平淡的女子來說，有一張床就可表示全部含義，而擁有一套完全屬於自己的房子比完全擁有一個男人更容易、更可靠，何況這套房子還有相當不錯的投資價值。對於單身女人來說，購房不只是她們彰顯獨立與時尚的展現，更是安全、溫馨的港灣。

在做計劃前，先看看妳的錢包，留存足夠的錢作為妳購買日常用品和必要支出之用外，餘下的錢妳就可以用來裝扮新居。如果妳的資金不算緊張的話，妳可以考慮換一套起居室，這樣可以讓妳離過去更遠一點；如果妳的資金並不充裕，妳可以在原有的基礎上做一些巧妙的改動，比如：變化起居室顏色，重新擺放一下傢俱，換一個新窗簾等等，也可以達到比較好的效果。不管採取那種方式，最主要的是要做好計劃，並嚴格按照計劃行事，避免因超出計劃而引起的經濟危機。

◎新家的選擇

對於一個單身女人而言，「家」的感覺十分重要。一個人的房子或許讓她喪失了安全感，常常讓她們感到不安和孤獨、寂寞。每當下班歸來，會有一種淒涼的感覺。因此，許多單身的女人往往不願意回家，下班後常常停留在外，商場、酒吧、茶館是她們消磨時光的地方，「家」的概念在她們的感覺中不再是避風的港灣。

這時候，讓孤獨的女人回家的最好辦法是：重新打造「家」的氛圍，給家換個新臉孔，讓家不再孤獨、寂寞，重新找回家的感覺。

現在，妳可以完全按照自己意願設計一個屬於妳的天地。妳不需要徵求任何人的意見去完成妳久遠的夢想。如果妳還沒有好的想法，這裡給妳一點建議。

給「家」一個溫馨健康的色彩

家居色彩與身心健康有著直接的關係，不同顏色會給妳不同的心境。家居色彩對身心健康的影響是很大的。

- **綠色**：是一種令人感到穩重和舒適的色彩，具有鎮靜神經、降低眼壓、解除眼疲勞、改善肌肉運動能力等作用，所以綠色系很受人們的歡迎。自然的綠色還對暈厥、疲勞、噁心與消極情緒有一定的作用，但長時間在綠色的環境中，易使人感到冷清，影響胃液的分泌，食欲減退。

- **藍色**：是一種令人產生遐想的色彩，另一方面，它也是相當嚴肅的色彩。這種強烈的色彩，在某種程度上可隱藏其他色彩的不足，是一種搭配方便的顏色。藍色具有調節神經、鎮靜安神的作用。藍色的燈光在治療失眠、降低血壓和預防感冒中有明顯作用。有人戴藍色眼鏡旅行，可以減輕暈車、暈船的

症狀。藍色對肺病和大腸疾病有輔助治療作用。但患有神經衰弱、憂鬱症的人不宜接觸藍色，否則會加重病情。

· **黃色**：是人出生最先看到的顏色，是一種象徵健康的顏色，它之所以顯得健康明亮，因為它是光譜中最易被吸收的顏色。它的雙重功能表現為對健康者的情緒穩定、增進食欲的作用；對情緒壓抑、悲觀失望者會加重這種不良情緒。

· **橙色**：能產生活力，誘發食欲，也是暖色系中的代表色彩，同樣也是代表健康的色彩，它也含有成熟與幸福之意。

· **白色**：能反射全部的光線，具有潔淨和膨脹感。所以在居家布置時，如空間較小時，可以白色為主，使空間增加寬敞感。白色對易動怒的人可起調節作用，這樣有助於保持血壓正常。但患孤獨症、精神憂鬱症的患者則不宜在白色環境中久住。

· **紅色**：是一種較具刺激性的顏色，它給人以燃燒和熱情感。但不宜接觸過多，過久凝視大紅顏色，不僅會影響視力，而且易產生頭暈目眩之感。心腦疾病患者一般是禁忌紅色的。

· **黑色**：高貴並隱藏缺陷，它適合與白色、金色搭配，起到強調的作用，使白色、金色更為耀眼。黑色具有清熱、鎮靜、安定的作用。激動、煩躁、失眠、驚恐的患者接觸黑色，能起恢復安定的作用。

· **灰色**：是一種極為隨和的色彩，具有與任何顏色搭配的多樣性。所以在色彩搭配不合適時，可以用灰色來調和。灰色是中間色的代表，對健康沒有影響。

· **粉色**：是溫柔的最佳詮釋，這種紅與白混合的色彩，非常明朗而亮麗，粉紅色意味著「似水柔情」。經實驗，讓發怒的人觀看粉紅色，情緒會很快冷靜下來，因粉紅色能使人的腎上腺激素分泌減少，從而使情緒趨於穩定。

★ **給妳一個建議**：對於一個孤獨、寂寞的單身女人而言，粉紅色是一個最

佳的選擇。粉紅色不僅色彩亮麗，而且溫馨浪漫，對調節心情大有益處，可以防止孤獨症、精神壓抑的發生。

給「家」增添點生命的氣息

一個人住在房子裡，時間久了會讓妳忘記生命的存在，在室內適當擺設一些花卉盆景，既可增加生命的氣息，又有益於身心健康。用觀葉植物裝飾臥室和客廳，能給人以生機盎然的感受。

客廳如果空間較大，適合擺設挺拔舒展、造型生動的植物。如南洋杉、龜背芋、巴西木等觀葉植物。若根據空間氛圍再點綴較小的植物或盆栽，如金柑、桂花、聖誕紅、袖珍石榴等，這種高低起伏的搭配效果，形成一種百花爭豔的氣勢來，使整個客廳充滿活力，生機盎然。

書房是讀書的地方，可採用棕櫚植物或觀葉植物布置，若在書櫃頂擺上一盆吊蘭，讓翠葉從盆間伸出，使之恍如懸崖落英、小溪流水。在桌面上可點綴小型盆栽植物；若房間面積較小，則宜選擇嬌小玲瓏、姿態優美的小型觀葉植物，如文竹、袖珍椰子等，或置於書桌，或擺放窗前，這樣布置，既不擁擠，又不空虛，與房間大小和諧協調，充分顯示出室內觀葉植物裝飾的藝術魅力。

南面窗台，陽光充足，氣溫較高，是冬季養花的理想地方。如果是北窗，宜栽綠蘿、棕竹、萬年青、蔓綠絨、龜背芋、國蘭和有攀援習性的球蘭、金銀花、炮仗花等耐陰的花卉。

臥室擺花有講究。儘管家庭養花好處多，但臥室擺花要講究，這是因為白天花卉在進行光合作用時釋放出氧氣和吸收二氧化碳；但在夜間，花卉不進行光合作用，不僅吐出的是二氧化碳，而且還要吸收氧氣。這時如果在臥

室擺花，就會有害健康；因此在臥室內，夜間最好少放或者不放花卉，以避免其同人爭氧氣，影響健康。

當所有的傢俱及擺飾已按照妳的美學與喜好安安穩穩的定位之後，就該為它注入更具生命力的居家氛圍。即使是一株小小的盆栽，一葉一花都可以發揮其自然魔力，歡愉了每一個人的心緒！對於住家整體布置，是相當值得留意的一環。

每一種不同科屬的植物都呈現出不同的姿態及風情，有的可愛俏皮、有的原始粗獷、有的熱情奔放、有的則簡單淡雅，所以，挑選植物除了主人基本的喜好外，也要考慮植物的氣質是否與家裡的風格相符。

棕櫚可以搭配裝飾藝術風格、烙鐵及玻璃材質的傢俱；葉片細緻的垂枝植物如樺木、柳木，讓人猶如置身庭園，與柔軟的印花棉布搭配可以共同製造出溫馨感；而線條清秀的植物，如絲蘭、鈴蘭等，則適合富含極簡風味的現代空間。

給「家」裝上一簾美夢

窗簾是製造夢幻，營造氛圍的最佳裝飾物，在居家布置中有著舉足輕重地位。窗簾懸掛於居室最奪目之處，占據了房間一大片面積，實在是關乎整體裝飾是否成功，關乎起居室氣氛營造的要件。運用得好，能錦上添花，運用得不好，就難免功虧一簣了。而窗簾的設計看似簡單，其實是相當考驗人的審美修養、整體協調性和獨創性。

窗簾的花色、款式必須與起居室風格和諧搭配，追求裝飾的整體效果，避免盲目選用。整體來說，對於現代人而言，無論是何種起居室風格，窗簾都要簡潔一些為好，因為簡潔的空間背景，會營造讓心情輕鬆開敞的氛圍，

符合現代人的心理需要。但是，不同風格的起居室對窗簾的風格要求還是有區別的。

　　無論選擇什麼樣的窗簾，不要忘記與房屋裝飾特點、傢俱顏色、沙發及寢具能相互呼應和吻合。

給「家」插上天使的翅膀

　　一個人居住難免有些寂寞，在家裡擺放些自己創作的插花作品，不僅會增加「家」的溫馨色彩，還可以在充滿藝術的氛圍中增加自信心。

　　美可以陶冶人的情操，淨化入的心靈，讓頹廢的人振作起來，讓失去希望的人，重新點起生命之光。插花藝術，可以帶給妳美的享受，讓寂寞的人看到幸福的曙光。我們不妨學習點插花藝術。

　　插花起源於佛教的供花。插花是一種藝術，講究頗多，比如花卉的品種、顏色、形狀不同，就應選擇不同的花瓶器皿。花器種類繁多，但作為花的陪襯物，應該選擇造型簡潔大方、材質優雅的花器為最佳。當然，不同花器的襯托效果也會給花卉帶來意外驚喜。透明的玻璃器皿，能夠看到花枝自然交叉之美感；粗獷的陶器，能對比出花的嬌豔、纖細多姿媚態。家中的花器不一定非要到商店去購買，凡能盛水的盆、碗、碟、罐、杯子、酒瓶、椰子殼皆可擔當起花器的角色。

　　為自己布置這樣溫馨、浪漫的家吧，讓單身的日子不再孤單，讓自己的生活更多一點快樂。

第七章　享受生活中的每一秒

第八章
屬於妳的天空

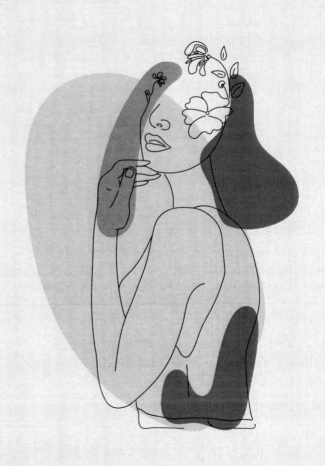

快樂是對自己的熱愛

快樂是對自己的一種熱愛，也是對他人的一種熱愛，因為情緒是有傳染性的。

有一個饅頭店的老闆，每天出籠三次，每次固定蒸 120 個饅頭。100 個出售，20 個救濟老人和孩子。常常生意好時饅頭一出籠就被搶光，但無論客人如何要求，他從不肯把多出的 20 個饅頭出售。「這是送的，不賣！」老闆用十分堅定的口吻拒絕每一個想要買的客人。一邊說，一邊把熱乎乎的饅頭分送給老人和孩子。在那一刻，老闆黝黑的臉上綻放出的是明亮的光彩，那種動人的親切和笑容，是其他顧客看不到的。

把快樂帶給別人，在妳付出的同時，妳一定能夠感受到一種特別的快樂。快樂是一種流動的空氣，當妳自私時，它便停止流通。妳關上門，使快樂無法流向妳，困守在自設的真空中，不肯接受也不肯付出，結果很可能會窒息。而當妳敞開心胸，樂於付出的同時，快樂、富裕和真正的自由，便進入妳的心中。

把快樂帶給身邊的人

熱愛生活、享受生命，讓自己的人生充滿歡樂，是人生的至高境界。但是人不應僅僅讓自己成為一個快樂的人，還應該把快樂帶到鄰里、同事、朋友中間，使大家都沉浸在快樂之中。這樣，妳不僅能成為一個給人帶來快樂的開心大使，還可能成為一個受人歡迎、有好人緣的交際明星。那麼，怎麼才能把快樂帶給別人，讓別人喜歡自己呢？

1. 在別人憂愁時加以撫慰

人們常常會因為受到社會壓力的衝擊而表現出憂愁的情緒。當朋友陷入憂愁時，妳適時而至，給予對方撫慰，說不定對方就會走出情緒低谷，重新走向快樂。比如對方失業了，面對這樣的人生挫折，會特別消沉、悲觀。此時妳可以開導他：「路是人走出來的，失業是挫折，也是機會，焉知非福呢？」或者是朋友失戀了，一時想不開，妳對他說：「天涯何處無芳草，何必在一棵樹上吊死？」也許妳的這些言語未必百分之百的符合真理，但卻能使他暫時卸下憂愁。當然根據具體情況，妳撫慰的方式也要因人而異，不可過於生硬、簡單。

2. 在別人發生矛盾時加以化解

人與人之間難免出現這樣那樣的矛盾。矛盾不僅會導致人際關係走向僵局，更趕走了人與人之間應該有的快樂。妳想把快樂帶給身邊的人，要做的就是讓雙方正常交流、融洽關係，使快樂重新回到大家中間。化解矛盾需要當事人自行努力，但一旦發現了誤會，妳應該給雙方做勸解，讓他們感到這本是小事一樁，然後妳再點撥：「真正的朋友有如健康，不到失去時，不知道它的珍貴呀！」相信他們一定會在一笑間盡釋前嫌，並向妳表達誠懇的謝意。

3. 在氣氛沉悶時加以啟動

在交際中不免出現沉悶的情景。比如陌生人之間、交際對象情緒低落時、人際關係不夠和諧時，都會出現這種現象。沉悶會導致僵局和窘境，這不僅與交際交流、溝通的宗旨相悖，而且也讓人失去了交流的快樂。所以妳應該設法打破這種沉悶的局面。比如在旅途中，由於彼此素不相識而保持沉

默，由妳主動發話，一個小笑話、一個小故事，氣氛就會活躍起來。再比如兩個長期處於冷戰狀態的人，不可避免的遇上後，那情景既彆扭又令人窒息。妳巧妙的加以給出開場白，不僅能打破沉悶的局面，或許還會帶來兩個人重新握手的契機。

　　把快樂帶給身邊的人，妳就能成為一個灑脫、快樂的人，也會成為一個受歡迎、受尊重的人。

帶給別人快樂的小提示

1. 心態積極

　　自始至終保持一個積極、明朗的心態，首先自己是開心的，才能把快樂帶給別人。如果自己心情灰暗、低落，怎麼給別人帶來快樂呢？給予別人快樂不是做出來的，而是健康積極心態的自然流露。給別人帶來快樂也不是表現在一時一處，而是長期在人們心目中留下的印象。所以這裡的心態指的是基本心態，它反映了一個人的心理面貌和人格特徵。

2. 幽默氣質

　　給別人帶來快樂的人必須是一個幽默的人，只有這樣才能把自己的快樂有效的傳達出來，並感染大家，讓大家快樂起來。所以妳要培養幽默的氣質。妳不可能像相聲、小品演員那麼詼諧，但妳至少可以說些新穎、輕鬆的話，再如多學幾則幽默、笑話等，都會讓妳成為一個幽默的人。

3. 恰當適時

　　給身邊的人帶來快樂的時候，要適時適度，這才是合適的，別人才能接

受，才能取得更好的效果；如果不適時適度，輕則顯得生硬、做作，重則是一種冒犯、侵害。比如在肅穆莊嚴的場合，妳就別一廂情願想著把快樂帶給別人，而是要等待時機，掌握適當的度。超過別人的接受限度，就會弄巧成拙、適得其反。所以妳要掌握分寸，適可而止。

4. 據情求實

把快樂帶給身邊的人不是矯揉造作，更不是嘩眾取寵，而是為了改善人際關係，創造更美好的人際情境。同時妳也要從實際出發，切合具體情境和具體對象。如果撇開了這些，妳的行為就不符合實際，既無意義，也無法帶來理想的效果。

5. 提升層次

把快樂帶給身邊的人，並不是做一個「逗妳玩」的「現世活寶」，或做一個沒有原則性的「彌勒佛」。如果停留於這種層面，雖然會帶來活躍的、歡樂的氣氛，但層次不高，甚至會把交際帶到庸俗、無聊的境地。所以把健康、輕鬆、快樂、活力帶來的同時，妳也要使人際關係向更積極、更高雅、更有品味的境界發展。

在工作中釋放美麗

一位著名學者曾經這樣說：「工作不僅是謀生的手段，也是享受生活的一種載體。」每個人的一生都是在工作、學習和生活中度過的，對大多數人來說，工作大概要占據人生三分之一的時間。對工作的認知，最容易折射出一個人的生活態度和思想境界，而這正是人的內在美的一種表現。

工作中的女人是美麗的，這種美麗是不可替代的。

工作賦予了女人自立自強的人格魅力。工作，讓女人走出了狹小的生活空間，讓女人的視野變得開闊，心也隨之澄明起來；工作，讓女人發現了更能凸顯自己個性價值的方式；工作，也最能讓女人找到自己的尊嚴。面對一個自尊自愛、自立自強的女人，相信每一個人都會由衷讚嘆她的美麗。

「我必須是妳身旁的一株木棉，作為樹的形象和妳站在一起」，當一個女人以一棵樹而不是一株藤的形象站立在男人的身邊的時候，就連男人也不由得被她折服，從而平等相待。

在這類女人的身上，首先打動人的是信念。信念是她們對工作的熱愛和理解，是她們面對挫折、打擊時，仍然在內心深處固守的一份執著的勇氣。

有了這樣的信念，才會真正明白擁有一份工作的意義，並真正的和這份工作融為一體。其次是淡定的心態。一種寵辱不驚、未來盡在掌握的優雅，直面困境，笑對冷語嫉妒，並以微笑感染身邊的人。這種發自內心的燦爛的影響力，遠勝過所有駐顏良藥。最後是寬廣的胸襟。高速的生活節奏讓人們幾乎忘記體諒、忘記感動，而懂得寬容的人卻能所向無敵。

如果把年輕靚麗的容顏比作花朵的話，那麼經過工作所歷練的美便是從花朵中提煉出來的精華。前者嬌嫩易逝，後者卻歷久彌香。

事業上執著的信念、淡定的心態和寬廣的胸懷，是女性美麗的三大法寶。有了它們，工作就無時無刻不在為女人化妝，使工作中的女人更美麗、更幸福。

大多數成功的女性談起她們工作時的那種熱情，是婚姻甚至是孩子都無法相比的。雖然她們嚮往一個幸福的家庭，但是她們目前仍然選擇單身，並

且更醉心於她們的工作，因為她們認為工作開拓了她們的視野，給予了她們成就感，挖掘出了她們的潛力，賦予了她們身分，使她們得以完善自身。一位作家用略帶誇張的語調說道：「如果她們停止工作，她們明白，大多數人就什麼也不是了，就像空氣中的洞一樣，如此而已。」這些充滿信念的女人甚至把她們的職業看成是她們的救星。

有一位女檢察官，從小夢想當兵，總是渴望迷彩軍裝穿上身的那份英姿颯爽，她立志做一個為正義獻身的人。後來因種種原因她沒能參軍，但在二十多年的檢察官生涯裡，她還是實現了理想。

從走上檢調工作的第一天起，她就不斷的向自我挑戰，向工作的困難挑戰。向自我挑戰，促使她從一個高中生變為一名碩士研究生。由於檢調工作專業性強、知識水準要求高，她把求學作為自己不懈追求的人生目標。她考上政治法律系，後來又成為當時為數不多的法律專業女檢察官。在實踐中她深深體會到：成為一名優秀的檢察官不僅需要扎實的法律功底，還需要懂經濟、懂管理，於是她又考入宏觀經濟管理研究所。經過三年寒窗苦讀，獲得碩士學位。

不斷的充實自己、完善自身，讓她有足夠的智慧和勇氣不斷挑戰工作困難。檢察系統至今還保留著幾項她創造的記錄：

24 小時破解受賄大案。她接手一起貪汙受賄、挪用公款大案，偵破此案最大的難點在於搜集證據，面對數年累積的幾乎滿滿堆了一房間的帳目，她創造出了「最佳組合」查帳法：分三組查帳，每組三人，分別由檢察員警、司法機關選派會計和該企業會計組成。結果在短短 24 小時內，就把起碼需要 10 天才能查清的帳目全部查清，為迅速偵破案件奠定了基礎。

1 年內實現了檢察機關對所轄區域內監獄、看守所檢察監督的網路化管

理和動態監督。在工作調查中她發現，檢察機關駐所檢察人員仍在沿用比較原始的走訪和發生問題才去糾正的事後監督模式，非常不符合強化監所檢察監督的新要求。在得到檢察院的支持後，她經過 1 年的努力，在各方面的協助下，率先建立了駐所檢察網路化管理動態監督這種監所管理的新模式。

她並策劃出檢察機關第一套具有智慧財產權的對在押人員的教育教材。在這套教材中，她根據對在押人員心理意識的科學分析和幾千份問卷調查的反饋，創造性的提出了潛意識教育和技能培訓系列方案，製作出了具有智慧財產權的潛意識教育影片，在監所管理實踐中取得了良好效果。

在這位女檢察官身上，我們能看到她對自己工作的執著和熱愛，一份信念支援她創造出巨大的成就。她是成功的，更是美麗的。

工作中的女人是美麗的，一份淡定的心態更為她增添了從容。做自己想做的事，做好自己喜歡做的事，使她們能夠快樂的工作。

工作中的女人是美麗的。她們充滿朝氣、充滿活力，從身旁走過像陣風，工作起來伶俐果斷、聰敏過人。這些女人，她們追求自己獨特的氣質和內涵，縱然其容貌並不是國色天香，但其精神煥發、光彩照人，卻是從內心深處煥發出來的一種感染人的力量。無怪乎現在流行著一句話「努力工作的女人最可愛」。因為努力工作的女性時常煥發一種蓬勃的氣息，一種奔放的精神，一種真正的女人味，這樣的女人，才真正活出了女性的風采，活出了自己精彩的人生。

工作也是自我修煉的一部分。在工作中提高自己的素養，充實自己的能力，擴展知識面，把工作當作修行，認認真真的去完成。工作中的女人，是美麗的。

單身女子的幸福生活

單身女性有著越來越廣闊的自主空間，但女性主義作家吳爾芙卻說：「女人要有一間自己的屋子。」如今都市裡女性專屬的空間越來越多，女子美容中心、女子瘦身中心……這些場所不約而同的在名稱上突出了女性兩字，毫不客氣的將男人拒之門外。

實際上，單身女性對俱樂部的要求頗高，由於許多單身女性都是有一定的經濟實力的 25 ～ 45 歲的白領女性，相應的，俱樂部的活動也是針對這些女性的特點展開的。

一位單身女性俱樂部的創辦人說，在休閒之餘，那裡已成為單身白領麗人交流職場打拼經驗的場所，而不只是談論買衣、化妝等「太太話題」。在一家外國企業工作的菁英說：「每週我都會來這裡跳有氧操，跳了就洗個澡，邊喝下午茶邊和會員們聊天，可以了解好多新鮮的想法，那種感覺簡直棒極了！」她還說，與同事同學不同，這裡結交的朋友沒有任何利益衝突，大家相處得很融洽，無形中又多了一個社交圈子，生活面更寬廣了。

對於一些尚不甘心「孤單一輩子」的單身女性來說，擴大交際圈顯得更加重要。據調查，有 93% 的白領擇偶困難的原因是「生活的交際圈過小，生活環境過於單一」。而「工作單位男女比例失調」的普及率也達到 50%。此外，分別有 39% 和 25% 的人提到「生活周遭缺少合適的文化或娛樂場所」和「家在外地，缺少親友的督促和關懷」這兩個生活環境因素。

單身女子的生活，一般來說，只要妳願意，慢慢的都會形成一個緊密的單身女友的圈子。也不是刻意的，只是規律使然，單身女子與已婚群找不到「共同語言」，需要朋友陪伴的時候也常常只能跟同樣單身的朋友在一起「殺

殺時間」。

　　單身久了，還會習慣一些細節。比如清晨起來，眯著眼睛看著灰塵在透過窗簾的光束裡舞動，專心致志 10 分鐘；比如總去的街角的那家餐廳，一坐下老闆就過來問「老樣子？不加糖的咖啡？」比如晚上回家，遙控器只需按一個鍵，漫長如夜的愛情連續劇就傾瀉而出……

　　單身久了，還會有點享受一個人的生活。不用忍受電視機裡沒完沒了的足球節目，玩到多晚都不用覺得對不起誰。

　　枝枝蔓蔓，根根節節，就這樣，長成了單身生活的小叢林，一個小小的生活圈，自給自足。就是偶爾有點悶，偶然有點不甘心，假日和週末還是需要忍一忍，但即使這些，也會漸漸被習慣，被叢林裡的落葉覆蓋。

　　想到國中裡的生物課，有一幅插圖：一場大雨，沼澤裡出現了一個小池塘，漸漸有了水草，漸漸有了蜉蝣，漸漸有了魚，漸漸有了一個小小的生態系統。水草釋放氧氣供魚呼吸，魚的排泄物肥了水草，水草的敗葉腐爛營養了池水，池水養活了蜉蝣，蜉蝣養活了魚……自給自足，循環得當，也很有小小的生態系的活潑，只是，如果沒有再及時下雨，水會越來越少，直至乾涸……

　　生物都是適應環境的，單身女人也應如此。如果不去做突破，不做掙扎，過著也就過著了，慢慢會發展出自己的平衡機制來，慢慢會形成自己的「生活圈」。需要陪伴？還是有一些朋友的；需要生活內容？工作還是很有成就感的；需要享受生活？單身狀態可以享受的東西還是不少的，一天也可以安排得很滿……只是，這些讓人不再自我折磨，不再啃噬內心的對策卻也成了消極的自我傀儡。妳學會了逃避問題，把時間捐獻給工作而且覺得理由正當，妳最親近的朋友也過著跟妳一樣的生活，難姐難妹抱一團，只會更強化

這樣的生活；妳覺得越來越難開展一段愛情，對於妳已經營造出來的「單身樂趣」，另一個人的進入越來越像一種侵犯……

單身女人，更要多一點「企圖心」，更要多一點主動精神，更要多一點開放心態。不是要抱著一顆急著嫁出去的心，而是首先要讓生命多透一點陽光進來，要去愛人，要去被愛，永不放棄。

找到一些與妳性格相似、聊得來的同性朋友吧，大家聚在一起，大家多聚在一起，那就成為了妳自己的生活圈了。

畢竟，能夠到單身女子俱樂部的單身女性並不多，那麼對於那些尋常的單身女子，她們的單身社交圈又在哪裡呢？正如文中所說，找到一些與妳性格相似、聊得來的同性朋友。無論是單身女子俱樂部，還是露天廣場，或是虛擬的網路空間。大家經常聚在一起，那就有妳自己的生活圈了。

朋友就是上帝的影子

西方有句諺語：「朋友就是上帝的影子。」這句話的意思大概就是，真正的朋友都會在妳最需要的時候出現在妳身邊，然後給予妳他們所能夠給予的幫助。

是啊，世上有那麼多的虔誠信徒們膜拜上帝，上帝再神通廣大，也不可能一一的親手將世人呵護在他溫暖的掌下，於是，上帝只好派了很多影子來到人間，實施他的恩惠。

仔細想想，確實如此，每個人在遇到困難時，大概都會把一些希望寄予到朋友身上。

在生活中，一個單身女人若無男人疼愛尚不算太恐怖，但如果沒有一位

血緣之外的密友的關愛，真的有點恐怖。因為，這意味著在她最煩惱的時候，沒有一個能夠貼心的傾聽並安撫她的人。

而身為現代單身女人，在電子郵件、簡訊、LINE 將人與人之間的關係快速網路化之時，依然需要有兩三個值得彼此用手去寫信的密友。

為什麼必須用手去寫信呢？

因為用手寫信是一份考驗。如果連坐下來給妳寫一封信的耐心都沒有，這個人怎麼可以託付妳的心事？或是，妳連坐下來給她寫一封信的耐心都沒有，難道妳還會花上更多的時間與耐心去安慰她日後有可能出現的苦衷？

我們總是很不屑於把某些朋友關係說成是換蘋果遊戲。但是，能夠長久維持下去的友情，確實就是一場互換蘋果的遊戲，人與人之間的情義就是在妳來我往中培養起來的。想要別人怎樣對待自己，自己就應該首先怎樣去對待別人。

真摯的友情不是經營出來的，擁有良好交際能力的人可能會疏通很多方面的人際關係，但未必會因此而擁有朋友。

單身女人擁有值得用手去寫信的密友的理由：

(1)　俗話說：「物以類聚，人以群分。」人通常會依照這個潛規則去根據一個人的朋友的行為，評判其品格，因此，那位值得妳用手去寫信的密友就是別人評價妳的尺規。

(2)　妳不可能只有快樂，就像每個人都不可能擁有絕對完美的愛情一樣，當妳傷心失落時，妳需要有一個會適時靠過來的肩頭可以讓妳坦然依偎，在她面前妳可以坦然的失態大哭。不必擔心日後她會取笑這一幕。能夠與人分享的幸福才是真正的幸福，當幸福光臨，她會純粹的「幸福著妳的幸福」，卻不會滋生嫉妒。

(3)　當妳外出時，妳的寵物或是花草需要照顧，妳可以把整個家扔給她，自己抽身而去。

(4)　人生在世，總會有一些自己不便出面處理的事情，而她，恰巧可以讓妳放心的擺脫這些尷尬。

(5)　她會適時出現，化解妳在社交中遭遇的某些突如其來的危機，並在事後禮節性的忘記。

(6)　當妳絕望的時候，有個人可以讓妳擦乾眼淚微笑著說：「幸好有妳。」她會讓妳動盪不安的心，感到踏實，就如嬰兒睡在搖籃裡。

(7)　她可以幫妳排解掉某些寂寞難耐的光陰，不至於讓妳因孤單而犯下難以挽回的錯誤。

(8)　當妳消費完畢結帳時，忽然發現自己沒帶錢包，她是那個一個電話就能趕過來化解掉妳有賴帳嫌疑的天使。

(9)　她是唯一那個會在酒會上提醒妳牙齒上黏了一片菜葉的朋友，而且她會及時提醒得意忘形的妳，某個對妳過分殷勤的男子左手無名指上有婚戒的痕跡。

(10)　當妳內心充滿了對美好人生的感恩時，想起她的樣子，妳忽然便明白了那句話：「朋友是上帝的影子。」

　　真正的單身女人身邊一定不會缺少朋友，如果，妳認為自己已是達標的單身女人，那麼，請按照以下幾條檢驗一下，她可否是妳心甘情願用手去寫信的密友？

(1)　約會時，妳可以容忍她遲到半小時。

(2)　每週至少通一次電話，若十天沒有見面，妳會恍惚中覺得丟失了什麼。

(3)　妳願意讓她分享妳所有的幸福，但在自己能承擔的情況下，妳不忍讓她分擔妳的痛苦。

(4)　妳會在深夜裡忽然給她打個電話，目的只是跟她分享剛才那個把妳肚子笑

疼了的笑話。

(5)　妳會毫不吝惜的將妳的晚禮服借給她去參加宴會。

(6)　逛街時，她偶然向妳借了錢，而當她還錢時，妳卻早已忘記了這件事。

(7)　妳可以容忍她偶爾睡在妳的床上，並不會在她走後馬上換洗寢具。

(8)　妳很自然的和她一起稱呼她的父母為我爸我媽。

(9)　當她受了不公平的待遇，妳的心中馬上燃起熊熊怒火。

(10)　毫不忌諱的從彼此的杯子裡挖刨冰吃。

　　如果妳有一位女友符合以上標準，那麼，妳就是幸福的；如果妳有兩位女友符合以上標準妳就是幸運的；如果有三位女友符合以上標準，妳就是快樂的。

　　至交好友之間，像愛情一樣，也需要正義的守護精神和無私的奉獻精神，任何一種感情，除了彼此相互扶持，沒有捷徑可走。但是，上帝不會因為妳是淑女而不讓妳遭遇損友，而身為淑女的妳要怎樣才能避免結交損友呢？

　　如果，妳新結交的朋友中，只要她在下面十條中有三條達標，那麼，妳一定要對她避而遠之，因為她肯定是損友無疑。

(1)　喜歡向妳透露別人的隱私，並以八卦新聞報料人自居者。

(2)　經常不提前打電話就登門造訪，並且每次都有在妳家沙發上化作一棵根深葉茂的大樹的嫌疑。

(3)　對妳身邊的男士有著過分的熱情和好奇。

(4)　經常請妳吃飯喝茶，但每到付帳的時候，她不是去了廁所，就是錢包忘記帶了，並順便要向妳借錢，叫計程車回家。每次借錢之後，都是她比妳先忘記，搞得妳很不好意思去要。

(5)　妳們之間幾乎還不怎麼了解，她就開始這樣向別人介紹妳：我的好朋友，

某某國際集團的財務經理。這時，妳需要思考一下，她究竟是需要妳的友誼，還是需要妳的頭銜做她虛榮心的首飾。

(6) 希望妳把她所討厭的人視作天敵。

(7) 經常流露出某人雖然比她漂亮，但比不上她有內涵，某人雖然有才華但是比不上她漂亮，那些漂亮又有才華的比不上她有氣質等情緒。

(8) 為一件無傷大雅的小事，她竟大動干戈的撒謊。

(9) 總是向妳借衣服、借雜誌，甚至借一切可以借的東西，從來不記得還，在妳的一再追討之下，還回來的東西已是面目全非。

(10) 在她的世界裡，從來都是錯誤屬於別人，真理屬於自己。一個不善於客觀自省的人是恐怖的，不適合被單身女人留在客廳裡。

傾聽是對他人最好的恭維

只要生活在這個世界之上，妳就會聽見各種各樣的聲音，有妳喜歡的，也有妳不喜歡的。但無論怎樣，令妳厭煩的生活之音不會因妳的態度而自行消失，妳所要做的是用心去傾聽。

傾聽會讓不和諧的雜音融入整個生命的樂章；傾聽會令妳心平氣和，發現生活的美好。從睜開雙眼的那一刻起，我們就在傾聽這個紛繁博大的世界。

一個善於傾聽的女人是優雅的，是穩重的，是大方的，是智慧的。她總是以與人為善、心平氣和、謙虛謹慎的態度進入交際場合，她心胸開闊，能夠包容一切，她尊重他人，把傾聽作為一種自然的恭維。

她是那樣謙和，不會貿然打斷別人，無禮的插嘴，說出一些不著邊際的話來。

她是那樣謹慎，不會沒聽清楚對方的真正意圖，就迫不及待發表自己的「高見」。

她是那樣專注，不會在別人講話時神遊四方或者不停的擺弄手邊的東西。

她就像一股甘甜的泉水，當人們走近她的時候，她默默流淌，滋潤著對方躁動的心靈，把平靜祥和帶給身邊的所有人。

沒有人不願與這樣的女人做朋友，與她交談真可謂是一種人生享受。

傾聽是一種技巧，更是一門藝術。

善於交際的人，不但能說會道，而且能夠耳聰目明，因為說話鋒芒畢露，言過其實，誇誇其談，油嘴滑舌，會導致言多必失，禍從口出，惹人生厭。而傾聽可以讓妳「兼聽則明」。注意聽，才能調整自己的語言，察覺自己的失誤之處，談話中才能兼顧他人的感受，減少不成熟的評論，降低溝通上的誤解。

妳或許會說，不就是聽嗎，誰不會呢？那就多聽聽就好了。可是要知道「傾聽」並不等於「聽見」，傾聽的時候雖然經常是不作聲的，但依然屬於雙向的交流。在傾聽的同時要集中精神掌握對方的用意，有時還要細心揣摩對方的言外之意，然後給予有效的回饋，達到交流的效果。傾聽是積極的交際手段，「聽見」則是消極的，過耳即去，不留痕跡。

所以，現在就改變自己的態度，掌握傾聽的祕訣。

首先，傾聽重點，抓住思路。一般來說，一個思維能力和語言能力較強的人在與人交往時，往往能馬上抓住說話人的重要內容和講話的思路，同時歸納出重點，能評價出好壞何在，而且往往條理清楚、思維清晰。要訓練這

種傾聽的水準，除了平時多聽多講外，尤其要注意的就是傾聽時不要光注意說話人的聲音技巧或姿勢表情等，重要的是聽內容、聽思想，把說話的一些關鍵字抓住，這樣才能提高聽話效率。

其次，揣摩說話人的真實意圖。在人們的交流中，常常有這樣一種情況，明話明說的大家都容易理解，但對一些明話暗說的，人們就難於理解掌握。言語行為是一種穩性行為，它的意義是從特定語境裡引申出來的一種言語意義，而不是直接透過詞語本身表達的，是透過聽話人自身的經驗累積去感受的。

最後，猜測他人的言外之意。在社交活動中常常會聽到一些被濃縮了語義的話，或被拐彎了的話。對此，必須借助環境和生活經驗等去理解話的真正含義，有時，語境提供的意義比字面含義豐富得多。比如某人本來應該8點整準時上班，但他經常9點甚至10點才去，老闆忍無可忍說：「都幾點了？！」實際意思並非是要問他幾點了，而是說都幾點了才來上班，帶有責備之意。

掌握這些主要的方法之外，還要對自己的動作舉止進行一番考量。

傾聽的時候眼睛要凝視對方，顯得很有興趣，努力用眼神交流感情，但也不要呆板的直直的盯著對方，那樣只會讓對方感到不好意思，無法再說下去。

面對面交談，兩人的目光距離以1～2.5公尺為佳，目光可在對方胸部以上，頭頂上方5公分以下，兩肩外側10公分以內的範圍。在這樣的範圍內表現出極大的熱情，注視著對方，可使對方感到妳的誠意和尊重。

傾聽時可以不時的點點頭，再適時的露出一個代表理解的微笑，稍稍向

前傾，表示妳一直在很仔細的聽。為了表現對對方的尊重，無論對方所講的內容有無意義、是否枯燥，都不能顯出苦笑或鄙夷不屑、不感興趣的神態。

只要妳肯付出真誠，妳的真誠必將打動對方，將妳視為難得的知己。

傾聽時要避免的是東張西望、晃來晃去、小動作不斷，因為那樣只會引起對方的誤會，以為妳沒有興趣，覺得妳不尊重人，高傲自大，繼而在心目中將妳劃入「拒絕往來戶」。

傾聽，是對他人的一種最好的恭維，是一種尊重，一份理解，一些同情。

有這樣一個善於傾聽的女孩，她也因此擁有許多好朋友，每一個都將她視為畢生知己，有什麼開心的事都會與她共同分享，遇到困難也會向她傾訴。

一天，一位朋友來到她家，一坐下便長籲短嘆，接著還流下了眼淚。她默默的遞上一杯熱茶，坐在朋友對面，耐心的聆聽對方的傾訴……

原來這位朋友在公司被人暗算，工作上出了很大的失誤，差點被老闆開除；雪上加霜的是，她的男友在這時提出分手。朋友覺得生活毫無希望，完全失去了前進的目標。

朋友不停的講著，把心裡的苦悶全部傾瀉出來，而女孩只是靜靜的聽著，用一種理解、同情的目光凝視著對方的臉，不時的點點頭表示贊同……

漸漸的，朋友痛苦的表情放鬆了，眼淚也消失了。女孩微笑了一下，拍拍朋友的肩，她說：「怎麼樣？覺得好點了嗎？」

朋友擦擦眼淚，同樣回以一個微笑：「是啊。很奇怪，我在來妳家的路上都快活不下去了，可現在卻覺得也沒什麼大不了的。」

女孩握住朋友的手，溫和的說：「不管發生什麼，妳還有朋友。」

然後，她們一起討論怎麼挽回工作上的失誤，向老闆說明一切，讓那些小人得到應有的懲罰；至於感情的事，就順其自然，如果無法補救，就讓它平靜的結束，也許並不是多麼嚴重的問題……

許多年後，朋友已經有了一個幸福美滿的家庭，在事業上也有了一番作為，但她永不會忘記那個曾經令她痛不欲生的日子。是傾聽者給予的那一份真誠的理解和同情，讓她堵塞的心田湧入了一股清爽的風……

是的，傾聽，是心與心的交流，是情感與情感的互動。

傾聽是對他人最好的恭維，學會傾聽，女人能將自己打造成為人生的智者，深邃的思想在無聲中顯出沉甸甸的力量。

溫和堅定的說「不」

近年來在職場上，單身女性遭遇性騷擾的事件頻頻見諸報刊和網路。身為女職員，不能不考慮如何面對這種可能發生的情況。

方小姐自費讀完大學，透過面試被一家旅館錄用到公關部的。這家旅館由於總經理魏某經營有方，生意十分興隆，在當地有一定的知名度。

年方 32 歲的方小姐，不僅長得身材姣好，容貌美麗，而且談吐高雅、氣質不凡。加上她天資聰穎，樂於助人，在旅館人緣極好。

年近 50 的總經理魏某在事業日益壯大的同時，好色之心也日漸膨脹。為了顧及面子，維護自己的形象和威信，在自己經營的旅館他處處小心、事事注意，甚至極少和女員工說話。

但是，方小姐的出現，打亂了他那顆不安分的心。終於，他壓抑不住自

己的慾望，以談工作為名把方小姐叫到了辦公室。

「小方呀，妳來我們旅館兩個月了，還滿意嗎？」

「謝謝魏總關心。」方小姐禮貌的回答道。

「我聽妳們部門的經理說，妳在工作很有能力。好好做，可不要辜負了我的希望喔！」說著，他取出一條金項鍊，「小方，這是我送給妳的，作為對妳這一段工作的獎勵，也是我的一點心意。」

說著話，他走到了方小姐身邊：「來，我給妳戴上，看看怎麼樣？」

方小姐已經從他的眼神中看出了他的心思，出於女性的本能，她推開了魏某的手說：「魏總，謝謝妳。不過，項鍊我不能收。旅館好像也沒有這個先例。」

「這有什麼？小方，就算我個人送給妳的還不行嗎？」

「不行。魏總，這樣我更不能收，對不起，我還有工作，如果沒有事我就告辭了。」說完，不等魏總回答，她轉身走了出去。

過後，雖然老闆鄭重的向她道了歉，但是，在考慮了一整夜後，第二天，方小姐還是選擇了離開。

雖然方小姐現在的這份工作沒有先前那份工作具有挑戰性，而且待遇低很多，但是，她並不覺得後悔，如果要她為一份工作而委屈自己，甚至要為此付出代價，她覺得太不值得了。

天下沒有白吃的午餐，因此，對有些人的來路不明的「好意」，一些女性職員，特別是年輕、漂亮的單身女性，一定要多個心眼。當他的面目暴露出來後，就應當明確拒絕。否則，吃虧的只能是自己。必要時，還要積極爭取同事的支援。假如他知道了妳在同事中有眾多的支持者，就不敢貿然打妳的

主意了。

合理維護自身利益與忍耐是相對應的，有時必須透過一定的手段來維護自身的利益。例如，對待某些人存在的一些大問題和一些原則性問題，單憑忍耐是解決不了問題的。這時必須要我們表明立場和觀點，加以抵制和鬥爭，以維護我們的自身利益。

一位從事社會心理學教育的專家指出，如果女性一直都能堅信「尊嚴無價」的話，那麼就沒有特別難解決的問題。

有的女性藉著自己是單身的理由，為了升遷，為了保全職位，為了利益，逆來順受的接受上司和男同事的不合理要求，雖然是不得已而為之，但在她們內心深處，利益和尊嚴在「討價還價」。在一些人看來尊嚴是虛的，而利益是實的，所以才在不合理要求面前不敢「翻臉」，甚至連一點不悅之色都不敢表露出來。而某些漂亮的女人在不合理要求面前敢於站出來，滿臉正義的捍衛她們的尊嚴。結果，這些敢於為尊嚴而「戰鬥」的女人，不但沒有被辭退，而且還成了企業離不開的骨幹核心人物，贏得了男上司和男同事的尊重。尊嚴沒了，即便有利益，也長久不了，而且麻煩還會越來越多。因此，在不合理要求面前一定要保持自己的尊嚴。

因為心思縝密，有些女人對周圍的人際關係的反應比較敏感，深知人言的可畏，為了給自己贏得一個安全的人際關係，在工作中表現得處處留心，對每個同事笑臉相迎、有求必應，生怕得罪人。

然而這種不對他人說「不」的行為，其結果卻不容樂觀，不僅常常委屈自己，還費力不討好，有時甚至遭到排斥。

一位女大學畢業生到公司後，深知人際關係的重要，處處小心以防枝節

橫生，有時即便委屈自己，她也沒對周圍人說過「不」，別人怎麼講，她就怎麼做。

她本以為自己的處事可以算是天衣無縫，但誰知時間久了，她卻成了公司中最沒地位的一個。她感到很委屈，因為她對別人有求必應，做出了許多讓步犧牲。直到一位要好的同事告訴她，她才明白，原來是她的無原則和妥協，讓別人把她當成了不經世事、委曲求全、承擔不了大事的黃毛丫頭。

為什麼會覺得「不好意思拒絕別人」呢？首先，當然是接受請託比拒絕請託容易；其二，是想做一位廣受愛戴的女人；其三，是擔心拒絕會觸怒對方，導致報復。

當一個女人能夠克服「不好意思拒絕」的心理，敢於對他人不合理要求說「不」，並具備「拒絕他人」的技巧，那麼將會讓自己擺脫許多不必要的麻煩。這裡，對於如何拒絕有幾個建議：

第一，先傾聽，再說「不」；

第二，溫和堅定的說「不」；

第三，多一些關懷與彈性；

第四，切忌透過第三者拒絕。

總之，只要妳是真心的說「不」，對方一定會體諒妳的苦衷。單身女人們，大膽對不合理要求說「不」，不要再擔心害怕了，說出妳的心聲，妳不但不會損失什麼，還會得到更多的尊重。

儲存些人情的「債權」

一個人在充滿競爭的社會上能不能站得住，行得通，吃得開，關鍵的一

點是看他擁有了多少人情。「有了人情好辦事，沒有人情事不成。」人情的重要性似乎無需解釋。

在這個世界上，若想活得出色，活得風光，就必須有一些能使自己成才、成器或成事的門路，包括生存的門路、發財的門路、升官的門路或者成就某一事業的門路。這些門路都不是能靠自己單槍匹馬的力量硬闖出來，必須借助他人指導、引薦、支持或幫助才能找到方向，踏上征程。從某種意義上說，這些門路都是別人給的，或者說是別人幫助開拓的。那麼，天下之大，人事之繁，別人為什麼要單給妳指門路？為什麼樂意幫妳開拓門路？答案是人情使然，有了人情也便有了門路，人情大，門路寬。

所以，單身女人們不要忘記為自己提早儲蓄「人情」，這樣妳才能在成功道路上暢通無阻。

時時儲蓄「人情」

人情是維繫團體的最佳手段和人際交往的主要工具。朋友之間沒有人情往來，友誼就會淡漠，甚至消失。

而當妳送朋友一個人情時，朋友便因此欠了妳一個人情，他是會想辦法回報的，因為這是人之常情。人情就像妳在銀行裡的存款，存得越多，存得越久，利息便越多。

所以，我們平時送人情時，一定要把人情做足，好人做到底。要想朋友之所想，急朋友之所急，在他最困難、最需要幫助的時候，給朋友一個人情，那這份人情的分量就會更大。做足，包含兩個含義：一是人情要做完；二是人情要做得充分。如果朋友求妳辦什麼事，妳滿口答應：「沒問題。」但隔了幾天，妳給他一個敷衍的結果，對方雖然口頭上不說什麼，但心裡肯定

會說：「這朋友真不夠意思，要做就做好，做一半還不如不做，幫倒忙。」做人情只做一半，越幫越忙，非但如此，還會影響信任度，說話不算數的朋友誰都不願意結交。

人情做一半，叫出力不討好。人情要做充分，就是不僅要做完，還要做好，做得漂亮。如果妳答應幫朋友辦某件事，就要盡心去做，不能做得勉勉強強。如果做得太勉強了，即使事情做成了，妳勉強的態度也會讓他在感情上受到傷害。俗話說：「在家靠父母，出門靠朋友。」多一個朋友多一條路。要想人愛己，己須先愛人。應當時刻存有樂善好施、成人之美的心思，才能為自己多儲存些人情的「債權」。

每天都為自己建立「人情帳戶」

人情，是一種資源，應該在最需要的時候用。人情是「消防隊員」，救急不救窮。也就是說，人情可以幫助妳，但是卻是一筆可以使用卻不宜透支的資源。所以妳一定要養成「儲蓄」人情的習慣，為自己開設一個「人情」帳戶。要開一個「人情」帳戶，就要掌握好以下幾點：

第一，給人好處別張揚。生活中經常有這樣的人，幫了別人的忙，就覺得有恩於人，於是心懷一種優越感，高高在上，不可一世。這種態度是很危險的，常常會引發出壞結果，也就是幫了別人的忙，卻沒有增加自己人情帳戶的收入，正是因為這種驕傲的態度，把這筆帳抵消了。

是人都愛面子，妳給人面子就是給他一份厚禮。有朝一日妳求他辦事，他自然要「給回面子」，即使他感到為難或感到不是很願意。這便是操作人情帳戶的全部精華所在。

第二，沒有一次性人情。生活中有許多人抱著「有事有人，無事無人」

的態度，把朋友當做受傷後的拐杖，復原後就扔掉。此類人大多會被拋棄，沒人願意再給他幫忙；他去施恩，大概也沒人願意領他的情。

一個沒有人情味的人，是永遠玩不了「施恩」這看似簡單實則微妙的人情關係術的。這種人只會用「互相利用，互相拋棄，彼此心照不宣」來推擋，而不去深思人情世故的奧祕之處，所以無法達到真情付出的境界。

第三，雪中送炭勝過錦上添花。雪中送炭、口渴餵水是施恩的一大特徵，別人有難處才需要幫忙，這是最起碼的常識。我們的內心都有一些需求，有緊迫的，有不重要的，而我們在急需的時候遇到別人的幫助，則內心感激不盡，甚至終生不忘。瀕臨餓死時收到一根蘿蔔和富貴時收到一座金山，就內心感受來說，完全不一樣。

對身處困境中的人僅僅有同情之心是不夠的，應給予具體的幫助，使其渡過難關，這種雪中送炭、分憂解難的行為最易引起對方的感激之情，進而形成友情。比如，一個農民做生意賠了本，他向幾位朋友借錢，都遭回絕。後來他向一位平時交流不多的同學求援，在他說明了情況之後，對方毫不猶豫的借錢給他，使他度過難關，他從內心裡感激。後來，當他發達了，依然不忘這一份借錢的交情，常常給對方以特別的關照。

專業，將讓妳無可取代

一個人的自身優勢，可能是一種特質，一種精神，一種能力，或者是一種出色的專業技能。今天，一個沒有出色的專業技能的人，想要在競爭極為激烈的人生平台上立住腳，恐怕是天方夜譚。換句話說，如果妳想讓自己成為一個別人無法替代的人物，妳至少應該擁有一樣出色的專業技能。也就是說，我們要想盡辦法，培養自己的專業技能。

第八章 屬於妳的天空

　　我們都知道福特的專長是製造汽車，愛迪生的專長是發明各種令人激動的「玩意兒」，皮爾·卡登的專長是服裝的設計與製作，阿迪達斯愛迪達的專長是製鞋，迪士尼的專長是畫動畫，蓋茲的專長是編寫軟體與管理，巴菲特的專長是對華爾街的歷史與現狀瞭若指掌。上面所提到的這些人一開始都不能算是重要人物，但由於他們不斷的發展專長，加上其他條件的配合，他們獲得了成功。現代生活中，每個人都必須憑藉自己的能力在為他人服務和與他人相互合作中才能生存，因此如果妳擁有一樣出色的專業技能，往往妳的生存就更具有價值。所以從現在開始，如果妳還沒有一樣出色的專業技能，妳就要確定方向，然後加以專業上的投資，妳要花費時間、精力與汗水，持之以恆，努力使自己成為這一領域最出色的人；如果妳已經有了一種技能但還不能說精於此道，那麼妳也同樣要進行專業方面的投資。要全力以赴，使自己變得不可替代。

締造完美的專業技能

　　妳的專業技能是否在同行業中居於前列？也許妳會說：「我的工作普通得不能再普通了，沒有人會尊重，也沒有人會注意到從事這一工作的人，我沒有必要花費大量的時間和精力研究它，更沒有理由去費盡心機的提高自己的技能，只要能拿到薪水就行了。」這是不行的，妳永遠不能這麼想，更不能因此而敷衍自己的工作。

　　在迷茫之後考慮選擇了某一行業，就不要輕易改變自己的選擇，許多人由於對自己的人生還不確定，常常三心二意的不知道自己將來要做什麼。如果妳一直不停的變換工作，妳在任何行業都將永遠是一個新手，妳也根本沒有時間和精力安下心來提高自身的專業素養，這樣妳將面臨被淘汰的危險。

一個哲學家與一個船夫之間正在進行一場對話。哲學家問船夫：「你懂哲學嗎？」船夫回答：「不懂。」「那你至少失去了一半的生命。」哲學家嘆息著說道，接著又問，「你懂數學嗎？」船夫依然回答：「不懂。」這時哲學家用一種非常憐憫的語氣說：「那你失去了百分之八十的生命。」

說時遲那時快，一個巨浪把船打翻了，哲學家和船夫都掉到了水裡。看著哲學家在水中拚命掙扎，船夫問哲學家：「你會游泳嗎？」「……不……會……」「哦，那你可就得失去了百分之百的生命了。」船夫看著在河裡翻騰的哲學家說。

從這個故事中可以看出，不管妳的理論知識如何，不管妳學歷高低，最重要的是妳的技能、妳的實作能力。出色的專業技能是妳永不褪色的優勢之一。

在職場上，沒有終身的雇傭關係，如果妳的發展跟不上職業的發展，那麼妳就會成為公司可有可無的人。因此，身為一名從業者，如果妳要避免被淘汰的命運，讓自己有更好的發展，就要努力為自己締造完美的專業技能，使自己成為那個不可或缺的人。

我們在平時工作之餘，不妨問問自己：我是不是這裡不可或缺的人？在這個公司裡我有什麼安身立命的資本？如果答案不是特別肯定的話，那我們就要加油，趕快給自己充電，趕快學會做「那道特別的點心」的本領。當別人有的資源妳不缺，而妳有的資源別人又沒有時，妳就有了安身立命的資本。

不要再把時間浪費在感嘆命運對自己的不公上，也不要再抱怨老闆的吝嗇和不通人情。要明白妳的收穫由妳的付出決定，公司的發展需要妳的努力，公司的進步要靠每個人的成長來推動。妳只有不斷提高專業技能，才能

為公司的發展創造契機，才能成為公司真正需要的人才。

正如一位企業家在為自己的新員工做培訓時所講的那樣：「比其他事情更重要的是，妳們需要知道怎麼樣將一件事情做好；與其他有能力做好這件事的人相比，如果妳能做得更好，那麼，妳將永遠不會失業。」

請妳抱著這樣的心態去不斷締造完美的專業技能，單身的妳才能憑藉著自己的力量，贏得一片屬於自己的天空。

做一行，愛一行，通一行

成功者一般都會樹立起這樣的信念：「依靠比別人更出色的能力來換取成功。」因此，每個人若想創造成功的人生，不僅要有自己的專長，而且要在這一領域壓倒周圍的人。一個始終表現平平的人想要在一夜之間脫穎而出是不可能的。

為了發展妳的專長，從今天開始妳要利用一切可能的機會提高自己專門領域的知識與技能，妳要努力做更可口的菜，妳要努力製造品質更好的產品，妳要努力編寫更實用的軟體，妳要努力寫更優秀的文章等，而且一定要精益求精。這樣才會為妳帶來源源不斷的快樂與收穫。

除非妳是實在厭惡了某個行業，否則最好不要輕易轉行。因為這樣會讓妳中斷學習，降低效果。每一行都有其苦樂，因此妳不必想得太多，關鍵是要把精力放在工作上。要像海綿一樣，廣泛吸取這一行業中的各種知識。妳可以向同事、主管、前輩請教，還可以吸收各種報章、雜誌的資訊。此外，專業進修班、講座、研討會妳也可以參加，也就是說，要在妳所做的這一行業中全方位的深度發展。假若妳學有所成，並在自己的工作中表現出來，必然會得到妳想要的結果。

隨時展現最好的自己

勇猛的老鷹，通常都把它尖利的爪子露在外面；精明的生意人，首先用漂亮的包裝吸引顧客注意，以便待價而沽。威廉 · 溫特說：「自我表現是人類天性中最主要的因素。人類喜歡表現自己就像孔雀喜歡炫耀自己美麗的羽毛一樣正常。」

然而，許多人過於注重謙虛的品格，信奉「酒香不怕巷子深」，把「藏而不露」看做一種美德，自己的優點、成績和才能，自己不能說，要由別人來發現，相信是金子總有發光的那一天；無論有多麼淵博的知識，多麼驚人的才華，也只說自己是「才疏學淺」。總而言之一句話，不敢炒作自己，要被動的等待伯樂來發現。但是，「千里馬常有，而伯樂不常有」，如果一輩子遇不到一個伯樂，不是一輩子沒有出人頭地的機會嗎？所以，在這個人人爭奪生存空間的社會，單身的妳不要指望別人來給妳機會，要主動站到台前亮相，把自己炒紅、炒火，然後妳才有成功的機會。

表現，要讓別人看得到

如果妳想要在一群努力的人中脫穎而出，除了比別人做得更好之外，還得讓別人看到妳的優秀。

一個寂靜的夜裡，一朵鮮花悄無聲息的綻放。它嬌豔無比，婀娜柔嫩，在銀白色月光的照耀下，越發顯得英姿勃勃。它芳香四溢，清新盈鼻，整個夜晚到處都彌漫著它醉人的芳香。然而，它的主人卻一直沉浸在夢中，既沒看到它的美麗，又沒嗅到它的清香。就這樣，那朵鮮花的綻放沒有留下任何痕跡。

一個喧鬧的午後，主人的朋友們彙聚一堂，引經據典，高談闊論，氣氛異常熱烈。恰在此時，在那枝剛剛開放過鮮花的花樹旁的另一棵花樹上，一朵鮮花開放了。它也嬌柔美豔，婀娜多姿；它也芳香四溢，清新盈鼻。頓時，大家的目光都被那朵鮮花吸引，於是便轉移話題，圍著那盆花樹，誇讚起那朵花來。為此，主人非常得意，他除了為客人們介紹那朵花的品種、品名和特性外，還自豪的向他們介紹起自己艱辛選擇和培育花樹的過程。

於是，這棵在人前開放鮮花的花樹，便被當做重點盆栽保護起來。主人為它施最好的肥，澆最適量的水，做最精心的護理，這棵花樹也因為享盡了主人給予它的最好待遇而開放得更加頻繁，更加美麗。然而，那一夜曾默默綻放過的花樹，由於主人再也沒有打理過它，缺肥少水，沒過多久便枯萎的死去了。它死得那樣的悄無聲息，不留痕跡。

在生活中，有許多女性才華橫溢，但因為不會表現和推銷自己而不被眾人所知，沒有找到發揮才華的舞台，她們就如同那枝夜間默默綻放的花，無人賞識，懷才不遇。現代社會是開放的社會，每個人都要在這個開放的大舞台上與眾人競技，而不是在一個封閉的角落裡獨自吟詩，孤芳自賞。只有學會表現自己，推銷自己，才能贏得更多的機遇。綻放妳的花朵吧！不要在寂靜無人的深夜，而要在擁擠如潮的人群中，讓大家發現妳的美麗，讓大家知道妳的價值，就如同那朵在午後人前開放的花朵一樣。唯有如此，妳才能被賞識，妳才能真正得到妳所該得到的最好待遇，發揮出自己更大的專長。

自己隆重推銷自己

面對人人避之唯恐不及的工作，如果別人不願意做，妳的毛遂自薦可以凸顯妳的存在。若一旦成功，成為唯一的英雄當之無愧；若失敗了，也累積

了不少經驗。

世界上有很多事情是很難預料的，成功與失敗往往也只在那一線之間，善於推銷自己，妳就比其他人多了一次機會。

勇於推銷自己，既是自信的表現，又是本身的勇氣與對生活工作的熱忱使然。

當然自己隆重的推銷自己，終究是一種手段而不是目的。所以，推銷自己要講究一定的原則。下面就是自我推銷時應遵循的原則：

1. 具備良好的心態

戰國時的毛遂自薦，說服楚王與趙國合作，是在施展自己的才華，報效國家。推銷，要意識到自薦僅僅是一種說服手段，即讓對方認可、接受、肯定自己的人格、知識、技能和理想，從而獲得成功的機會。切不可倒因為果，以推薦自己為目的，不管效果怎樣，只是一味的推薦，其結果只會得不償失。

2. 充滿自信，從容不迫

自信是現代人所必須具備的心態。一位心理醫生曾經說過：「妳越對自己有信心，就越能營造出一種妳很行的氣氛。事實上，妳的態度全部反映在妳的舉手投足之間，就好像不同人坐椅子，一個感到自信的人，會坐在整個椅子上；而一個不自信的人，只會坐在邊緣上。」如今，用人企業更希望能看到一個對自己充滿信心、具有才幹的應徵者。因此，在推銷自己時，一定要做到從容不迫，微笑、握手、友善、謙和，這些都是應注意的細節。用眼睛交流，不可總盯著面試者的某一局部，不要害羞扭捏，也不要做作；要自

然、大方、機敏。面試者希望聽妳講話，所以不要只是答「是」或「不是」。聲調不要過高或過低，過高顯得浮躁，過低則顯得怯懦，應以面試者能聽清楚為原則。

3. 積極主動，勇氣十足

任何消極等待的態度都是不可取的。因此，在推薦自己時，還必須積極主動。例如，不等對方索要資料，便主動呈交；不等對方提問，就主動向對方介紹；不消極等待對方回覆，能主動詢問。這樣，往往給人一種態度積極、求職心切、胸有成竹的感覺。成功的自薦還必須具有足夠的勇氣，不怕失敗。

妳要在別人面前介紹自己、證明自己，如果沒有「初生牛犢不怕虎」的勇氣，就會畏縮不前、猶豫不決，就會緊張、拘謹，甚至自卑。有的人在面試前將語調、禮貌話、動作都想好了，可到了要用的時候，竟全忘光了；聰明才智全不見，呈現在別人面前的只是呆板、不知所措的樣子。

4. 彬彬有禮

禮貌是道德的一種外在表現形式。它在人際關係調節中具有不可忽視的作用。無論是表情，還是一句稱呼、一聲感謝、一個小動作，都能反映個人的內在修養，因此要以禮待人，千萬不能忽視小節。即使對方當場回絕或不太理睬妳，妳也要表現冷靜，給自己找個台階下，給對方留下明理的印象。

5. 注重對方的需求

應注重對方的需要和感受，並根據他們的需要和感受說服對方，使對方接受。例如，自己所告訴對方的，正好是對方所要的；自己所問的，正好是

對方要告訴妳的。要做到這點,首先要事先有所準備,想一想一般用人企業需要什麼,他們會提出什麼問題,對什麼最感興趣。其次,臨場要「察言觀色」,即掌握對方心理,做到隨機應變。

享受單身：

喜歡的沒出現，出現的不喜歡！相視無言，不如一個人的浪漫，女人的精采不一定要伴侶的存在

作　　者：恩茜，姚娟

發 行 人：黃振庭

出 版 者：崧燁文化事業有限公司

發 行 者：崧燁文化事業有限公司

E-mail：sonbookservice@gmail.com

粉 絲 頁：https://www.facebook.com/
　　　　　sonbookss/

網　　址：https://sonbook.net/

地　　址：台北市中正區重慶南路一段六十一號八
　　　　　樓 815 室

Rm. 815, 8F., No.61, Sec. 1, Chongqing S. Rd., Zhongzheng Dist., Taipei City 100, Taiwan

電　　話：(02)2370-3310

傳　　真：(02) 2388-1990

印　　刷：京峯彩色印刷有限公司（京峰數位）

律師顧問：廣華律師事務所 張珮琦律師

國家圖書館出版品預行編目資料

享受單身：喜歡的沒出現，出現的不喜歡！相視無言，不如一個人的浪漫，女人的精采不一定要伴侶的存在 / 恩茜，姚娟著 . -- 第一版 . -- 臺北市：崧燁文化事業有限公司，2022.04

　面；　公分

POD 版

ISBN 978-626-332-300-1(平裝)

1.CST: 獨身 2.CST: 生活指導

544.386　111004808

定　　價：375 元

發行日期：2022 年 05 月第一版

◎本書以 POD 印製

電子書購買

臉書